中华文化大博览丛书

中华文化大博览

浩大工程的
长城要塞

郭艳红 编著

中国出版集团 现代出版社

图书在版编目（ＣＩＰ）数据

浩大工程的长城要塞 / 郭艳红编著. -- 北京 ： 现代出版社，2018.1
ISBN 978-7-5143-6549-8

Ⅰ．①浩… Ⅱ．①郭… Ⅲ．①长城－介绍 Ⅳ.
①K928.77

中国版本图书馆CIP数据核字(2017)第284982号

浩大工程的长城要塞

作　　者：郭艳红
责任编辑：李　鹏
出版发行：现代出版社
通讯地址：北京市定安门外安华里504号
邮政编码：100011
电　　话：010-64267325　64245264（传真）
网　　址：www.1980xd.com
电子邮箱：xiandai@vip.sina.com
印　　刷：天津兴湘印务有限公司
字　　数：380千字
开　　本：710mm×1000mm　1/16
印　　张：30
版　　次：2018年5月第1版　　2018年5月第1次印刷
书　　号：ISBN 978-7-5143-6549-8
定　　价：128.00元

习近平总书记在党的十九大报告中指出："深入挖掘中华优秀传统文化蕴含的思想观念、人文精神、道德规范，结合时代要求继承创新，让中华文化展现出永久魅力和时代风采。"同时习总书记指出："中国特色社会主义文化，源自于中华民族五千多年文明历史所孕育的中华优秀传统文化，熔铸于党领导人民在革命、建设、改革中创造的革命文化和社会主义先进文化，植根于中国特色社会主义伟大实践。"

我国经过改革开放的历程，推进了民族振兴、国家富强、人民幸福的"中国梦"，推进了伟大复兴的历史进程。文化是立国之根，实现"中国梦"也是我国文化实现伟大复兴的过程，并最终体现在文化的发展繁荣。博大精深的中国优秀传统文化是我们在世界文化激荡中站稳脚跟的根基。中华文化源远流长，积淀着中华民族最深层的精神追求，代表着中华民族独特的精神标识，为中华民族生生不息、发展壮大提供了丰厚滋养。我们要认识中华文化的独特创造、价值理念、鲜明特色，增强文化自信和价值自信。

如今，我们正处在改革开放攻坚和经济发展的转型时期，面对世界各国形形色色的文化现象，面对各种眼花缭乱的现代传媒，我们要坚持文化自信，古为今用、洋为中用、推陈出新，有鉴别地加以对待，有扬弃地予以继承，传承和升华中华优秀传统文化，发展中国特色社会主义文化，增强国家文化软实力。

浩浩历史长河，熊熊文明薪火，中华文化源远流长，滚滚黄河、滔滔长江，是最直接的源头，这两大文化浪涛经过千百年冲刷洗礼和不断交流、融合以及沉淀，最终形成了求同存异、兼收并蓄的辉煌灿烂的中华文明，也是世界上唯一绵延不绝的古老文化，并始终充满生机与活力。

中华文化曾是东方文化摇篮，也是推动世界文明不断前行的动力之一。早在五百年前，中华文化的四大发明催生了欧洲文艺复兴运动和地理大发

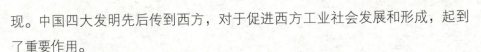

现。中国四大发明先后传到西方，对于促进西方工业社会发展和形成，起到了重要作用。

中华文化的力量，已经深深熔铸到我们的生命力、创造力和凝聚力中，是我们民族的基因。中华民族的精神，业已深深植根于绵延数千年的优秀文化传统之中，是我们的精神家园。

总之，中国文化博大精深，是中华各族人民五千年来创造、传承下来的物质文明和精神文明的总和，其内容包罗万象，浩若星汉，具有很强的文化纵深，蕴含着丰富的宝藏。我们要实现中华文化的伟大复兴，首先要站在传统文化前沿，薪火相传，一脉相承，弘扬和发展五千年来优秀的、光明的、先进的、科学的、文明的和自豪的文化现象，融合古今中外一切文化精华，构建具有中国特色的现代民族文化，向世界和未来展示中华民族的文化力量、文化价值、文化形态与文化风采。

为此，在有关专家指导下，我们收集整理了大量古今资料和最新研究成果，特别编撰了本套大型书系。主要包括巧夺天工的古建杰作、承载历史的文化遗迹、人杰地灵的物华天宝、千年奇观的名胜古迹、天地精华的自然美景、淳朴浓郁的民风习俗、独具特色的语言文字、异彩纷呈的文学艺术、欢乐祥和的歌舞娱乐、生动感人的戏剧表演、辉煌灿烂的科技教育、修身养性的传统保健、至善至美的伦理道德、意蕴深邃的古老哲学、文明悠久的历史形态、群星闪耀的杰出人物等，充分显示了中华民族厚重的文化底蕴和强大的民族凝聚力，具有极强的系统性、广博性和规模性。

本套书系的特点是全景展现，纵横捭阖，内容采取讲故事的方式进行叙述，语言通俗，明白晓畅，图文并茂，形象直观，古风古韵，格调高雅，具有很强的可读性、欣赏性、知识性和延伸性，能够让广大读者全面触摸和感受中国文化的丰富内涵，增强中华儿女民族自尊心和文化自豪感，并能很好地继承和弘扬中国文化，创造具有中国特色的先进民族文化。

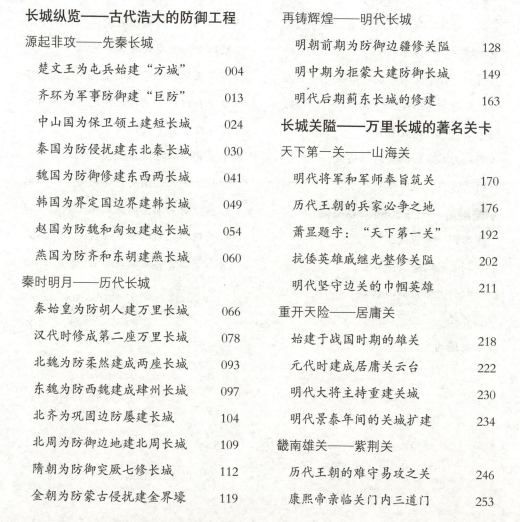

长城纵览

古代浩大的防御工程

先秦长城

　　长城是中华民族的象征，它横贯我国北部，蜿蜒曲折，气势磅礴。

　　在我国，最早修建长城的是春秋战国时期的楚国，在历史上，这段长城被称为"方城"或"万城"，全长近500千米。楚国长城修成后，齐、魏、韩、中山、燕、赵、秦等国家也各自修建了自己的长城。

　　由于这些长城的规模都不大，它们的长度有的只有数百千米，为此，人们统称这些长城为"先秦长城"。

楚文王为屯兵始建"方城"

公元前7世纪前后，正是我国历史上的春秋战国时代，在这个时期，我们国家形成了很多个诸侯国，其中，以楚国、齐国、中山国、魏国、韩国、秦国、燕国和赵国等最为著名。

荆楚文化建筑

公元前678年，楚国在征服汉水以东的诸侯国之后，率军向北发展，将西周时期形成的诸侯申、缯等古国封地据为己有。

之后，为实现"我有蔽甲，欲以观中国之政"的政治意愿，楚文王又继续沿着申、缯等古国封地的北部和东北部，并凭借伏牛山和桐柏山自然形成的天然隘口，命人在缯国缯关基础上，修筑了我国历史上最早的长城，同时于夏路进入缯关处修建了屯兵戍守的"方形小城"，即"方城"。

■ 楚王祭天雕像

在我国历史上，"方城"一词在楚国地理中多次出现。总结起来，主要有以下几种含义。

第一种，认为方城是山。据《后汉书·郡国志》记载："南阳郡下：'叶有长山，曰方城。'"

又据《括地志》记载："方城，房州竹山县东南四十一里。其山顶上平，四面险山峻。山南有城，长十余里，名为方城。即此山也。"

第二种，认为方城是一个关塞。据《淮南子·地形篇》记载，"何谓九塞？曰：太汾、渑池、荆阮、方城、殽阪、井陉、令疵、句注、居庸。"

高诱作注说："方城，楚北塞也，在南阳叶。"

第三种，认为方城是座城。据《水经注·汝水》记载："苦菜于山东之间。有小城名方城，东临溪水。寻此城致号之由，当因山以表名也。"

据《水经注·溧水注》记载："醴水又屈而东南流，迳叶县故城北。昭公十五年，许迁于叶者也。楚盛周衰，控霸南土，欲争强中国，多筑列城于北方。以逼华夏，故号此城为万城，或作方字。"

■复原后的楚方城城墙

浩大工程的长城要塞

为此，根据古人留下的古籍资料，人们认为，"方城"原指方城山，后来，因为楚国在此地修建的城墙，并逐步扩大规模以后，人们便把这段城墙称为"方城"。

因为这种城墙很长，而且与一般城中的城墙有所不同，它不是周围封闭的，所以称为"长城"或"长垣"。又因为此段城墙是楚国始建的，后来又被称为"楚长城"或者"楚方城"。

而这里的"方城"称谓，则应当是因旁边的"方城山"而得。

关于楚长城在当时楚国的分布，我国的历史文献上有清楚的记载，其中，《水经注·沄水注》引南北朝宋人盛弘之所著《荆州记》记载："叶东界有故城，始犨县，之潕水，达泌阳界，南北联络数百里，号为方城，一为长城云。"

北魏学者郦道元的《水经注·沄水注》记载："叶县东面有故城一道，从鲁山县开始，东至泌水，西达比阳界，南北连联数百里，号为方城，也称作'长城'。"

"郦县也有故城一面，未详里数，号为长城，即此城之西隅，其间相去六百里，若南北虽无筑基，皆连山相接，而汉水流其南。"据《括地志辑校》记载："故长城在邓州内乡县西七十五里，南入穰县，北连翼望山。"

根据这些资料，后人推测当时的楚长城大致应该分为北线、东线、西线三部分，整体轮廓略呈"∩"形，故称"方城"。它们主要分布在豫南的平顶山、南阳、驻马店、信阳4个地级市的25个县。

这座长城西起湖北省竹溪县，跨汉水辗转至河南省邓县，往北经内乡县，再向东北经鲁山县、叶县，往南跨过沙河直达泌阳县，总长将近500多千米。

其中，北线为东西走向。《水经注》称"其间相去六百里"。指自东部的叶县向西经河南省鲁山县、南召县至内乡县郦长城之间的大约距离，长城线路位于南阳盆地北缘东西绵亘的伏牛山沿线上。

北线的四分之三在南召县境内，首先有石砌关城53座，重要关门东有鲁阳关，西有野牛岭关。其次还有中部分水岭关，分别扼守着自洛阳南下的南北古道。

东线为北、东、南走向。其中东内线，自鲁阳关

豫南 有广义和狭义两种意思。广义上即指河南的南部地区，包括信阳、漯河、南阳、平顶山、周口、商丘、许昌、驻马店，有"豫南八市"之称。按生活习惯和气候来划分，狭义上是指河南最南端的信阳地区。信阳位于河南省南部，是江淮河汉间的战略要地。

■ 楚长城遗址

鲁阳关 古关名。在今河南省鲁山县西南地区。为洛阳与南阳盆地间交通冲要。自古为军事必争之地。378年，苻坚攻襄阳，使石越率精骑出鲁阳关，即此。又称"三鸦路""古鸦路"。

南下，沿三鸦路至南端的第一鸦。三鸦路，为洛阳南下经鲁山、南召通向南阳的著名古道，《南阳古代史话》称三鸦路为古"夏路"。

三鸦路段均在南召境内，中流鲁阳关水，简称"关水"。据《清一统志》记载："三鸦路以百重山为第一鸦，分水岭为第二鸦，鲁阳关为第三鸦。"

据《南召县志·交通志·古道》记载："宛洛大道，即古三鸦路，也称鲁关道，是南阳通往洛阳的一条重要通道。始建于公元前9世纪西周时期，昭王、穆王为沟通宛洛，防楚北侵，故修此道。"

第二鸦所在的云阳关，鸭河、鸡河在此会流，会流处两山并立，三鸦路古道在此通过，故历史上被称为"北扼汝洛，南扼荆襄"的咽喉之地，为历代兵家所必争。

西线为北、西、南走向。其西内线，由南召县乔

■ 复原的楚国长城

端镇的野牛岭南下，经板山坪镇的周家寨又名"金斗关"，南入镇平县，继向南入邓州境内的穰故城。据《南召县志》记载，与西内线相联系的古道有两条：

一条是马市坪古道，由洛阳向西南经嵩县沿白河入南召县乔端镇、马市坪乡、李青店，南达南阳，中间有著名的灌沟孔道，县内总长45千米。

一条为板山坪古道，由李青店经白土岗乡、板山坪镇西入内乡县马山口，远入武关，县内总长45千米。

另有白河航道，下通汉江，北至板山坪镇余坪。位于板山坪镇的周家寨，为楚长城的一座大型关城，位于金斗山上。

《明嘉靖南阳府志》称"金斗山在县西南一百六十里"，并称"明会典有金斗关，关因山盖置，跨内乡、南召二县"。至明代更名为"莲花寨"，清代初期经此地周姓旺族复修后又更名为"周家寨"。此寨紧锁着板山坪古道。周家寨周围沿古道分布着黄路岈寨、楼子垛寨、黑沟顶寨、小曼寨、青风崖寨等

■ 楚长城遗址一角

昭王（前523—前489），楚昭王熊壬，楚平王之子。公元前516年，楚平王死，不满10岁的太子壬继位，改名熊轸，是为昭王。历史上，楚昭王可谓是楚国的一位中兴之主。

10余座石寨城，集群分布。

向南入镇平县境，又有菩提寺寨等有名寨城。《括地志》称"故长城在邓州内乡县东七十五里，南入穰县"，应该是指这里的楚长城西内线。

楚长城之西外线，自南召县西北乔端镇境内的桃花庵寨、八里坡寨向西南，经京子垛寨、老界岭寨等入内乡县境。

这条楚长城，有的用石砌垒，有的用土筑墙，与天然的悬岩峭壁结为一体，形成当时楚国对外防御的巨大屏障，简称"古楚长城"，又名"内长城"。此条长城的"大关口"，为楚方城东段隘道关塞之一。这道关塞一直保存下来，位于河南省方城县独树乡申辛庄村。

关口东侧为横亘于叶县西南之黄石山西麓的擂鼓台，北岭头和尖山诸峰；西侧为伏牛山东麓之对口门，旗杆山和香布袋山诸峰。东、西山峰夹峙，形成隘口。其构筑皆依山就岭，以南北两道土城构成有似新月形面向东南的两道防线。

关口南北城墙相距30米。东侧的北墙依悬崖而筑，与南墙相距200米至300米。且南北墙之间有深沟，南城内侧有12米见方的土台7个，

■ 楚国长城遗址上的碎石

■ 楚长城遗址

似为城堡。西侧的北墙亦依山岭而筑，在对门山顶和香布袋山均有石基城堡遗迹。

该关遗留之内外城垣总长度达约2.8千米，残高1.5米到3.0米，基底宽10米，顶宽1.5米。城堡遗迹共有9处，规模宏大，设计构思周密，为研究楚国军事建筑工程提供了宝贵的实物例证。

历史上，楚长城修成后，有一次，齐国要进兵攻打楚国，军队已经到了"陉"这个地方，楚成王派了大夫屈完去迎敌。到了召陵，屈完对齐侯说："你如果真正要打一仗的话，楚国有方城作为城防，有汉水作为城池，足可以抵挡一阵子的。"齐侯见楚防御工事果然坚固，只好收兵。

像这样其他的诸侯国去攻打楚国，到了方城就被阻挡而回的情况，在古代文献上还有不少记载。

如据《左传》上记载：又有一次，晋国阳处父讨

大夫 古代官名。西周以后先秦诸侯国中，在国君之下有卿、大夫、士三级。大夫世袭，有封地。后世遂以大夫为一般官职之称。秦汉以后，朝廷要职有御史大夫，备顾问者有谏大夫、中大夫、光禄大夫等。至唐宋尚有御史大夫及谏议大夫之官。

伐楚国以救江国，到了方城，遭遇息公子朱，便回去了。又如，晋国的荀偃、栾黡率师伐楚，入侵到了方城之外，由于楚国防御严实，没敢攻打，结果只好攻打了一下别的地方就收兵了。

这些历史故事，不仅说明了楚方城在防御其他诸侯邻国侵扰上的功用，而且也说明了方城不是一般孤立城市的城垣，而是连绵不断的城防。构成了一个完整的防御工程。这便是我国长城的开始。因为楚长城是我国最早的长城，为此，它被人们称为我国的"长城之父"。

浩大工程的长城要塞

阅读链接

虽然人们认为，楚长城是在楚文王时期修建的，但后人也认为，楚长城并非是短期时间可以修成的，为此，人们主要有"春秋说"和"战国说"两种看法。主要是如下几个观点：

一是，楚国直至楚怀王前，一直处于强势，修长城无疑是作茧自缚，楚国没有必要修筑北长城。为此，楚长城是在楚怀王以后修建的。

二是，楚成王时期屈完大夫"方城以为城，汉水以为池"的说法，"方城"指的是方城山，并非是长城。也就是说，在春秋战国时以齐国为首的联军进攻楚国方城时，方城并无长城之险。

三是，楚长城是为抗秦而建的，楚国只有西线长城。北部只是利用了山险和谷堑。为此，楚长城的修建时间是在公元前6世纪左右。

齐环为军事防御建"巨防"

在春秋战国时期，楚国修建起第一座长城之后，齐国看到了长城的好处，也仿照楚国的样子，修建了齐国长城。

说起齐国长城的修建，还有一段有趣的历史故事呢！

当时，我国的众多诸侯国，除了楚国、齐国、中山国、魏国、韩国、秦国、燕国和赵国等国外，在齐国附近，还有晋国、鲁国、宋国、卫国等一些小国家。

齐桓公雕像

在这些国家中，齐国和晋国的关系最差。原因是，在楚国修建长城的年代里，齐国当时正是齐桓公当君王，这位齐桓公是位非常了不起的人物，在他当齐国君王期间，他号称中原的霸主，没有一个诸侯国敢惹他。

■ 齐长城遗址纪念碑

元帅 在我国，元帅一词最早出现在公元前633年的春秋时期，其名源于《左传》所载晋文公的"谋元帅"。当时只是表示对"将帅之长"的称呼，还不是官职名称。从南北朝起，元帅逐渐成为战时统军征战的官职名称。

齐桓公死后，齐国发生了一些内乱。在这样的情况下，齐国附近的晋国日益强大起来，成为新的中原霸主。这样一来，齐国和晋国的关系就弄得很僵。

齐灵公齐环时期，有一次晋国君主晋平公让附近的小诸侯国，在河南济源西一带参见盟会。结果，其他小诸侯国的君王都亲自参加了这次会议，而唯独齐灵公则只派出了大夫高厚赴会。

在盟会上，晋平公要自己的元帅荀偃率领各国大夫与高厚举行盟誓，而高厚却又偷偷逃回齐国。

于是，荀偃与各国大夫盟誓说："背叛盟主者，诸侯共讨之！"

这里，荀偃口中的"背叛盟主者"，显然是指的齐国。

在此次盟会后的第二年，齐国又兵分两路向晋国的盟国鲁国发起了进攻。当时，由于鲁国有所防备，两路齐军皆无功而返。

公元前555年秋，齐灵公坐镇山东平阴，兵分数路再次向鲁国发起进攻，晋平公得知后，便组织其他盟国发兵讨伐齐国。

晋国三军来到济水之畔，中军主帅荀偃往济水中投放玉石，祭祀济水之神，并历数齐灵公的罪行：齐环凭借山水之险和人口众多，背弃盟主，凌虐民众。

第二年初春，晋军渡过济水，来到鲁国地盘，与鲁、宋、卫、郑、曹、莒、邾、薛、杞等国军队会合，然后就沿着济左陆桥，气势汹汹地向平阴扑来。

灵公见大兵压境，便紧急召回进攻鲁国的军队，回防齐国西南边陲各个重镇和战略要地。与此同时，灵公发动士兵紧急加固平阴邑南面的堤防，使之更宽更高更长，又在堤防外侧挖掘堑壕，西引济水和湄湖之水作为护城河。

这样，平阴城南的这道堤防便由一般的水利工程

济水 发源于河南省济源市王屋山上的太乙池。源水以地下河向东潜流70多米，到济渎和龙潭地面涌出，形成珠、龙两条河流向东，不出济源市境就交汇成一条河，至温县西北始名济水。后第二次潜流地下，穿越黄河而不浑，在荥阳再次神奇浮出地面，百折入海，神秘莫测。

■ 齐国古长城遗迹

宦官 是我国古代专供皇帝、君主及其家族役使的官员。他们一般是替皇室服务并阉割掉外生殖器的男性。但在先秦和西汉时期并非全是阉人。自东汉开始，则全为被阉割后失去性能力而成为不男不女的中性人。又称寺人、阉人、阉官、宦者、中官、内官、内臣、内侍、内监等。

一跃变成军事防御工程的巨防夯土长城。这便是齐国最早一段长城的缘起。

正因为齐长城缘起于水利工程的堤防，所以它本来的名字就叫"巨防"，即便到了后来的战国时代，"长城"的名字叫响之后，"巨防"依然是齐长城的别称。

对于这段巨防的防御作用，当时随军的宦官夙沙卫很不以为然，他对齐灵公说："主公，卑职以为，不能战，莫如守险。"

夙沙卫的意思是说，如果不能同敌军直接交锋取胜，那么就应该固守平阴以及附近的京兹、邽、卢等城邑。

但是，齐灵公并没有采纳他的意见，依然坐镇在平阴城。

之后，诸侯联军来到平阴城后，立即被眼前的这

■ 齐长城城防

道既高又厚的巨防挡住了去路。联军只好集中兵力，强行攻击巨防上唯一的出入口防门。但是由于齐国将士顽强抵抗，虽然也有死伤，却也使得联军不能越雷池一步。

联军见强攻防门，一时难以得手，晋国大夫范宣子就对齐军实施攻心战术和疑兵战术，最后，齐灵公果然中计，只好撤出平阴城。

不过，虽然最后齐军被晋国带领的诸侯联军打败了，但可以看出，当时齐军修建的这座巨防长城在军事上是起到了一定的防御作用的。

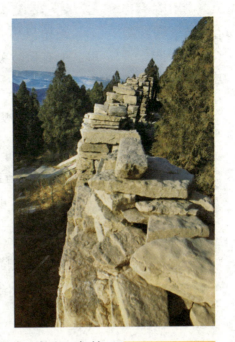

■ 齐长城边墙

再说齐灵公修成了巨防长城以后，至战国中期，齐威王、齐宣王继起争霸，楚国灭掉了齐国附近的越国，更加危及到了齐国，而冈峦起伏的泰沂山区正处于齐之中部，以山代城的传统格局已不适应骑兵战的新形势，于是，齐威王又命人在齐国边界修建了中段长城。

再后来，齐宣王上任后，又对齐国的长城加以维修连成一体。

关于这段历史，《史记·楚世家·正义》引《齐记》记载："齐宣王乘山岭之上筑长城，东至海、西至济州千余里以备楚。"

历史古籍《太平寰宇记》中也记载："齐宣王筑长城于此，西起齐州，东抵海，犹有遗址。"

越国　又称"于越"，是春秋战国时期位于我国东南方的诸侯国，春秋五霸的勾践"卧薪尝胆"即第三十九代越王。史书称越国为夏朝少康庶子于越的后裔，国君为姒姓。越国前期的核心统治区域主要在浙江诸暨、东阳、义乌和绍兴周边地区，其早期都城即在该区域内迁移。公元前306年，为楚所灭。

齐湣王（约前323—前284），齐宣王之子，田齐政权第六任国君。公元前301年即位，在位17年。屡建战功，破秦、燕诸国，制楚，灭宋，与秦昭王并称为"东、西二帝"。公元前284年，燕上将军乐毅以五国联军攻齐，燕军攻入临淄，湣王为楚将淖齿所杀。

又据古籍《水经注》中记载："县北偏东百五里，上有穆陵关；关之南北为沂朐分界处，齐宣王筑长城于此。"

从这些历史记录中可以看出，齐宣王时期修建的齐长城规模已不小。

再后来，宣王之子齐湣王又对齐国的长城进行了全面整修。至此，齐长城先后经历几百年工夫，终于大功告成。

这段长城依山势而筑，西起黄河河畔，东至黄海海滨，东西蜿蜒千余里，几乎把整个山东南北分为两半。

此军事巨防，蜿蜒起伏在1518座山峰上，历经平阴、长清、肥城、泰山、泰安、历城、章丘、莱芜、博山、淄川、沂源、临朐、沂水、安丘、莒县、五莲、诸城、胶南、黄岛共19个县市区的94个乡镇。全

■ 齐长城烽火台

长约为618.9千米，史称"千里齐长城"。

因为这段长城多依山势而筑，山岭之地又多筑在峰顶处，为此，齐长城又有"长城岭"之称。

齐长城所经沿线也有平坦之地，所以作为齐长城的整体建筑结构设计，城墙结构各有差异。随山势而筑地段城墙多系大小不一的自然石块砌成，一般不用灰浆等物凝固。

而平原低谷地段所筑长城又多夯筑而成，土筑的城墙也称"巨防"或"防门"。

而就城墙的建筑材料而言，多就近取材，山岭地段所筑城墙，因取石之便，即用石砌；平坦地带，因无石可取，即用土筑。

齐长城是随着不同的地形、山势和地貌而修筑的，主要由关、烽火台、团城和墙四部分组成，关全部建在山口要道上；烽火台则建在大关的山顶，用以

■ 齐长城上的营垒

灰浆 是以改性聚合物乳液和水泥混合粉料，由水泥、石灰、石膏等胶凝材料加水拌和而成，主要通过现场搅拌混合而成的通用防水灰浆，也叫聚合物水泥防水涂料，简称"双组份防水涂料"，具有优异的防水效果。在我国古代，并没有这种建筑材料，所以一般用自然石砌修成长城。

齐长城城墙遗迹

传递敌情；团城是建在关两侧高山顶上的石围墙塞，用以屯兵和观察敌情。

城墙的位置一般是在随山升降的分水限南侧的斜坡上。地势一般是南低北高。因为南面低，来犯的敌人需要向上进攻，非常困难，起到防御作用。北面高则可以居高临下，易于防守。

墙底厚3米，但关处厚4米至8米。南半部分是外墙，平均高4米，关处墙最高8米，北半部分是站墙，厚1米，高1米左右，有便于瞭望、巡逻、隐蔽和作战的优点。

在城墙的阴面，建有横向的拦沙蓄水的小石墙，有的墙内垒着泄水沟，以防止城墙被雨水冲坏；墙的用料一般是就地取材，沙石山就用沙石，青石山就用青石。

上游镇南栾宫村西的道士帽山处的220米城墙则是用沙土夯筑而成的，特殊地带就以悬崖代墙，如三顶山、鸡罩山上的墙就是如此。砌墙的方法也因料而异，土墙就用夯筑法，石墙、关楼和城堡则用支垫干垒法，关门洞采用的是发碹技术。

其中，尤以干垒法和发碹技术最值得称道，不怕雨雪冲刷，经得起风吹日晒，因而一直完好无损，齐长城保存最为完整的城墙是莱芜境内上游镇娘娘庙锦阳关以西的662米段，共有190个城垛，每个城垛上有一个瞭望口。

综观齐长城的建筑结构设计，有因地制宜、充分利用地形、就地取材的特点。为此，我们后来所见长城不是整齐的统一设计，而是多因山势和河堤防而筑，平地、河流、低谷处重点设防，以确保进出方便，难攻易守。

后来的城墙遗迹一般在山系顶峰险要处，这说明当时此处没有修筑城墙，有的地方即使修筑，规模也很小。而在山系岭脊外缘陡险处，长城内侧地势较外侧要高出许多，一般可高出两三米，而外城墙内只填以三四米宽的土沙或碎石。

城垛 是城堞的俗称，亦称"城垛口"。指城墙上向外突出的部分。在城墙顶端后面的平台，可以让防卫者站立作战。在城墙上方所设置的隘口，可以让防卫者向外射击，或在作战时，得到部分的掩盖。这些隘口可以加上木制的活门做额外的防护。狭小的射击口可以设置在城墙里，让弓兵在射击时受到完全的保护。

源起非攻

先秦长城

■ 齐长城门洞

■ 残破的齐长城基石

泰沂山脉 我国东部地区的重要山脉。位于山东省中部，分为泰山山脉、沂山山脉、蒙山山脉、徂徕山脉等多支。主峰玉皇顶，海拔约1500千米。集中分布在鲁中南山丘区和胶东丘陵区。属鲁中南山丘区者，主要由片麻岩、花岗片麻岩组成；属胶东丘陵区者，由花岗岩组成。

所以齐长城较多处地段为单城墙，即只有外墙，无内墙，这在春秋战国时期各国所建长城中是仅有的，在历代所建长城中也是仅有的。

而平阴、长清地带的长城西端，则即无山岭屏障，又无河道为阻，而此处又是齐国南通曹、宋、滕、邾、鲁、楚、周诸国，西通卫、晋、郑的要冲地带，也是兵家必争之地。故齐国不惜耗费巨工在此用土坯筑成高厚的城墙，史称"巨防"。

巨防西端设防门，筑两道城墙，为重要门户，中间设关卡，战时可以关闭。

据《史记·苏秦列传》记载："虽有长城巨防，恶足以为塞。"即指此。

至于战国晚期，燕军伐齐，由西北入境，长驱直入，攻占齐城，当另有原因。

南部因有长城巨防，在春秋战国长达500余年的时间内未发生灭国之灾，说明长城作为南界军事防御工事，确实起到了筑城卫国的作用。

巍峨壮观的齐长城如一条巨龙，穿越于崇山峻岭之间、阡陌沟壑之上，与瀚浩壮阔的大海相衬托，气势磅礴、雄伟异常，有"少海连墙"之美誉。

整条长城充分利用泰沂山脉自然山势的设计。不仅充分体现了"齐陵堤防，必处其而右背之"的军事原则，也节约了大量的人力物力。它充分显示了当时齐国科学的先进和体现军事防御这一军事主导战略意图。为此，可以说，齐长城在我国历史上占有重要地位。

因为这座长城比欧洲人公元前459年修建的79千米长雅典壁垒早200余年，比秦长城早400余年，为此，它又被后人称为"中国长城之父""世界壁垒之最"。

阅读链接

古老的齐长城以其特有的军事、地理、商旅、建筑等方面的魅力而闻名。在齐长城下，流传着许多凄婉动人的故事。

相传，在长城脚下住着一户人家，聪明英俊的王小与老母相依为命，无奈家贫如洗，王小老大不小了也没有娶上媳妇，老母盼媳心切，日久成疾，双目失明，王小靠讨饭奉养老母，并天天到山上打柴换药为老母治病，历尽生活艰辛。

王小的孝心终于感动了神灵，托梦指点他道：北墙跟前一地花，九月满目黄金甲。得此妙药圣草日，定使慈母见天时。

王小醒来，恍然大悟：这不就是天天打柴时见到的齐长城下的野菊花吗？于是采来野菊，熬汤为老母洗眼，果然灵验。这一偏方，一直在齐长城下流传应用，造福一方百姓。

中山国为保卫领土建短长城

战国时期，在楚国和齐国各自建成守护国土的长城以后，有一个小国中山国也筑了长城。

中山国，是我国北方少数民族北狄建立的国家，原名"鲜虞"，始建于西周。

■中山国石基座

春秋晚期，鲜虞转移至唐县，改称"中山国"，中山武公建都于顾，也就是后来的河北省定州。

中山国位于后来的河北省中部，正定、石家庄的西北，它东与齐国、北与燕国、西南与晋国和赵国相连，四面

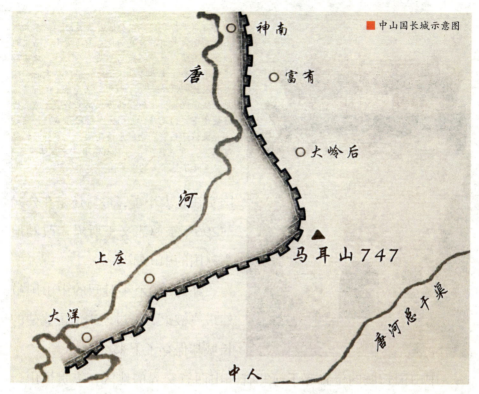

中山国长城示意图

唐

河

神南

富有

大岭后

马耳山747

上庄

大洋

中人

唐河总千渠

八方都是强大的诸侯国。

中山国虽然是小国，却十分顽强，曾于公元前406年为魏国所灭，至公元前380年左右又复国。

复兴后的中山国位于赵国的东北部，把赵国南北两部分领土分割开来，因此成为赵国的心腹之患。赵国在公元前377年、376年曾两次进攻中山国，均遭到中山的抵抗，没有成功。

此后，中山国开始修筑长城。

据《史记·赵世家》记载：

赵成候六年，中山筑长城。

这里的"赵成候六年"，便是公元前369年。

不过，虽然中山国修建了守护自己国土的长城，但是，由于中山

■ 娘子关 为我国万里长城著名关隘，位于太行山脉西侧河北省井陉县西口，山西省平定县东北的绵山山麓。娘子关原名"苇泽关"，因后来的唐代平阳公主曾率兵驻守于此，平阳公主的部队当时人称"娘子军"，故得此名。娘子关有"万里长城第九关"之称，为历代兵家必争之地。古城堡建有关门两座。东门为一般砖券城门，额题"直隶娘子关"。南门危楼高耸，气宇轩昂，坚厚固实，青石筑砌。门洞上额书"京畿藩屏"4字，展示了娘子关的重要性。

国实在是太小了，最后还是在公元前296年被赵惠文王所灭，改其地为赵国的中山郡。

经过350余年时间的中山国虽然最终被灭，不过，中山国修建的长城却保存了下来。

中山国长城的位置起于河北省和山西省交界的地区，纵贯恒山，从太行山南下，经龙泉关、倒马关、井陉关、娘子关、固关到邢台南黄泽关以南的明水岭大岭口，长约250千米。

此长城后来在唐县、曲阳、顺平等地都有遗址可寻，大体走向是沿唐河右岸行。

中山国长城遗址有四五十千米，山上用毛石块垒成，山下用土和石头、石条混筑。

其中，山下长城两侧用简单打制的石块堆砌，中填碎石或地表土，墙基用较规整的石块平铺。墙基宽两三米，城墙横截面呈梯形，上窄下宽，有"土龙""龙脊"之称。

土石混筑的中山长城，高处约有3米，宽0.5米至2.5米，做法是两侧挖地基，砌石块做边墙，中间用土和碎石填充。长城干线上有圆形和方形的烽火台，长城沿线处建有城堡。

由于此座长城历史久远，墙体坍塌现象十分严重，整座长城呈南北走向，以主干城墙为主体，另在一些险要的关口筑城或筑墙扼守。在城墙内侧修筑较大的城址为屯成点，或在城墙附近驻兵防守，共同构成一道严密的防御体系。

主干城墙起自西北距唐县周家堡8000米的顺平县神南乡大黄峪村西北海拔约700多米的名为"大簸箕掌"的山峰半山腰处，沿山脊顺势而呈西北—东南走向，蜿蜒曲折于山脊和绝壁之上。由神北村向南，绝壁连绵，未筑城墙，以山为险。

在神北村南约6000米，长城又出现于大悲乡西大悲村西北的西山岭上，向南依地势曲折前行，至富有村西的西水磨台，为一条汇入唐河的小支流隔断，随后又在富有村东山岭上出现。

大致呈西北—东南走向，延伸至团结乡境内，翻越两座山峰后经大岭后村北，再经李家沟村东北的险峻山峰转而向南入齐各庄乡界内。

经柏山村西北绝壁，沿大碗岭、黄坡山、乔尔

马耳山 地处河北省唐县北店头乡北，距唐县县城约10千米。此山最高两峰酷似马耳耸立，故得此名。过此山往东北即是顺平县辖区，故此山又为唐县、顺平县界山。马耳山附近村镇如东同龙、中同龙、水头村林果业和食用菌业发达。

■残破的长城兵垒

■ 灌城长城城墙

文物 指历史遗留下来的在文化发展史上有价值的东西，如建筑、碑刻、工具、武器、生活器皿和各种艺术品。各类文物从不同侧面反映了各个历史时期人类的社会活动、社会关系、意识形态，以及利用自然、改造自然和当时生态环境的状况，是人类宝贵的历史文化遗产。

坡，直插海拔747米的顺平、唐县交界的马耳山北麓，转而入唐县界。其中，顺平界内总长约24千米。

长城又在马耳山西南麓唐县一侧半山腰出现，在峒宠乡西峒宠村西北先为东—西走向，转而呈北—南走向。穿过一块平坦的山间盆地，翻过盆地中间一座名为"葫芦山"的突兀山峰。

在西峒宠村西、上赤城村东的山梁上蜿蜒曲折，总的走向是向西南延伸，进入白合乡上庄村北，顺山坡而下，为公路、村庄所隔断。

长城又在上庄村南偏西的山梁上出现，大致呈北—南走向，在上庄村南约235千米的山梁上呈曲尺状蜿蜒。又向西南延伸至大洋乡万里村北山梁上，呈东—西走向延至山南庄北梁后向西南延伸，到达西大洋村东山坡上，为西大洋水库所隔断。

长城在西大洋水库南岸雹水乡凤山庄村西山坡上出现，大致呈东北—西南走向。沿山脊前行，在凤山庄村西南约135千米处分为两支。

一支向东南，终止于凤山庄村南的悬崖之上；一支沿西南坡而下，向北沿灌城乡坡上村、南屯村东山梁延伸，到水库南岸山坡上又为水库所隔断。

由灌城以西、以北经调查未见长城遗迹，灌城应是主干城墙的终点。唐县界内长城总长约44千米。

除了残缺的城墙遗址，在中山长城的多处遗址中，还有大量的战国文物遗存，这些珍贵的历史文物，为研究我国春秋战国时期的历史文化，提供了重要的资料。

另一方面，由于中山国长城是春秋战国时期修建的最短的一段长城，为此，这段长城也被后人称为"战国短长城"。

阅读链接

历史上，中山国的前身是北方狄族鲜虞部落，为姬姓白狄，最早时在陕北绥德一带，逐渐转移到太行山区。

姬姓是周王族的姓，白狄的来历，有说是周文王后裔毕万公的后裔，也有说是来自周文王封给弟弟虢叔的西虢国。西虢国历代国君世袭兼任周王朝卿士一职，同时又是三公之一，担负为周王朝南征北战、东讨西杀以惩罚不臣的任务，可能是周宣王时期虢国国君虢季子白北御猃狁，在内蒙古萨拉乌素河、榆溪河朔方城之后，其部分后裔就留在陕北了。

"鲜虞"之名出自鲜虞水，鲜虞水即今源出五台山西南流注于滹沱河的清水河，这一带是鲜虞最早的发祥地。"鲜虞"的名称最早出现在《国语》一书中。

该书记载，公元前774年，太史伯答郑桓公问话时谈到，成周洛阳四周有16个姬姓封国，6个异性诸侯国，还有"非王之支子母弟甥舅"的南蛮、东夷及西北的戎、狄国家或部落集团，其中就有鲜虞。

春秋时期的鲜虞部落联盟，由鲜虞、肥、鼓、仇由几个部落组成，逐渐开始扩张势力，并在后来形成了中山国。

秦国为防侵扰建东北秦长城

春秋战国时期，在陕西省北部、甘肃省东部和宁夏回族自治区南部等地区，居住着很多少数民族，在古代文献中，他们被称作"戎"或"西戎"。

秦始皇像

早在西周末年时期，西戎势力就日益强大，他们协助申侯杀死西周最后一个皇帝周幽王，颠覆了西周的政权。后来，西周之地的大部分地区都被戎人占据。

到春秋初期，从西戎中分出了一支，他们率先接受了中原文化，并通过对附近戎人部落的征服，扩大了自己的领土，形成了秦国。

据说，秦国刚形成时是比较

落后的一个国家，为此，秦国经常受到旁边的魏国的攻击。于是，秦厉共公和秦简公先后在黄河和洛水西岸修筑长城，用以自守，史称"堑洛长城"。

关于这段历史，在《史记·秦本纪》中记载：

厉共公十六年，堑河旁，以兵二万伐大荔，取其王城。

简公六年，堑洛。城重泉。

这里的厉共公十六年，便是公元前461年，简公六年则指公元前409年。"堑"则是长城的别称。

■ 秦长城古砖

按《史记》所载秦厉共公和秦简公修建长城的时间推算，这座堑洛长城的修建目的在于防魏。这便是秦国在战国时期最早修建的一段长城，也是秦国数座长城中的重要长城之一，因为它位于秦国的东边，为此，它又被称为"秦东长城"。

这段堑洛长城是利用堤岸和岸边山崖改修而成，比较简单。据后来的考古研究证实，这段长城南起于陕西省华阴县东南地区华山脚下小张村，向东北行经华阴庙东北。

过沙渠河直达渭河之滨，渭河以北沿洛河南岸向西入蒲城境，过洛河，经商原，在长城村附近过洛河，沿洛河西岸北上，至白水县黄龙山南麓。

秦厉共公（？—前443），秦悼公之子。公元前476年至公元前443年在位。在位期间，秦国国力强大，蜀、楚、晋等国皆来进贡。公元前476年，秦厉共公派兵攻魏城。公元前461年沿黄河修筑防御壕沟，以兵20000伐西戎大荔。

■ 秦长城石板

浩大工程的长城要塞

瓦当 俗称"瓦头"。是屋檐最前端的一片瓦，也就是滴水檐前端或位于其前端的图案部分。是古建筑的构件，起着保护木制飞檐和美化屋面轮廓的作用。不同历史时期的瓦当有着不同的特点。秦瓦当纹饰取材广泛，山峰之气、禽鸟鹿獾、鱼龟草虫皆有，图案写实，简明生动。

后来，在华阴县城东和蒲城县东南等处，还有这段秦长城的遗址。

其中，蒲城段长城遗址共发现两处：

一处位于晋城村东北洛河右岸最高处的源头，遗迹为东西走向，长约400米，上夯下堑城墙遗址，基部利用自然地形。

另一处位于晋城村北的一条冲沟的南侧，其夯层清晰、纯净。

在这些遗址中，发现了大量战国时期的绳纹瓦片、云纹瓦当、生活器皿陶片和陶水槽残体。残存城墙多为下堑上夯，以自然河沟为依托，用自然河岸堑削为城。

这些发现说明，当年的秦东长城是就地取材，利用原有的长梁地形，上部施以夯筑。它是人与自然的完美结合，因此又称"堑洛长城"。

在这段长城遗址上，还有单烽和城上烽，单烽残存高4米至6米，体积庞大，烽顶残留面积为二三十平方米，说明建烽之初均有覆瓦建筑。

据说，秦国自从修建这段长城以后，一天天地变得强大起来，直至进入秦穆公时代，秦国还参与了中原争霸，成为仅次于晋国、楚国、齐国的二等强国。

但是，就科学技术、文化等而言，秦国仍然不如其他国家。这个形势直至公元前361年商鞅变法以后发生改变，从此秦国变得更加强大。

不过，秦国虽然强大了，但在秦国周围却还有很多势力依然威胁着秦国的政权。在这些势力中，最为厉害的是居住在秦国偏西地区的义渠戎。

历史上，秦厉共公曾在公元前454年征讨义渠，并活捉了他们的首领。但这并没有影响义渠戎的势力。

至秦昭王时期，秦昭王决心一定要彻底消灭这支势力，他便多次对义渠戎进行了征讨。后来，义渠王虽然逃走了，但是，义渠戎的军队并没有彻底消灭。为了防患于未然，在公元前306年，秦昭王命人在秦国的边界处修建了秦长城。

关于此事，在《匈奴列传》中，有这样的记载：

秦长城指纹砖

秦昭王时，杀义渠戎王于甘泉。遂起兵伐残义渠，于是秦由陇西、北地、上郡，筑长城以拒胡。

这座长城由于规模庞大，再加之修建长城的过程中，秦国一直战事不断，为此，此长城直至公元前251年才竣工。

秦昭王命人所筑的这座长城，从甘肃省岷县城西10千米处开始，沿洮河东岸，至临洮县境内，复绕县城东

■ 古长城

准格尔旗　地
处内蒙古自治区
西南部，鄂尔多
斯高原东端，为
蒙晋陕三省交界
带。早在远古时
期，准格尔旗就
有古人类活动的
足迹。在旧石器
时期，准格尔旗
地区已有了古人
类活动。他们在
这里生活繁衍，
过着以狩猎为
主、采集为辅的
群体生活。

行。经渭源，至宁夏回族自治区固原附近，再东经甘肃省环县北，循陕西省志丹、安塞等县境的横山山脉东行。

分两支：一支沿大理河与淮宁河之间的分水岭东行经绥德县西，再往北止于榆林县东南境；一支转向北，经陕西靖边县东，再北折东行，经榆林县东北、神木县北，进入内蒙古自治区南境的伊金霍洛旗，东抵准格尔旗东北的十二连城。整个长城全长约为750千米。

因为这座长城是秦昭王命人始建的，为此，这座长城被称为"秦昭王长城"，又因为这座长城的修建年代是在战国时期，为此，后人们又称它为"战国秦长城"。

这座战国秦长城，由于修建历史年代的久远，再加之后来的秦始皇又重建了部分长城路段，为此，它保留到后来的遗址主要有临洮战国秦长城遗址、渭源战国秦长城遗址和固原战国秦长城遗址等。

其中，临洮战国秦长城遗址首起于县城北15千米的新添乡南坪村杀王坡，然后由南坪北庄山顶而下，经过长城巷村、峡口乡湾脑、长城岭、八里铺乡、沿川子乡、塔湾乡蔡家岭、尧店乡花麻沟、石家楼乡、杨家山，到长城坡关门前咀，过夹槽梁、老王沟口进入渭源县境，自西向东穿越临洮县40余千米。

这些遗址上的城墙、城障、烽燧全由黄土或砾石混合黄土夯筑而成，夯层清晰可见。虽然风化雨蚀，仍可领略当年的雄姿。

在这段长城中，临洮境内保护最好的要算长城岭上的那一段。经测量，这段长城长1.7千米，墙高2.5米，顶宽3米，底部宽5米至8米。板筑夯层厚0.08米

洮河 是我国黄河水系上游的重要支流，发源于青海省河南蒙古族自治县西倾山，曲折东流过碌曲、临潭、卓尼县城南，至岷县茶埠急转向西北，出九甸峡与海奠峡后，穿临洮盆地，于永靖县注入刘家峡水库。全长673千米，流域面积2.55万平方千米。

源起非攻 先秦长城

■ 古老的长城

筒瓦 是战国建筑材料。用于大型庙宇、宫殿的窄瓦片，制作时为筒状，成坯为半，经烧制成瓦。一般以黏土为材料。战国时期城市建设日益发达，随之而起的是砖瓦、筒瓦制陶工艺的发展。这时，筒瓦上几何印纹硬陶的发展，使它成为建筑材料的理想选择。

至0.13米。遗址上的暴露遗物有长达0.7米的筒瓦和长0.6米、宽0.5米的板瓦，其表面有细绳纹和挂板纹饰，皆系秦长城构件。

在秦昭王时期，陇西郡的郡治狄道，便是后来的甘肃临洮，这个地区当时管辖着西至洮河，东至陇山、陇南的大部分地区。

后人为了证明临洮境内的长城便是秦昭王时所筑，有关专家还对长城遗址上出土的板瓦、筒瓦进行鉴定。发现这些瓦的尺寸、纹饰都不同于秦汉时期的瓦，是典型的战国瓦。经此推测，临洮战国秦长城遗址便是属于秦昭王长城的一部分。

据说，临洮秦长城的修筑，对于拱卫陇西郡及保护由秦都咸阳通向西北重镇的通道起了重要作用。同时还有效地保护了洮河以东的农业生产。

在我国历史上的三国时代，它还是控扼陇蜀的战

■ 秦代长城石块

■ 秦昭王长城筒瓦

略要塞。239年，蜀将姜维伐魏，扬言要进攻狄道。魏将陈泰先占要塞，姜维只好烧营而去。后来姜维又先后4次率兵围攻狄道，因魏军占领有利地势和要塞，最后只好不战而还。

战国秦长城中的渭源长城遗址西起临洮东三十里铺的杀王坟，从东峪沟长城坡，上阳山，再进入渭源县境内。

经地儿坡、樊家湾、文昌宫、秦王寺、石堡子、陈家洼、方家梁、城壕、高咀山、马家山、下盐滩、阳山等4个乡镇14个村，盘垣37千米，从野狐湾进入陇西县境。

这段古老的长城，大部分地段残高在3米左右，少数地段超过10米，沿城垣起伏，每隔2.5千米有小烽燧，5千米有一大烽燧，雄伟壮观。城垣下夯层清晰，秦瓦遍地。除了临洮秦长城和渭源秦长城，在战

绳纹 是古代陶器的装饰纹样之一。一种比较原始的纹饰，有粗绳纹和细绳纹两种。绳纹是在陶拍上缠上草、藤之类的绳子，在坯体上拍印而成的，有纵、横、斜并有分段、错乱、交叉、平行等多种形式。是新石器时代至商周时期陶器最常见的纹饰。

浩大工程的长城要塞

秦长城古砖

国秦长城中，保存较好的还有著名的固原战国秦长城遗址。

这座长城宛如一条巨龙，起自甘肃省临洮县的洮河谷地，途经渭源、陇西、通渭、静宁县，顺葫芦河东岸经北峡口从闫庙进入宁夏回族自治区西吉县。

经黄家岔、玉桥、张结子、好水川口、单民、兴隆镇、谢家东坡、王家湾、韩家堡至将台。在将台以90度角转折向东，顺马莲河河谷至马莲水庙出西吉而进入固原县的张易乡，至黄堡东，转折为东北方向，进入红庄乡。

长城过红庄后进入滴滴沟，出滴滴沟山口后至孙家庄、白家湾，在这里又转折向东，经吴庄、闫家庄，至明庄西北，便分为两道，形成"内城"和"外城"之分。

内城从明庄过公路，便爬上固原城西北5千米的一道顺向小丘陵上，经郭庄、十里铺过清水河后至沙窝；外城向西北形成一个不规则的弓背状，经乔洼过清水河，过河后再折向东南至沙窝，与内城合二为一。

内城与外城遗迹形成极为鲜明的对比。内城城墙高大、宽厚、完整，城线笔直如划，气势雄伟巍峨。全线约8千米长的内城遗迹保存较完好，除被后来的公路及少数后期冲沟穿破外，全线基本上不曾中断。每200米至230米便有一个城墩，垂直高一二十米。

外城已残毁不堪，大部分夷为平地，残留的城墩多为两三米高，大部分看不到城墙。

长城过沙窝后爬上程儿山，经阳洼以南、中庄乔家沟，上黄水庙、王家崾岘、黄家庄而出固原县进入彭阳县川口乡的黄湾以北、彭阳乡的姜洼、丰台、阳洼、崾岘前洼、陡坡子、李岔、城阳乡的瑶湾、白岔、乔渠、长城白马庙、祁家庄、张沟圈、小庄、施坪。从刘家堡子出彭阳县，又进入甘肃省镇原县的孟家塬。

在祁家庄和小庄之间的转弯处，有一节多出长城主线1000米而伸向正南张沟圈村的长城。

说明在长城施工之前，曾经有过系统而精心的地理位置勘察，施工中有统一的技术规范要求。但施工时由于政区的分工，两个政区之间并未完全同步施工所致，因此，长城在此处又向东北形成一个90度的转向。

整个固原长城在固原地区境内经过西吉、原州和彭阳两县一区。由甘肃省静宁县进入西吉，途经原州、彭阳等地，取东北方向进入甘

■ 固原附近的明代长城

肃省镇原县武沟乡，全长200余千米。

这段长城虽然经过了2000多年风雨侵蚀和破坏，但其轮廓犹存，断断续续连成一体。保存较好的有红庄乡的红庄村、西郊乡的长城梁、明庄、郭庄、彭阳的长城塬等段长城。

保存较好段长城残高2米至10米，基宽8米至10米，墙体敌台残高5米至20米，台面外凸，间距200米。固原秦长城采取复线修筑设防，这种独特形式是我国长城建筑中罕见的。

另外，这段城的筑城方法采用在平地者由墙外取土，自然形成沟壕，相对增加了墙体的高度；在河沟者，利用河沟陡立的崖壁，削壁而成。在长城内侧，还有墩台、城障和较大的城址。

墩台是传递军情的建筑，设在视野宽广的"四顾险要之处"。城址是驻兵储粮之所，是前沿的指挥中心，建在交通要道和险要山口之处。长城、城障、城址构成一个完整的军事建筑体系，显示了古代劳动人民的聪明智慧。

后来，人们为了区别战国时期两个阶段形成的秦长城，又称秦昭王长城为"秦北长城"。

阅读链接

在渭源战国秦长城的脚下，还有一座著名的秦王寺，传说是后来的秦始皇西巡陇西郡郡治狄道时，途经这里住宿一夜，后人为纪念秦皇西巡而修建得名。

这秦王寺原有寺庙建筑一进三院，雄伟壮观，山门外有戏楼会场，寺后院有一深井，名为"秦王饮马井"，井旁有一棵千年古树，叫"秦王拴马树"，寺内有一口1465年陇、渭、临三县集资筹造的，直径为2米、高3米，重2400千克的大钟，非常罕见。

魏国为防御修建东西两长城

在春秋战国时期，魏国是战国七雄之一，国都地处河南省、陕西省境内，为其他列强国家所包围。

公元前4世纪时，正值赵国连续几次对中山国进行侵犯的同一时期内，魏国旁边的秦国也多次对魏国和秦国的交界处阴晋邑等地进行侵犯。

据《史记·魏世家》记载："三十六年，秦侵我阴晋。"

公元前369年，秦国派商鞅打败魏国收复了西河之地，魏惠王

■ 商鞅 （？—前338），战国时代政治家、改革家，法家代表人物，卫国国君的后裔，姬姓公孙氏，故又称卫鞅、公孙鞅。后因在河西之战中立功获封于商15邑，号为商君，故称之为"商鞅"。商鞅通过变法改革将秦国改造成富裕强大之国，史称"商鞅变法"。

少梁 为古梁国封地。少梁北枕黄龙山地，南临渭河平原，东依黄河天险，是关中的北门，山陕交通的咽喉要道。是黄河西岸的一个水路交通要塞，这里是有名的黄河少梁渡口，是东西水路交通的枢纽，这里有一条贯通南北的大路从中通过，是南北交通唯一的通道。所以，它便成为古代军事上兵家的必争之地。

下令将都城从安邑即山西省夏县迁至大梁，也就是河南省开封。

此后，为了加强西部边境的防御，从公元前361年至公元前351年，魏惠王命人在与秦国接壤的西边地区修筑了长达500千米的河西长城。

关于这段历史，在《史记·秦本纪》中记载：公元前362年，秦攻魏少梁，破魏军，擒魏将公孙痤，为抵抗秦军入侵，魏国于公元前358年，开始在黄河以西与秦交界处修筑长城。

在古籍《水经注》中，也有这样的记载："魏惠王使龙贾率师筑长城于西边。"

而古籍《史记·匈奴列传》中则说："魏有河西上郡，以与戎界边。"

从这里可以看出，当时魏国的河西长城除了防御秦国的骚扰之外，还同时防御旁边的另一国家西戎。

■ 朝元洞魏长城夯土墙

至公元前350年，魏惠王又命人修建了一座保卫国都大梁的河南长城。关于这段长城，在《后汉书·郡国志》中记载："卷有长城，经阳武到密。"

■ 古代长城遗迹

至此，魏国完成了河西长城和河南长城的修建，这两座长城被统称为"魏国长城"。

那么，魏国的河西长城具体在什么位置呢？据《水经注》记载："渭水又东，径长城北，长涧水注之，水南出太华之山，侧长城东而北流注于渭水。"

在《史记》中也记载："秦孝公元年，楚魏与长城接界，魏筑长城自郑滨洛者也。渭水……西北入长城，城自华山北达于河。魏西界与秦相接，南自华州郑县，西北过渭水，滨洛水东岸，向北有上郡鄜州之地，皆筑长城以界秦境。"

也就是说魏国西长城，南起于陕西省华阴县西

华山 是我国著名的五岳之一，海拔约2100米，位于陕西省西安以东120千米处，历史文化故地渭南市的华阴市境内，北临坦荡的渭河平原和咆哮的黄河，南依秦岭，是秦岭支脉分水脊的北侧的一座花岗岩山。华山有东、西、南、北、中5峰，主峰有南峰、东峰、西峰，三峰鼎峙，人称"天外三峰"。

鄜州　州名。又作敷州。隋代以后始专作"鄜州"。是陕西省富县的古称。位于陕西省北部，延安市南部，素有"塞上小江南"和"陕北小关中"之美称。该县地域辽阔，资源丰富，总面积4182平方千米，居陕西省第五位。

南、华山南麓之朝元洞，濒长涧河西岸北抵渭河，过渭河后，再北越洛河，然后循洛河东岸西行，至大荔县许原北之长城村，长达500千米。

这一段长城，据后来的学者勘查，遗迹后来一直存在，位置可以肯定。但由长城村向北经由之地，曾有过不少说法，都有一定的文献根据，未能统一。

后来，根据实地勘察情况，认定北段是由长城村经澄城东略向西北，然后转趋东北，延伸至陕西省合阳、韩城境内，抵达黄河西岸。断断续续长达200多千米。而《史记正义》上所说的"北有上郡鄜州之地，皆筑长城"的长城则没有被发现。

这段河西长城由黄土夯筑，宽三五米，高五六米，从遗址上看出，这段城墙曾经经过多次修缮。

在这段长城中，尤以华阴县城东魏长城最为著名，这段长城的遗迹大部分保留在地面上，遗迹共有

044

■ 长城上的烽火台

12处，保存最长的有700米，最宽的20米，最高的18米。

如朝元洞西北发现一段魏长城计长500米，宽21.6米，高14.1米。南洞村西北发现一段长城计长180米，宽20米，高2.6米。北洞村北有一段长城计长100米，宽15米，高16米。

洪崖村有一段长城计长700米，宽18米，高2.2米。党家伙以北有一段魏长城计长550米，宽6米，高18米，这段长城保存比较完整，南北略呈直线。

西关堡以北有一段长城计长700米，宽16米，高8米。风箱城东南有一段魏长城计长500米，宽一两米，高3.8米。

另外，少部分地方因挖土和河水的冲刷破坏，地下已无长城的遗迹。特别是从风箱城以北至渭河一段，地势很低，均为河滩，地上已无长城的遗迹，推断原来风箱城以东至渭河是有魏长城的。

浩大工程的长城要塞

■ 长城脚下的民居

据探测华阴魏长城的起点在朝元洞东南约150米处的华山山麓，东边是长涧河，夯土建筑在距地表约5米的生土上，推断魏长城是利用较高的山麓地势构成的。

华阴魏长城沿着弯弯曲曲的长涧河向北伸延，随着河道的拐弯长城的弧度也较大，有的略呈直线。

至于魏国河南长城的位置，据《水经注》上记载可知，这段长城自河南省原阳县旧原武西北处的卷县阴沟开始，经大河故渎东，在阳武跨过阴沟左右二渎，过北济水，南济水，又经管城，往西南至于密。

也就从河南省旧原武西北，东经原阳县境转向东南再折而向西南过郑州直达密县境内，全长共约300千米。

据后来的考古工作者考察，此座长城在所经的郑

■ 古长城烽火台

州、密县发现两处遗址。

一处是郑州青龙山长城遗址，为连绵的夯筑岗丘，呈西北东南走向，长约3千米；另一处是位于密县县城西北尖山乡、米村乡的小顶山、香炉山、蜡烛山、五岭山上，呈南北走向，长约5.8千米，墙基宽2.5米，高2.5米，由青石砌筑而成。

当年，魏国修成河西长城和河南长城以后，本来是想避免秦国的战事骚扰的，然而，秦国和魏国边境的战事却一直不能避免。

公元前354年，秦国夺取了魏城少梁；公元前352年，秦国又向魏河东发起了进攻，取安邑，即山西夏县；公元前351年，秦国攻下魏国的固阳；公元前340年，秦国主将卫鞅率兵攻打魏军，大破魏军，俘虏魏国大将公子卬，至此，魏国国势渐衰。

至公元前332年，魏惠王将阴晋邑献给秦国以求

郑州青龙山 其实是一座土山，更确切地说是沙土组成的土丘，它位于管城区小店村东南。追溯青龙山的历史渊源非常困难，因为在郑州的相关史料中，找不到记载青龙山的只言片语。不过，在郑州的乡间野史中，青龙山这个名字源自明代一出名叫《青龙山马龙造反》的戏剧。青龙山北边是陇海铁路，西边是李南岗村，如一条青龙卧于地上。

和，秦方改阴晋为宁秦县。

从这些历史演变中，可以看出，尽管魏国修建了河西长城和河南长城，但魏国并没有因此而变得非常强大，至公元前203年，魏国终被秦国所灭。

虽然魏国在后来不复存在，但从魏长城的遗址上来看，魏国长城当年宏伟壮观的气势可见一斑，它在我国的长城史上涂上了难以抹杀的一笔。而且，它比著名的秦长城要早100多年。

魏长城遗址有较高的文化研究价值，它是研究我国古代政治、经济、军事、文化的可靠资料和凭证，被列为国家级重点保护文物。

浩大工程的长城要塞

阅读链接

关于魏国河西长城的修筑时间，在我国的历史上，有两种说法，一种是《秦本纪》中称，魏国的长城始建时间是公元前361年；另一种是《魏世家》和《六国年表》中说，魏国的长城始建时间是公元前352年。

这样一来，魏国长城的始建时间便先后相差9年之久，那么，究竟哪一种说法才更接近事实呢？

相关学者经研究后认为，在《秦本纪》中所指的秦孝公元年是始建时间更接近事实。

因为，在古籍中，在秦孝公元年以前，是没有见到魏国修建河西长城的任何记载的，这就排除了秦孝公元年以前筑有长城的可能性，所剩下的可能性，便是秦孝公元年魏国曾筑有长城，否则就不会有这种记载。

再者，魏国的河西长城的建筑规模本来就很庞大，绝非是一年时间就可以修成的，为此，后人认为，这座长城应该是秦孝公元年开始修筑，前后持续了10年之久。

韩国为界定国边界建韩长城

荥阳韩长城遗迹

在战国时代，修建长城的诸侯国，除了前面的楚国、齐国、中山国和魏国，还有另一个号称战国七雄之一的韩国。

当时，韩国地处河南省中西部，西邻秦，南邻楚，东北接壤魏。它与秦、楚的国界主要是以豫西南的山地为分界线，自然天成，但与魏国的国界线却比较复杂。

特别是魏国迁都大梁后，两国的利害关系也比较密切。因此韩国也修筑过长城，用以界定两国边界。

关于韩国修建韩长城的时间，在古籍《水经注·济水》引《竹书纪年》中称：

梁惠王十二年，龙贾率师筑长城于西边，自亥谷以南，郑所城矣。

这里的梁惠王十二年便是公元前358年，而龙贾则是魏国大将军，这就是说，当年，在魏国将军龙贾率领大家修建魏国长城的时候，在魏国长城旁边，还有一座郑国人修建的长城。而这个郑国呢？早在公元前375年时，便被韩国所灭。

韩国灭郑后，一方面为了和旁边的魏国分清国界；另一方面也为了防止周围的魏国和秦国的进犯，于是在郑国修建的长城基础上，继续修筑并使用这段长城。

■ 荥阳韩长城遗迹

因为这段长城是郑国和韩国共同修建完成的，为此，后人也把这段长城称为"郑韩长城"或"郑韩故城"。

这段郑韩长城遗址位于河南省中北部的荥阳与河南省中部的嵩山东麓的新密交界处。据《史记·苏秦传》中记载：

　　【集解】：徐广曰："荥阳卷县有长城，经阳武到新密。"衍，地名。
　　【索隐】：徐广云"荥阳卷县有长城"，盖据地险为说也。

从古籍中我们可以知道，这段长城应该在荥阳、新密等地。后来，人们经过考古发现，郑韩长城遗址自荥阳崔庙王宗店草庙起，向南经馒头山、香山顶进

■ 长城秋景

嵩山　古名为外方、嵩高、崇高，位于河南省西部，属伏牛山系，地处登封市西北面，是五岳的中岳。嵩山地处中原，东西横卧，古称"外方"，夏商时称"嵩高""崇山"，西周时称"岳山"。公元前770年平王迁都洛阳后，以"嵩为中央、左岱、右华"，为"天地之中"，称中岳"嵩山"。韩长城遗址在其附近。

陶井 是一节节用泥土烧制的陶圈套叠起来砌成的筒状的井。从制法上看，圆形井多为轮制，无井筒的方井栏则为模制，井栏上的支架及附件多模制。圆井筒下部三分之一比上部稍厚，接触地带痕迹明显，有的简单地用一周凹弦纹表示。井身纹饰除弦纹外，多是模子印打在器身上的。历史上，这类井常出现在我国的春秋战国至汉代的古迹中。

入新密市尖山乡楼院村到米村乡茶庵，长约4千米，宽约3米，高度两三米不等，绵片石垒砌。

城址为不规则长方形，城垣用黄土夯筑而成，最高处16米，残高10米左右，基宽40米至60米。城墙下部为春秋夯层，上部为战国夯层。

城址东西长约5千米，南北宽约4.5千米，周长19千米。中部有一道南北隔墙，把城分为东城和西城两部分。

其中，西城北墙长约2.4千米，东墙长约4.3千米，而且大部分墙基埋于地下，南墙和西墙有一部分墙基也未曾找到。

东城北墙长约1.8千米，东墙长5.1千米，南墙长约2.9千米。

西城内西北部有一小城，为宫城，东西长500米，南北宽320米，为郑韩两国的宫殿区。

后来，考古学家在宫城西北部发掘出一座长方竖井形地下室，南北长8.9米，东西宽2.9米，上部四周有柱洞。室东南角有台阶走道可下入室内。

室内并列有5眼井，深2米，用陶井圈筑成。室内和井中出土有牛、羊、猪、鸡等残骨和陶

■ 陶范 也称"印模"，是我国古代铸造青铜器的陶质模型。最早出现在新石器时代晚期。陶范一般由外范、内范组成。外范按器物外形制造，常分割成几块，有的用"子母口"接合，因此称为"合范"。内范是比外范较小的范心。内外范之间容受铜液。范上雕镂纹饰，铭文。

器。这些文物的出土，证明了郑韩故城是当时的政治、经济、文化中心，文化遗存非常丰富。

此外，在宫城内，还有两处氏族墓地。一处位于西城内东南部，1923年曾出土各种铜、玉器700多件；另一处位于东城内西南部，面积16万平方米，并有墓葬300余座。

铸铜遗址在东城内东部，面积约10万平方米。出土有熔铜炉、鼓风管和陶范等。铸铁遗址在东城内西南部，面积约4万平方米。

出土有战国时期的熔铁炉、烘范和大量陶范等生产工具，可知战国时期韩国已大量生产和使用铁制工具、兵器。制骨遗址在城内偏北部，面积约7000平方米。出土有春秋战国时的骨料、加工鹿角、骨簪、骨锥等成品和半成品。

历史上，郑国在此地传23世，历时300多年，后来，被韩国所灭。韩侯把国都从阳翟迁到这里，传8世，经历了140多年，后来被秦始皇于公元前230年所灭，成为战国七雄中被秦国所灭的第一个诸侯国。

郑韩故城跨越奴隶社会和封建社会两个历史阶段，是我国古代著名都城，为此，郑韩故城被评为我国国家级文物保护单位。

阅读链接

在我国的战国时期，韩国的国君为姬姓，出自春秋时晋国六大夫之一，公元前403年被周王室封为诸侯。公元前408年，定都阳翟，也就是河南省许昌市禹州。

历史上，韩国曾出过著名的法家代表人物、战国哲学家韩非，即韩非子。韩非本是韩国贵族，和秦国丞相李斯都是我国著名思想家荀子的学生，但遗憾的是，韩非的思想不被韩王重视。最后，韩非只好去了秦国，并在后来帮助秦王嬴政统一了战国七雄的其他六国。

赵国为防魏和匈奴建赵长城

　　战国时期，随着各个诸侯国陆续修建起了保卫自己国土的长城以后，处于四战之地的赵国也有了修筑长城的打算。

　　此时，赵国的南面有魏国和齐国，赵国的北面有胡人和匈奴。为了抵御这些诸侯国的进攻，公元前333年，赵国的君主赵肃侯命人以赵

赵长城遗址上碑石

国南部、魏国北部的漳水、滏水的堤防为基础，筑长城，以防御周围的魏国和齐国的攻击。

因所筑长城，位于赵国的南部，史称这座长城为"赵南长城"。

关于这段历史，在《史记·赵世家》中曾有两次提到，其一称："肃侯十七年，围魏黄，不克。筑长城。"其二称：赵武灵王说道："我先王因世之变，以长南藩之地，属阻漳、滏之险，立长城。"

这里提到的"肃侯十七年"，即为公元前333年，当时，赵国因对魏、齐两国联合互尊为王一事不满，便派军攻魏，包围魏北部军事重镇黄城，久攻不下，被迫撤军。

赵长城遗址旁建筑

后来，赵国为防止魏、齐两国的报复，便在漳水和滏水之间修筑一道长城。

该长城由漳水、滏水的堤防连接而成，大体位置是在漳水北岸起，从后来的河北省武安西南太行山麓，向东南延伸，沿漳水北岸至磁县西南，再折向东北行于河南磁山、河北临漳之间，沿漳水到肥乡西南处，形成一个向南凸起的弓形。

这座长城直至后来，在河北临漳、磁县一带还有遗迹可寻，全长约200千米。

公元前300年，在赵肃侯命人修成赵南长城的30

堤防 指在江、海、湖、海沿岸或水库区、分蓄洪区周边修建的土堤或防洪墙等。它是世界上最早广为采用的一种重要防洪工程。筑堤是防御洪水泛滥，保护居民和工农业生产的主要措施。河堤约束洪水后，将洪水限制在行洪道内，使同等流量的水深增加，行洪流速增大，有利于泄洪排沙。

多年后，他的儿子赵武灵王为了防御位于赵国北面的胡人和匈奴，在内蒙古云中、雁门、代郡一带修筑了赵国的第二座长城。

因为这座长城位于赵国境内的北部，为此，后人称这座长城为"赵北长城"。

这件历史事实，在古籍《史记·匈奴列传》中曾这样记载：

赵武灵王亦变俗胡服，习骑射，北破林胡、楼烦，筑长城，自代并阴山下，至高阙为塞。

■ 赵武灵王塑像

浩大工程的长城要塞

河套 内蒙古自治区和宁夏回族自治区境内贺兰山以东、狼山和大青山以南黄河流经地区。因黄河流经此形成一个大弯曲，故名。以乌拉山为界，东为前套，西为后套。以黄河以南、长城以北的地区称前套，和黄河北岸的后套相对称。河套是黄河中上游两岸的平原、高原地区，因农业灌溉发达，又称"河套灌区"。

历史上，赵武灵王赵雍是一位敢于革新和极力推进民族文化交流的君主。他不顾贵族官僚的反对，推行"胡服骑射"，引进了有利于生活和武备的胡人方式，使国力、军力大大增强，取得了一系列战争的胜利。

公元前306年，他亲自统率部队，首先攻灭了中山国，接着又出兵攻破了北方强敌林胡、楼烦，迫使他们向北迁移。

至公元前302年，赵国的疆土已经扩展至云中和九原，也就是后来的内蒙古自治区托克托和乌拉特前旗等地，以及内蒙古自治区河套一带地区。

赵武灵王下令让部分赵国人迁入赵国占领的这些

地方，让他们从事开垦，进行农种活动，并在这些地方娶妻生子，一代一代地延续下去。

为了加强北方的边防，从公元前300年开始，赵武灵王又命人修筑赵国的北长城。

关于这座长城的分布，由于古籍书中的资料很少，为此，后人推测这座长城自河北省宣化西行，经怀安进入内蒙古自治区。

经兴和、集宁南，沿大青山南麓西行，过卓资、旗下营，沿大青山南麓过呼和浩特北、包头的石拐弯矿区、兴胜乡，至包头北昆都仑河上游，沿偏北山脉进入乌拉山，西至高阙，长约1.3千米。

这座长城大都是夯土建筑，赵长城自兴和县的台基庙乡向西北伸进，经察右前旗巴音塔拉乡、三成局乡、高凤英村北，继续向西北延伸，直至卓资县的东边墙村。

在位于集宁西北的高凤英村北1千米，也就是集宁中察右中旗公路12千米处，东西走向的赵长城与公路交叉呈"十"字形，这里的长城遗迹为黑沙土夯筑墙，高两三米，宽4米。

卓资县境内的长城，由哈达图乡东边墙村进入，经过油葫芦湾村北，依傍辉腾梁南麓而行。这段长城遗迹，绝大部分已被摊平，变成公路。

蒙古境内赵长城遗迹

绳纹残片 绳纹是古代陶器的装饰纹样之一。一种比较原始的纹饰，有粗绳纹和细绳纹两种。是在陶拍上缠上草、藤之类的绳子，在坯体上拍印而成的，有纵、横、斜并有分段、错乱、交叉、平行等多种形式。我国古人喜欢把这种纹样装饰在陶器和瓦片上，印有绳纹纹样的瓦片，被称为绳纹瓦片。

公路骑在长城脊上，一直向西延伸到马盖图乡官家坝村。而未被公路占用的，其遗迹则清晰可见。

在油葫芦湾村北的长城内侧，还建有一座城堡，俗名"城卜子"。该古城为方形，长宽各142米，城堡东墙残高1.3米。在长城附近地面还残留着许多陶制绳纹残片。此城应是守卫长城的驻军遗址。

在该古城北，有一座骑在长城上的方形墙台，高1.4米，长宽各17米。土筑，是用辉腾梁洪水淤积下来的黄黑色土交叠而成。

共夯筑13层，每层厚约0.1米。这座墙台是供守边戍卒瞭望和作战用的。

此外，在包头以西，赵长城的遗迹仍断断续续地绵延于乌拉山、狼山之间。

在乌拉山南麓，可见到断断续续时隐时现的一条带状石垣，它沿乌拉山南缘延伸42千米至乌拉特前旗宿亥乡消失。

在乌拉山附近，另外还有一座赵北长城遗址。它

■卓资县赵长城遗址

城卜子赵长城遗迹

经包头固阳县进入巴彦淖尔市乌拉特前旗的小余太乡东北，沿查斯太山向西入乌不浪口，经色尔腾山北麓再过狼山口，在狼山北麓西北伸入乌拉特后旗潮格温都尔西消失。在巴彦淖尔市境内长达240千米。

在包头至石拐公路17千米处，也有保留最完整的一段赵长城。这座长城从宣化附近开始，迤逦而西，沿阴山山脉，一直修至河套狼山山脉的高阙塞。

这段赵长城东西长260多米，为土筑，高处达5米左右，下宽5米。后来，秦始皇修筑万里长城时曾经利用其部分地段作为基础。

另一方面，由于春秋战国时期的长城在后来自秦始皇统一中国之后，除一部分作为万里长城的基础之外，大多已下令拆毁，保存的遗址不多。但是它们对于研究早期长城的历史和当时的社会政治、军事等情况却具有重要的意义。

阅读链接

历史上，在没有先进机械设备和技术的情况下，修筑长城的工程是需要很长时间的。

因此，在《史记》中所记载的赵肃侯命人在公元前333年筑长城，以及赵武灵王命人在公元前300年筑长城，只能看作是始修长城的时间。

燕国为防齐和东胡建燕长城

在战国时期，燕国是最偏北的诸侯国。燕国之南为齐国、赵国和中山国，燕国之北为东胡。

在这种情况下，燕国为了防范南边齐国、赵国和中山国的进攻，以及北边东胡的骚扰，便分别在国土的南边和北边修建了南长城和北长城。

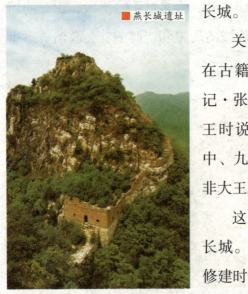

■燕长城遗址

关于这两座长城的具体修建时间，在古籍中并没有明确的记载，据《史记·张仪列传》中，秦相张仪游说燕昭王时说："今大王不事秦，秦下甲云中、九原，驱赵而攻燕，则易水、长城非大王之有也。"

这里张仪所说的长城指的就是燕南长城。为此，从这里推断，燕南长城的修建时间，应该在燕昭王以前。

而至于这座长城的分布，据《水经注》《元和郡县图志》等文献记载，应该起于河北省易县西北太行山下，沿古易水北岸东南行，经徐水、安新至雄县。再东南行于文安、任丘之间，至大城县西南子牙河，长约500多米。

历史上，因为这条燕南长城由易水堤防扩建而成，所以它又称"易水长城"。

可惜的是，这座长城修成后，由于历史久远，后人已经很难找到和它相关的遗址了。

那么，燕国北边的北长城又始建于什么时期呢？在《史记·匈奴列传》中记载：

燕有贤将秦开为质于胡，胡甚信之。归而袭破走东胡，东胡却千余里。与荆轲刺秦王秦舞阳者，开之孙也。燕亦筑长城，自造阳至襄平，置上谷、渔阳、右北平、辽西、辽东郡以拒胡。

这段文字的意思是说，在燕昭王时期，燕国曾把一位有名的将军秦开，作为人质送给燕国北面相邻的东胡，以求暂时安定。

秦开在东胡一直待了10多年，秦开和东胡人和睦相处，东胡人对秦开很是信任。

燕昭王（前335—前279），战国时期燕国第三十九任君主，简称昭王或襄王，公元前312年至公元前279年在位。本在韩国作为人质。燕王哙死后，燕人立职为燕昭王。在位期间燕将秦开大破东胡、上将军乐毅联合五国攻破齐国，占领齐国七十多城，造就了燕国盛世。

■ 赤南燕长城遗址

东胡 是我国春秋
战国时期强盛一
时的北方民族，
因居匈奴以东而
得名。关于东胡
的起源有很多说
法。春秋战国以
来，南邻燕国，
后为燕将秦开所
破，迁于今辽河
的上游老哈河、
西拉木伦河流
域。燕筑长城以
防其侵袭。秦末
以后，东胡分裂
为乌桓和鲜卑。

后来，秦开回到燕国，发军大破东胡，把东胡赶到了离燕国1000米远以外的地方。

为了避免东胡回来攻打燕国，燕国便在国土的北边修建了著名的燕北长城。

为此，后人从这段故事中推测，燕国的北长城应该始建于燕昭王时期。

至于这座长城的走向，据专家考察得出，这座长城西起河北省张家口东北宣化，向东北行，进入内蒙古自治区多伦、独石。

经河北省围场之北，又东经内蒙古自治区赤峰、敖汉以南，辽宁省阜新以北，至新民沿辽河东北行，于铁岭附近过辽河，折向东南，经抚顺、本溪、凤城以东，过鸭绿江，至朝鲜博川附近清川江口北岸。

这座长城后来保留下来的在内蒙古自治区内的共

有3座：

第一座，即燕国著名将军秦开打败东胡后所筑的燕北界长城。

因燕北界长城行经赤峰，也称"赤北长城"。

第二座，修筑时间晚于赤北长城，因它行经赤峰南部，故名"赤南长城"。

赤南长城横亘东西，与赤北长城大体呈平行方向。赤南长城西起河北围场县中部的夹皮川乡边墙村，由此东行，入喀喇沁旗南境，经娄子店乡，又东北行。过山前方，再东北行，沿山岭进入赤峰美丽河乡，东过老哈河，而后进入辽宁省建平县境内。从建平县又进入敖汉旗，复进入辽宁省，由北票北部山区逶迤前行，然后进入阜新县。

第三座，是老虎山长城。老虎山长城，位于赤南长城之南，敖汉旗南部边缘的四家子乡老虎山一带。

长城顺羊山北坡而下，穿过大凌河支流老虎山河，从老虎山往东南行，越过一片缓坡丘陵地带，进入辽宁省建平县境内。现存长度约5千米，大部分在敖汉旗，保存较好。

这段长城在筑造技术和地形选择上有其自身的特点。它们均用自然大石。

垒砌方法一般是内外两侧用较规整的大块自然石，中间以乱石碎块或沙砾等充塞，因此较坚固，城墙在后

大凌河 位于辽宁省西部，是辽宁省西部最大的河流。有两源：北源出凌源县打鹿沟，南源出建昌县黑山，到大城子附近会合，东北流经努鲁儿虎山和松岭间纵谷，接纳老虎山河、牤中河、西河等支流，到义县转向循医巫闾山西侧南流，在锦县东南注入辽东湾，河口三角洲规模大，岔流发育。

■ 老虎山燕长城

来仍未完全倒塌。土筑长城，一般多选在土质较厚、地势平坦而又缺石的地区。

虽然土筑长城的遗迹后来很难找寻，但在土筑长城的地段上一般都可以见到隐隐约约有一道黑土带，远远望去如同一条巨蟒匍匐于大地之上，至夏季还可以发现在这些地段上草木长得异常茂密。

历史上，燕国修建完北长城以后，战国时期的其他诸侯国便不再修建长城了，为此，人们又把燕北长城称为我国战国时期的最后一座长城。

浩大工程的长城要塞

阅读链接

战国时期的燕国在今天的河北省北部和辽宁省西部。燕昭王名姬平，是燕王姬哙之子。

据说，在燕王哙当权时，他羡慕古代尧舜禅让传国的美德，在公元前316年传位给相国子之。以后，子之便当了燕王，燕王哙反成了臣子。

但是，燕王哙的做法非但未能强国，却引起太子平和将军市起兵叛乱，齐宣王又乘机攻占了燕国，燕王哙和相国子之皆死于战中。从此燕、齐两国结仇。

公元前312年，燕人共立太子平，为燕昭王。

燕昭王上任后，和百姓同甘苦，卑身厚币招天下贤士。于是，天下贤士纷纷来到燕国，乐毅从魏国来，拜为亚卿，任以国政。

燕昭王日夜抚循百姓，国益富强。终于在公元前296年，与齐、赵共灭中山国。

公元前284年，燕昭王又命乐毅联合秦、韩、赵、魏之师攻破齐国，并攻占了齐国70多座城。此时，为燕国鼎盛时期。燕昭王去世后，燕国又重新为齐国所败，所夺之地全部丧失。

公元前221年，秦始皇统一中国，建立了秦朝，并命人以战国时期燕国、赵国和秦国在北方所筑的长城为基础，修缮和增筑了我国第一条长达万里的长城。

公元前206年，西汉皇帝先后命人筑成了一条全长近1万千米的长城，成为我国历史上第二座万里长城。

从南北朝开始，先后统治我国北部的北魏、东魏、西魏、北齐、北周，以及以后的辽、金、元等朝代的少数民族统治者，为了防止其他少数民族的侵扰，也不断地修筑了长城。

秦时明月

历代长城

秦始皇为防胡人建万里长城

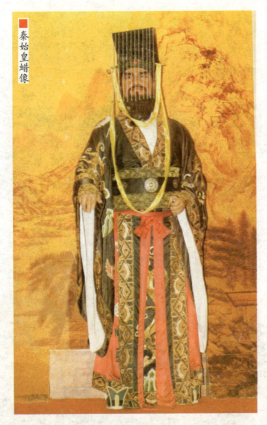

秦始皇蜡像

公元前221年，被后人称为"千古一帝"的秦始皇嬴政，建立了我国历史上第一个统一的多民族的封建中央集权制国家，实现了我国历史上第一次民族大融合。

作为统一的标志和措施，秦始皇颁布了一系列法令，如废除分封制，设立郡县制，统一了文字、法律、货币、度量衡等。

不过，在大秦帝王将新政权推向全国的过程中，遇到了意想不到的困难，为了获得民

■ 秦代兵戈

众对大秦帝国的认可，安定天下民心，秦始皇在完成统一大业之后的第二年，也就是公元前220年，开始不断地巡游天下。

　　秦始皇巡游的地点先是选择在秦国境内，试行一年之后，逐步推广到秦国以外的领地。

　　公元前219年，秦始皇从陕西省咸阳出发，经齐地也就是后来的山东省，到达海边，又转经江苏、湖南、浙江、湖北等地返回咸阳。其行程几乎遍及整个中国。

　　在秦始皇巡游各地之后，他的思想意识受到很大冲击，思维方式也受到很大影响。因为，秦始皇在巡游后发现，自己最初的领土秦国在战国七雄中处于西部边陲，论武力它可以雄霸天下。但若论发达程度，无论是文化还是经济，却与齐国等中原核心地带相比都有着不小的差距。这些新的发现让秦始皇大开眼界。

分封制 也称分封制度或封建制，是我国古代帝王分封诸侯的制度，由朝廷给王室成员、贵族和功臣分封领地，属于政治制度范畴。我国古代宗法制是分封制的基础，在家庭范围是为宗法制，在国家范围是为分封制。诸侯的君位世袭，在其国内拥有统治权，但对天子有定期朝贡和提供军赋、力役等义务。

郡 我国古代的行政区划单位之一。始见于战国时期。秦统一天下设三十六郡，后汉起，郡成为州的下级行政单位，介于州刺史部和县之间。隋朝废郡制，以县直隶于州。唐朝置道、州、县，武则天时曾改州为郡。明清称府。

不久，当秦始皇回到国都以后，有一个原燕国人卢生来到了秦始皇的身边，对秦始皇介绍"鬼神"之事。从此，这位卢生便作为秦始皇的宠臣留在了秦始皇的身边。

后来，卢生还带给秦始皇一本《录图书》，这本书上记录着一个惊天秘密："亡秦者胡也"。这个秘密的意思是说，秦国以后的灭亡跟胡人有关。

在得知这个秘密以后，秦始皇立即不安起来，于是，他很快便派出自己的大将蒙恬率领30万大军北征胡人，把胡人逐出河套赶到阴山以北。这时，秦始皇仍然不放心，为了防患于未然，他又不惜血本，征用70万劳工，历时多年，起临洮止辽东，绵延万里大规模修筑长城，把胡人彻底赶到长城以外，以免胡人灭秦。

关于这段历史，在《史记·秦始皇本纪》中有清楚的记载：

■秦军武士雕像

三十二年……始皇巡北边，从上郡入，燕人卢生使入海还，以鬼神事，因奏录图书，曰"亡秦者胡也"。始皇乃使将军蒙恬发兵三十万人北击胡，掠取河南地。

三十三年……西北斥逐匈奴，自榆中并河以东，属之阴山，以为四十四县，城河上为塞。又使蒙恬渡河取高阙、阳山、北假中，筑亭障以逐戎人。徙谪，实之初县……三十四年，适治狱吏不直者，筑长城及南越地。

另外，在《史记·六国年表》中也有相关的记载：

三十三年，筑长城河上，蒙恬将三十万。三十四年，适治狱不直者筑长城。

■ 秦军铠甲文物

在《史记·蒙恬列传》中也记载：

使蒙恬将三十万众，北逐戎狄，收河南，筑长城，因地形用险制塞，起临洮，至辽东，延袤万余里。

由蒙恬将军带人修筑的这条秦长城主要是以燕、赵、秦三国长城为基础的，总长度为5000多千米。这座长城因为长达万里，所以被后人称为"万里长城"。这座长城大体分为西、中、东三段。

其中，西段长城是凭借黄河天险而成，以障塞城堡为主，不全是互相连属的长城。

而当年横贯甘肃省、宁夏回族自治区南部、陕

蒙恬（？—前210），秦始皇时期的著名将领，被誉为"中华第一勇士"。蒙恬出身于一个世代名将之家。祖父蒙骜、父亲蒙武均为秦国名将，蒙恬深受家庭环境的熏陶，自幼胸怀大志，立志报效国家。蒙恬率30万大军北击匈奴，征战北疆10多年，是我国西北最早的开发者，也是古代开发宁夏第一人。

毛石块 是不成形的石料，处于开采以后的自然状态。它是岩石经爆破后所得形状不规则的石块，形状不规则的称为"乱毛石"，有两个大致平行面的称为"平毛石"。乱毛石一般要求石块中部厚度不小于1.5厘米。平毛石形状较乱毛石整齐，其形状基本上有6个面，但表面粗糙，中部厚度不小于两厘米。

■ 秦代长城遗址

北、内蒙古的西南至东北向的秦昭王长城已失掉防御作用，所以，后人推断，秦始皇万里长城西段不是建在战国秦长城基础上的。

为此，我国考古学者认为，此段长城遗址还有待进一步考察证实。

长城中段，大致走向自东经114度以西至106度之间，沿北纬41度左右，由内蒙古自治区兴和县北经黄旗海北岸，绕过集宁北境。

顺大青山而西，经察右中旗，武川县南部的南乌兰不浪，固阳县北部的大庙、银号、西斗铺，然后北依阴山，南障黄河后套，经五原、杭锦后旗北境，西抵乌兰布和沙漠北缘。

这段长城部分利用了战国赵北线长城的基础，但更多的是由蒙恬将军命人在秦始皇时期筑成的。

此段长城的建筑基本依托大青山和阴山，多用毛

■ 蒙古境内的秦长城遗址

石块垒砌。后来，我国的文物工作者在阴山北麓，考察了一处长450千米的秦始皇长城。

长城东端在呼和浩特北郊的坡根底村与赵长城相衔接，向北偏西方向，翻越阴山到武川的什尔登古城，沿大青山北麓至固阳县空村山，阿塔山北麓，再向色尔腾山的中支查尔泰山北麓西行。

在乌拉特中旗沿狼山南支的北麓逶迤而西，直至临河北的石兰计山口，保存好的地段长城一般高五六米，顶宽3米；隔一两千米有一小烽火台，隔5000米有一座大烽火台和驻军营盘。

在乌拉特中旗南部还发现用石块垒砌的墙面有多次修缮的痕迹，基宽4米，高达四五米。

沿长城内外，在连绵的山巅上，还有用石块垒成供传递军情用的史称"烽燧""亭燧""烟墩"的烽火台，山谷间的通道则构筑了一系列史称"障塞"的城堡。

乌拉特中旗 位于我国内蒙古自治区西部，北与蒙古国交界，有国界线184千米。东与包头市达尔罕茂明安联合旗、固阳县为邻，南与乌拉特前旗、五原县、临河市、杭锦后旗相依，西连乌拉特后旗。全旗呈不规则四边形，总面积23 096平方千米。

浩大工程的长城要塞

■ 河北境内的秦长城遗迹

城障 是长城险要处所修筑的供官兵驻守的小城，一般指秦汉时期沿长城建造的用以阻挡匈奴进犯的小城堡，也称障。在我国内蒙古巴音诺洛、苏亥等地发现有4座类似的小城遗址，大小相似、形制相同，平面为正方形，边长约45米，仅一面设门，四角有斜出的墙台。

在固阳县银号乡见到的秦始皇长城，用大型方整的石块砌里外两壁，中间填以小块石头，墙面平整坚固，这里的长城用黑褐色的石片砌筑，外侧残高约三五米，内侧一两米，顶宽2米左右。

此外，在固阳县境内，还有一处横穿固阳3个乡镇，长达120千米的万里长城遗址。

这段长城多半修筑在山峦的阴面半坡上，依山就险、因坡取势，就地取材。保存较为完好的秦长城是固阳县九分子乡那一段，长约12千米，城墙外侧有5米高，内侧有2米高，顶宽2.8米，底宽3.1米，墙体多以黑褐色厚石片交错叠压垒砌而成。

从这段遗址还可以看到，筑长城的民工和驻兵是把附近的山石一块块切割下来，磨平后干砌在城上，每块石片重的有二三十千克，轻的有四五千克，这样干砌起来的长城，历经千年而不塌。

历经2200多年的风吹日晒、雨雪冲刷，长城原来所用的青色、半黄色石料，至后来，表面已蒙上了一层黑色、棕黑色的氧化物。站在高处，依然可见这段秦长城顺山势上下。

在城墙内侧，每隔1000米设一座烽火台。固阳段内共有烽火台4座，也都以石块干砌而成，成为著名的烽燧遗址。

烽火台多设在视野宽广的山巅，与长城垂直。离烽火台不远的高地上，有房子坍塌后留下的石墙圈遗迹。这乃是驻兵的哨所。

据史料记载的用木料泥土毡做的房顶早已不存，但看到这些供驻兵戍守用的房子遗迹，人们会很自然地和史书上长城"亭"的建制联系起来。

在重要的山口和关隘处，往往有城障，城障是附属于长城的军事城堡。在秦长城内外，常可觅得秦国至西汉初年的陶片。

亭 是我国传统建筑，多建于路旁，供行人休息、乘凉或观景用。亭一般为开敞性结构，没有围墙，顶部可分为六角、八角、圆形等多种形状。亭子在我国园林的意境中起到很重要的作用。亭的历史十分悠久，但古代最早的亭并不是供观赏用的建筑，而是用于防御的堡垒。

■ 秦代长城遗迹

■ 卫青（？—前106），西汉武帝时的大司马大将军，是历史上出身最低，功劳最大，官位最高的代表人物。他首次出征奇袭龙城打破了自汉初以来匈奴不败的神话，曾七战七胜，以武钢车阵大破伊稚斜单于主力，为北部疆域的开拓做出重大贡献。卫青善于以战养战；用兵敢于深入，奇正兼擅；为将号令严明，与士卒同甘苦；威信很高，位极人臣，但从不养士。

在色尔腾山的高处，有一座高耸的汉代名将卫青的雕像，是后人为纪念他在此地打败入侵的匈奴而建造的。

在这段长约3000米的秦长城内侧，朝南凿刻着百余幅阴山岩画，有北山羊、骆驼、驼鹿、舞者、骑士等，还有突厥文形的符号，造型生动，形象逼真。

这些岩画对于研究我国古代北方游牧民族的古代经济文化具有重要价值。

这些岩画多以简练流畅的线条勾画形象。有一幅岩画画了一只山羊，长角弯曲，身体肥壮，短尾上翘，呈静立状态；另一幅岩画描绘了一个牧人放牧的情景，牧人策马前行，举臂向后，仿佛在呼唤身后的山羊，具有浓厚的北方游牧民族的生活气息。

据说，这些作品可能是修长城的工匠和驻军在修筑长城时的业余时间创作的。在秦长城附近，还有蒙恬大将的点将台、匈奴万箭穿石处等历史遗迹。

万里长城东段，大致走向自东经114度内蒙古化德县境，沿北纬42度往东经过河北省康保县、内蒙古自治区太仆寺旗、多伦县南、河北丰宁、围场县北、

突厥文 是公元7世纪至10世纪突厥、回鹘、黠戛斯等族使用的拼音文字。又称鄂尔浑叶尼塞文、突厥卢尼克文。通行于我国新疆、甘肃境内的一些地方。突厥文各种文献中所用字母数目不一，形体多样，一般认为有38个至40个。大部分源于阿拉米字母，词与词之间用双点分开。行款一般为横写。

内蒙古自治区赤峰北境及奈曼与库伦旗南境、辽宁省阜新市北，至东经122度之间。

这段长城或沿用战国燕北长城旧迹，或是由蒙恬将军命人在秦始皇时期筑成。

辽河以东，据文献记载，秦始皇长城一直延伸至朝鲜境内平壤大同江北岸，但后来的考古学者并未发现其明显遗存。

辽河以西的长城中，据后来的文物考古工作者考察发现认为，秦始皇万里长城要比燕北长城靠北，过去称为康保三道边即由内蒙古化德、康保东去和赤峰最北面一道长城是秦始皇时期所筑。

在这东段万里长城中，保存到后来的还有一段在包头境内，累计长度约为120千米。

这段长城多半修筑在山峦北坡，依山就险、因坡取势、山谷隘口及平川地带多用夯土筑成，山地则多用石砌或土石混筑，一般石砌长城遗迹保存尚好。

■ 阴山岩画一角

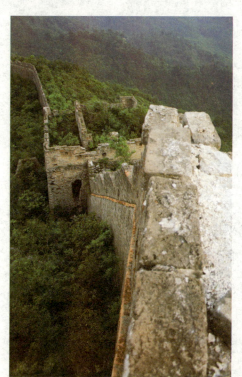

■ 赤峰秦长城遗址上的明长城

敖汉旗 地处内蒙古努鲁尔虎山脉北麓，科尔沁沙地南缘，背靠赤峰，东邻哲盟奈曼旗，西与辽宁省建平县接壤，敖汉旗南与辽宁省北票市、朝阳市相连，北与赤峰市松山区、翁牛特旗隔老哈河相望。东南与辽宁省朝阳市接壤，是全国闻名的文物大旗。在8300平方千米的土地上分布着不同时期的古代遗址4000余处。

后来存在的一般为外壁高度在4米以上，基宽4米，顶宽2米左右。站在高处，依然可见长城顺着山势上下，状若游龙，每隔一段尚能辨清古代烽火和障城的遗迹。

在包头秦长城内外，还有八九座古城遗址，其中，还可以找到秦国至西汉初年的陶片。

此外，在秦始皇长城东段沿线处，还有许多城池、障和烽火台一类的防御建筑设施。

如赤峰、围场、丰宁一带的秦始皇长城，建在山岭上的取自然石块垒砌。方法是内外两侧用较规整的自然大石块，中间填以乱石碎块或砾石，基宽一般为两三米，横断面呈梯形，下宽上窄，估计当时城墙高度约三四米，顶宽一米左右。

在石筑城墙残基上，有的地段还有明显的接痕墙缝，这些证明当时筑造长城是按地区分段施工的。

在敖汉旗以东一段长城建在丘陵间，则多为以土夯筑或土石并用。

从后来存在的秦始皇长城的遗址上看，秦代的万里长城"因地形、用险制塞"，表现在长城大多建在山梁上，而且内侧为缓坡。

在长城穿越河谷的地段，或以沟堑代替墙壁，或在河谷一侧增筑一段平行的墙壁，两山之间则用天然石块砌成石墙，形成"石门"。

有的还开有"水门"，在长城穿越山谷要道的地方，往往于深入山口处的陡立峡谷中切断山路，筑起一条如同封山水库大坝一样的石筑或土石混筑的"当路塞"，并在"当路塞"的侧旁修建城堡。

历史上，秦始皇修建这条万里长城是为了永葆"子孙帝王万世之业"的，但是，就在这条万里长城建成没几年，秦始皇就病死在寻求长生不老药的途中。

后来，由于种种原因，秦国在秦始皇死去后不久便走向了灭亡。

秦朝灭亡了，但秦始皇修的万里长城却作为我国第一次大统一的象征留存了下来。秦长城不仅在构筑方法上有自己的风格，而且在防御设施的建置上也有一定的特色。

秦长城以石筑见称，雄伟壮观，汉代沿用，是我们中华民族的瑰宝，也是世界建筑史上的奇迹，更是我们中华民族辉煌的历史、灿烂的文化的象征。

阅读链接

在固阳县秦长城红石板沟段有一处豁口，关于这段豁口的来历，传说和一个叫作孟姜女的有关。

相传，这位孟姜女是杞梁的新婚妻子。在他们两人的新婚之日，由于秦国要修建长城，官兵便把杞梁征去修长城了。

后来，孟姜女历经千辛万苦去修长城的地方寻找自己的丈夫，却发现，杞梁已经死在了长城上。

孟姜女非常伤心，便在那段长城上哭了起来。结果，那段长城便轰然倒塌。这便是红石板沟那段长城豁口的来历。

不过，关于孟姜女的传说，也有一种说法说是发生在战国时期的齐国。但不论这件事发生在哪个朝代，有一点可以肯定的是，这个故事再现了当时数十万劳工筑长城时风餐露宿，艰难地开山凿石的苦难和牺牲，再现了我国中华民族的伟大创造。

汉代时修成第二座万里长城

公元前202年，汉高祖刘邦称帝，建立了汉朝。

第二年，为了巩固汉朝根基，刘邦下令修缮了秦昭王时所筑的秦昭王长城。

据《史记·高祖本纪》记载："置陇西、北地，上郡、渭南、河上、中地郡；关外置河南郡。更立韩太尉信为韩王。诸将以万人若以一郡降者封万户。缮治河上塞。"

汉高祖刘邦雕像

一年后，北方的匈奴进攻马邑，也就是山西省朔县东北地区。

因汉将韩信投降，匈奴南下雁门，围攻太原。刘邦亲率32万大军迎战，却被围困于今山西省大同东北的白登山上达7日之久。最后，刘邦采用了陈平的计策，才得以突围。

■ 汉代长城遗址

此后，在惠帝、吕后、文帝和景帝的六七十年间，汉代对匈奴都采取和亲政策。

同时，在汉代文帝和景帝治理期间，汉朝经历了"文景之治"，变得一天比一天强大。但是，与此同时，北方的匈奴势力也越来越强大，常侵犯汉朝河西一带，劫掠财粮牲畜，骚扰汉民农耕。这让汉朝子民很生气。

公元前140年，汉武帝刘彻即位，为使汉朝边疆得到安宁，汉武帝毅然采取积极防御的战略方针，以攻为守，主动出击。

公元前133年，汉武帝派马邑人聂壹，引诱匈奴单于取马邑，又命大将李广、韩安国等率兵30余万埋伏于城外，伺机出击。可惜的是，汉武帝的这一策略被匈奴识破，匈奴带着兵马逃走了。

之后，汉武帝又多次采取大规模的军事行动进行

文景之治 是指我国西汉汉文帝、汉景帝统治时期。汉初，社会经济衰弱，朝廷推崇黄老治术，采取"轻徭薄赋""与民休息"的政策。文景两代采取了上述一系列措施的结果，使当时社会经济获得显著的发展，封建统治秩序也日臻巩固。

■ 汉代长城遗迹

朔方郡　是我国
汉代的北方边郡
之一。朔方郡设
置于西汉武帝时
期。朔方郡辖地
位于黄河河套的
西北部，当时黄
河流经临戎县城
北，分为南北两
支，南河就是现
在的河道，北河
是当时的主流，
约为后来的乌加
河河道。

西征。打败匈奴后，他开始向河西迁徙汉族居民，然后进行农业开发，紧接着在这里驻扎军队，修筑长城，以阻止匈奴的再次入侵。

据历史文献记载，汉武帝派兵修筑汉代长城事件大体可以分为5次，其中大规模修建的就有4次。

第一次是公元前130年，汉代将士在第一次北去匈奴前3年，武帝"发卒万人治雁门阻险"。这是对北击匈奴所做的准备工作。

但汉代军士真正较大规模地修筑长城当属公元前127年。在这一年，汉武帝发动了漠南之战，派两路大军北征匈奴，一路由将军李息率领出代郡向东吸引匈奴主力；另一路由将军卫青率领出云中向西突袭匈奴右部。

卫青领兵出云中之后，沿着黄河向西横扫直至陇西，夺取了具有战略意义的河套地区。汉武帝又采纳主父偃的建议，在河套地区设立朔方郡，徙民10万人居住。

又命苏建调集10万人筑朔方城和修缮旧时秦万里长城。

据《史记·匈奴列传》记载：

> 其明年卫青复出云中以西至陇西，击胡之楼烦、白羊王于河南，得胡首虏数千，牛羊百余万。
>
> 于是汉遂取河南地，筑朔方，复缮故秦时蒙恬所为塞，因河为固。

骠骑将军 我国汉代官职。公元前121年始置，以霍去病为之，金印紫绶，位同三公。东汉各代沿置后，有时加"大"，称"骠骑大将军"。隋文帝置骠骑将军府，每府置骠骑、车骑二将军。此骠骑将军为府兵制度的基层军府主官，秩正四品，与汉以来的骠骑将军相去甚远。

081

秦时明月

历代长城

而这里的"明年"，便是指公元前127年。

第二次是公元前121年，汉武帝发动了河西之战，派骠骑将军霍去病第二次出骑兵，消灭匈奴4万多人，又接收归降的4万多人，打垮了匈奴右部势力，夺取了又一战略要地河西走廊。

此后，汉武帝依旧移民设郡，筑塞布防，于公元前121年设置武威、酒泉两郡并开始建造东起令居，即甘肃省永登县境内黄河西岸，沿河西走廊，西达酒泉北部金塔县的"令居塞"长城。

关于这次修长城，据《汉

■ 霍去病雕像

乌桓 我国古代民族之一。亦作乌丸，乌桓族原为东胡部落联盟中的一支。原与鲜卑同为东胡部落之一。其族属和语言系属有突厥、蒙古、通古斯诸说，未有定论。公元前3世纪末，匈奴破东胡后，迁至乌桓山，又曰乌丸山，遂以山名为族号，大约活动于后来的西拉木伦河两岸。

■ 汉代长城遗址附近的明长城

书·张骞传》记载："汉始筑令居以西，初置酒泉郡，以通西北国。"

在《汉书·张骞传》还有相关的记载："令居，县名也，属金城。筑塞西至酒泉也。"

这段长城便是汉代河西长城的第一段，这也是汉武帝时期第二次较大规模地修筑长城。

第三次是公元前119年，汉武帝发动了漠北之战，派大将军卫青率5万骑兵出定襄，骠骑将军霍去病率5万骑兵出代郡。

卫青打败匈奴左贤王直攻漠北。在狼居胥山，即蒙古肯特山筑坛祭天，在姑衍即狼胥山西边之山辟场祭地，临瀚海，即俄罗斯贝加尔湖而还。

此次战争迫使匈奴大部退出今内蒙古自治区东部地区，"是后匈奴远遁，而幕南无王庭"。西汉王朝随之迁乌桓人到边塞地区作为防御匈奴的屏障，并开始修缮利用秦始皇始建的万里长城。

第四次是公元前111年至公元前110年间所筑由酒泉西至玉门关这段长城。这也是汉武帝时期第三次较大规模地修筑长城。

据《史记·大宛列传》记载，公元前111年，汉武帝令从骠侯赵破奴大破匈奴，在河西走廊增设张掖、敦煌两郡，"于是酒泉亭障至玉门矣"。

据《汉书·张骞传》记载，公元前110年，汉武帝又令赵破奴同王恢"击破姑师，虏楼兰王。酒泉列亭障至玉门矣"。

■ 开辟西域的张骞塑像

据此两次历史记载可以断定，此段长城的建筑年代当在公元前111年至公元前110年之间，这便是汉代河西长城的第二段。

第五次是从公元前104年至公元前101年间，修筑由玉门至新疆维吾尔自治区罗布泊的长城。这也是汉武帝时期最后一次较大规模地修筑长城。

公元前104年，汉武帝又在派贰师将军李广利伐大宛之后，修筑了从敦煌西即玉门至盐泽也称"蒲昌海"的长城。

据《史记·大宛列传》记载："敦煌置酒泉都尉；西至盐水，往往有亭。"

贰师将军 是我国古代武职官衔的一种统称，始于汉代，盛行于南北朝，唐以后逐渐衰微。汉魏时期，有军功者比比皆是，授予官职的难度加大。因此常在"将军"前冠以某个名号以作为他的官职，这种名号并无一定，名号之间也无上下级关系，因此称为杂号将军。

■ 复原后的汉代武士铠甲

丝绸之路 指起始于古代我国的政治、经济、文化中心——古都长安连接亚洲、非洲和欧洲的古代陆上商业贸易路线。它跨越陇山山脉，穿过河西走廊，通过玉门关和阳关，抵达新疆，沿绿洲和帕米尔高原通过中亚、西亚和北非，最终抵达非洲和欧洲。它也是一条东方与西方之间经济、政治、文化进行交流的主要道路。

在《汉书·西域传》也有相关的记载：

自贰师将军伐大宛之后，西域震惧，多遣使来贡献，汉使西域者益得职。于是自敦煌西至盐泽，往往起亭。

书中提到的这段长城便是汉代河西长城的第三段。

自此，由汉武帝在公元前121年至公元前101年，历经20年，终于修通了长达1万多千米的河西长城，并沿路筑起烽燧亭障，以保障这条被后世称为"丝绸之路"的交通大道的畅通无阻。

这座长城东起辽东，西至盐泽，全长为1万多千米，其工程规模之大，远出秦代长城之上，为此，后人把这座长城命为我国最长的一座长城。

西汉河西长城是随着河西四郡的建立而建立的，它对促进这一地区转变为农业区，为西汉势力进入西域及开辟和保护中西交通要道"丝绸之路"都具有重要的意义。

在汉代，除了汉武帝命人修建的著名的河西长城外，在酒泉北向至阴山，还建造了汉外长城，这样就把河套地区和河西地区置在了双层长城的防线之内。

据《汉书·匈奴传》记载："汉使光禄徐自为出五原塞数百里，远者千里，筑城障列亭到卢朐，而使游击将军韩说、长平侯卫伉屯其旁，使强弩都尉路博德筑居延泽上。"

《汉书·地理志》颜师古注："武帝使伏波将军路博德筑遮虏障于居延城。"

这座汉外长城的始建时间大约在公元前102年，被称为"塞外列城"，又称"光禄塞"或者"光禄城"。

这座长城大致东起内蒙古自治区固阳县北，西北行经达茂联合旗、乌拉特中旗和后旗，穿越蒙古国南境西行，向内蒙古额济纳旗地区延伸。

汉武帝以后，西汉王朝对长城防御系统工程也有新筑，主要集中于汉昭帝及汉宣帝时期。

汉昭帝时修筑的主要为东段汉长城。据《汉书·昭帝记》记载："元凤六年春正月，募郡国徒筑辽东玄菟城。"

这里的"元凤六年"，即指公元前75年，而"玄菟城"则指后来的朝鲜北部清川江出海处的番汗附近。

汉昭帝以后，汉宣帝继续筑城屯戍，对西域进行有效管理。公元前67年，汉宣帝派侍郎郑吉在渠犁筑城屯田。

公元前60年，汉宣帝又任郑吉为都护西域骑都尉，设置西域都护府于乌垒城，以管理西域乌孙、大宛、康居、桃槐、疏勒、无雷等36属国，以后西域属国发展为50个。

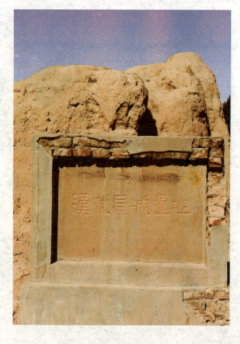

■ 甘肃汉长城遗址纪念碑

汉代修建的这几座长城，保存到后来，留下了很多的长城遗址，其中，位于河西走廊西端的甘肃省安西境内的汉长城有150千米，烽燧70座，城障3处。

这段长城东起甘肃玉门蘑菇滩，沿甘新公路南侧，疏勒河北岸，逶迤向西，与甘肃敦煌境内的西碱墩相连。

这些汉长城及沿线的城障烽燧，是汉代河西完整的军事防御体系的重要组成部分，也是西汉王朝构建河西乃至整个北方防御工程的历史缩影。

虽经千百年来的风雨剥蚀，仍然巍然屹立在戈壁荒漠中，堪称中国保存最为完好的汉长城之一。

在这段长城中，玉门境内的汉代长城遗址，这段汉代长城，全长70多千米，保存较完整的一段约20千米。最高部分约2.3米，最低部分则只有0.3米。

这座汉长城，若以红柳层计算，最高部分有7层，最高处约2.5米，最厚处约4米，每层红柳厚约0.2米，沙石和土层最厚处约2米，红柳层

河西长城遗迹

上下有芨芨草，厚约0.1米，最顶部的积沙层厚约0.4米。它是河西走廊汉代长城遗址中保存最完好的地段之一。这段以沙石、红柳和黄土为主要用料的古长城，虽然历经了几千年的风雨剥蚀，失去了原有的雄伟风貌，但大致轮廓仍依稀可辨。

在这段长城附近还有一处著名的敦煌汉长城遗址。这里的长城结构并无砖石，因地制宜，就地取材建造。

因为，在我国的敦煌北湖、西湖一带，生长着大片红柳、芦苇、罗布麻、胡杨树等植物。

古人在修建长城时，就用这些植物的枝条为地基，上铺土、沙砾石再夹芦苇层层夯筑而成。以此分段修筑，相连为墙。长城内则低洼地铺盖细沙，称为"天田"，以观察脚印之用，是一种防御措施。

在这条长城沿线，每隔10里左右还筑有烽燧一座。这就是古籍中所写的"十里一大墩，五里一小墩"的烽火台。

每座烽燧都有戍卒把守，遇有敌情，白天煨烟，

罗布麻 因罗布泊而得名。在我国淮河、秦岭、昆仑山以北各省、自治区都有罗布麻分布。罗布麻在各地的名称很多，汉族人通常称"野麻"，藏族人称"扎哈"，新疆维吾尔族称"野务其干""陶格其干""哈拉其干""克子其干"，哈萨克族称"塔拉肯特尔"，蒙古族称"赛尔力克奥尔斯"。

玉门汉代长城遗址上的大石块

女墙 也叫"女儿墙"。是仿照女子"眸睍"之形态，在城墙上筑起的墙垛，所以后来便演变成一种建筑专用术语。特指房屋外墙高出屋面的矮墙。建于城墙顶的内侧，一般比垛口低，起拦护作用，是在城墙壁上再设的另一道墙，是"城墙壁的女儿也"。

夜晚举火，点燃报警，传递消息，所燃烟火远在5千米外都能看到。

敦煌境内的烽燧约有80多座，玉门关西湖一带保存得最为完整。汉代烽燧多呈底宽上窄的方柱形，主要建在长城内侧。

筑造结构主要有3种：一是用黄胶土夯筑而成；二是用天然板土、石块夹红柳、胡杨枝垒筑而成；三是用土坯夹芦苇砌筑而成。

烽燧大都建在较高的地方，一般都高达7米以上。有的残高10米左右。烽燧顶部，四边筑有不高的女墙，形成一间小屋。有的顶部后来还可以见到屋顶塌陷的遗迹和残木柱等。

古代的烽燧大的叫"障"，小的叫"亭"，主要起举火报警、传递消息的作用。汉代烽火信号标志有5类，可分为烽、表、烟、苣火和积薪。其中前3种主昼，苣火主夜，积薪昼夜兼用。

这5类烽火信号，并非各自孤立使用，一般是根据敌情组合使用。例如，有敌情10人以上者，白天点一堆积薪，举两烽；夜间点一堆积薪，点亮苣火。500人以上者，白天点两堆积薪，举3烽；夜间点两堆积薪，点3苣火。

在古代用这种方法传递军情，比马跑的速度要快得多。从敦煌至长安用马传递需要15天左右，用点烽燧传递只需要三天两夜就可到达，这是古代人民了不起的创举。

除了这两段长城，在我国的河北省承德境内、甘肃省金塔县和内蒙古自治区阴山以北的乌拉特草原等地，还有几处著名的汉长城遗址。

承德汉长城主要分布于丰宁、滦平、隆化、承德4县。以相当于县、都尉治所形成的城址为中心，辅以亭、障设施，与沿河川修筑的多路烽燧相连，仅少数地段筑有长城墙体，长城墙体与多路烽燧结合，形成了一套完整的军事防御体系。

金塔县汉代长城遗址位于金塔县大庄子乡北山南麓的山脉间，长城呈东西走向，东起花庄墩烽火台，西至北海子烽火台。

乌拉特草原上的汉长城遗址，近似弧形并向西北方向延伸，相对垂直间距为10千米至80千米。

南边的一座长城从乌中旗新忽热苏木东北20千米处进入巴彦淖尔。总体沿西北方向，经乌兰苏木的乌兰呼

■ 承德汉代长城遗迹

乌中旗 是内蒙古一个行政地区名，乌中旗人民政府驻地海流图镇，是全旗政治、经济、文化、交通中心。美丽迷人的乌拉特中旗，草原上一颗光彩夺目的明珠。悠久的历史，灿烂的文化，孕育了五千年的塞外文明。

热，过川井苏木，经沃博尔呼热和阿尔呼热入乌拉特后旗巴音前达门苏木境内，经宝音图、乌力吉苏木西北入蒙古人民共和国，在巴彦淖尔境内长约300千米。

北边的一座长城从乌中旗巴音苏木的巴音圆图东37千米处入巴彦淖尔境内。

沿西北方向经敦达乌苏，转西经巴音杭盖苏木、过伊很查干入乌后旗，经巴音前达门苏木巴音查干向西南入宝音图苏木，再向西南入乌力吉苏木，复转向西北，经乌力吉苏木的沙尔扎塔、呼伦陶力盖西北入蒙古人民共和国境内，在巴彦淖尔境内长约280千米。

我国学者们多称北边的一条为"汉外长城"，南边的一条为"汉内长城"。这两座长城和赵秦长城在构筑方式上不同。

赵秦长城因山崖、沟壑据险而筑，几乎全部用石头筑成；而汉外长城和汉内长城多在草原通过，一般无险可依，无石可用，只好夯土为墙。经2000多年风雨寒暑，遗址高度多在1米左右，宽约4米至8米，许

■ 金塔县汉长城遗址上的夯土墙

多地段被后人当作道路使用。

这两座长城个别地段用石头筑成或外筑石内包土，在乌拉特后旗乌力吉苏木北15千米处为筑石包土的长城。

从其整个建筑形式来看，汉代的长城是采取了因地制宜的办法，因山河形势，就地取材。在一些地段夯筑了塞墙，在一些地段则开挖了壕沟，一些地段是纯粹的自然屏障，而一些地段则又是简易的烽台与栏栅式的防御工事。

当年，汉朝花如此大力修筑长城，除了军事上的防御之外，汉长城的西部还起着开发西域屯田、保护通往中亚的交通大道"丝绸之路"的作用。

其中，西汉所筑河西长城、亭障、列城、烽燧，有力地阻止了匈奴的进犯，对发展西域诸属国的农牧业生产，促进社会的进步，特别是对打通与西方国家的交通，发展同欧亚各国的经济贸易、文化交流起了重大的作用。两千年前，我国的丝织品即是通过这条"丝绸之路"经康居、安息、叙利亚而达地中海沿岸各国的，在国际市场上享有很高的声誉。这条"丝绸之路"从长安出发远及两万多里。在汉王朝管辖地区就有5000千米以上。

从这些遗址及古墓葬之中，曾发现了自西汉以来的许多木简、丝帛文书、印章和丝织品。当时西方国家的毛织品、葡萄、瓜果等也沿着这条"丝绸之路"万里长途输入到长安和东南郡县。在文化艺术上通过这条大道也得到了交流。这条大道上长城、亭障、列城、烽燧正是起到了保护这一条漫长的国际干道安全的作用。

沧桑巨变，经历2000多年的风雨剥蚀、风沙掩埋与人为破坏，这些长城已大多是面目全非了。或被夷为平地，踪迹无寻；或颓为田埂、浅沟，已失却往日的风采。唯有那残迹犹存的烽台，在向人们诉说着汉塞的走向与历史。

阅读链接

我国汉朝皇帝花大力气修筑万里长城，除了军事上的防御之外，汉长城的西部还起着开发西域屯田、保护通往中亚的交通大道"丝绸之路"的作用。

在2000年前，我国的丝织品便是通过这条"丝绸之路"经康居、安息、叙利亚而达地中海沿岸各国的，在国际市场上享有很高的声誉。

这条"丝绸之路"从长安出发远及5000多千米。当时分作南北两路：南路从敦煌经楼兰、于阗、莎车、疏勒、桃槐、贵山城、贰师城而达大月氏、安息，再往西达于条支、大秦。北路从敦煌经车师前王廷、焉栖、龟兹在疏勒与南路相合。

就在这条东起武威、居延，西至疏勒以西我国境内的万里古路上，2000多年前汉代修筑的长城、亭障、列城、烽燧的遗址，一直巍然耸立。从这些遗址及古墓葬中，曾发现了自西汉以来的许多木简、丝帛文书、印章和丝织品。这些古老的文物为我国研究古文化提供了重要的依据。

北魏为防柔然建成两座长城

汉代以后，我国的历史进入了南北朝时期，在这个时期，继匈奴之后于北方发展起来的鲜卑人在入主中原后建立起南北朝时期北朝的第一个朝代北魏，又称"拓跋魏"。当时，在北魏北部边境分布着柔然、契丹等游牧民族。

为此，北魏为了防御北方的柔然而修筑了赤城阴山长城和畿上塞围两座长城。其中，赤城阴山长城便是423年始建的。据《魏书·太宗纪》记载：

泰常八年，蠕蠕犯塞，二月戊辰，筑长城于长川之南，起自赤城，西至五原，延袤二千余里，备置戍卫。

北魏将军雕像

浩大工程的长城要塞

■ 北魏长城遗址上的明长城

这里的"泰常八年"便是公元423年，而"蠕蠕"，就是柔然，史书上也称"柔蠕""芮芮""茹茹"，"茹茹"是柔然民族的自称之词。

柔然本为东胡族的支属，由鲜卑人和匈奴人后裔构成，于402年建立政权。此后活动区域不断扩大，并不断侵扰北魏，北魏太祖道武帝和太宗明元帝曾多次对其用兵。

为防御柔然和防备东北部契丹的袭扰，北魏明元帝仿效秦汉王朝防御匈奴的办法，于423年，在河北省北部的内蒙古自治区草原上修筑了一座长城，它东起今河北省赤城东北，经张北、尚义，入内蒙古自治区化德，经商都、察右后旗、察右中旗、四子王旗、武川、固阳，再西入阴山之中，长度为1000多千米。

北魏明元帝亲眼看见这座长城修筑完成后就去世了，他的继承者北魏太武帝拓跋焘为了加强对北境的防御，又在长城一线设置6个军镇，并在各镇的要害

■ 北魏长城遗址

处派重兵把守。

在北魏时期修建的畿上塞围，意为围绕京城地方修筑的防御工程。当时，柔然征服了突厥，势力又逐渐强盛起来。这时，北魏已完成了北方的统一，为了解除柔然的威胁，开始致力于巩固北部的边防。

太武帝于446年农历六月"丙戌，发司、幽、定、冀四州十万人，筑畿上塞围。起上谷，西至于河，广袤皆千里"。

这里的长城施工时间很明确，历时一年半多。"上谷"是古代的郡名，就是后来的北京延庆县城。

长城东端应在该县南的军都山八达岭上。"河"是黄河的简称，也就是后来山西偏关县西境的河段。

为此，北魏畿上塞围长城的走向是：自延庆南境的八达岭趋向西南，跨越小五台山、蔚县和涞源两县间的黑石岭入山西省。

拓跋焘（408—452），鲜卑族。北魏第三任皇帝。422年，被立为太子，423年登基，改元始光。拓跋焘在位期间，亲率大军灭亡胡夏、北燕、北凉等诸多政权，统一北方。北伐柔然，使之"不敢复南"；南败刘宋，占据河南之地。在位29年，为南北朝时期杰出的骑兵统帅。

北魏长城遗址上的雁门关长城

过灵丘县境内的沙河源头天门关，转西循恒山过今浑源、应县之地，代县的雁门关，转趋西北过宁武县阳方口的楼烦关、神池、朔县诸地，沿偏关河而西止于黄河东岸。其平面布局略呈向南凸起的弧形，围护着北魏京都的东、南、西三面，称作"塞围"。

除了这两座长城，在北魏时期，后来的魏孝文帝还在484年，以及魏宣武帝时期的504年，对北魏早年间修建的赤城阴山长城进行过一些修整。由于北魏的长城修建的规模较小，至后来已经很难找到相关的遗址了。

阅读链接

历史上，北魏太武帝拓跋焘为赤城阴山长城设置的6个军镇，在北魏前期，其地位很高，因其作用是拱卫首都平城。

多以"良家子弟"戍守，镇将往往升相位。随着柔然对北魏威胁减弱和魏孝文帝迁都洛阳，六镇地位下降，导致后来逐渐荒废。但后来北齐、北周统治集团人物还多出于六镇。

同时，北魏还于孝文帝太和年间增建了御夷镇，初期镇治所在河北省沽源县东北，后来迁移到独石口一带。据《水经·沽水注》记载，御夷"城在居庸县北二百里，故名'云侯囷'，太和中更名御夷镇"。御夷镇也是靠近长城设置的。

东魏为防西魏建成肆州长城

534年，北魏权臣高欢所立的皇帝北魏孝武帝元修不愿做傀儡皇帝，被迫逃往关中投奔关陇军阀宇文泰。

孝武帝出走，北魏便没有了皇帝，于是高欢便在同一年拥立年仅11岁的北魏孝文帝的曾孙元善见为帝。

这样一来，北魏便同时出现了元善见和元修两位皇帝，于是，北魏便一分为二，分裂成东魏和西魏两个小国。

本来，在北魏孝文帝时，北魏的都城是迁到洛阳的，东魏建立后，高欢又把都城迁到了邺城。但权臣高欢于晋阳建大丞相府，遥控东魏政务，史谓"军国政务，皆归相

东魏长城遗址

■ 东魏长城遗址上的土夯墙

府"。为此，太原才是东魏事实上的政治军事中心。

东魏建立后，西面与南面基本上以黄河及河南省洛阳一线与西魏为界，为了争夺土地与人口，战事不断；北面山胡、柔然等族也不断南下骚扰东魏。

面对来自西魏与山胡、柔然等两方面的军事威胁，就当时的国力而言，东魏是绝难同时在两条战线上取胜的，因此对威胁较小的北面，除运用和亲联姻外交手段外，采取筑墙防御也是东魏新建政权的逻辑选择。

于是，在543年，权臣高欢召集5万多民夫，费时40多天，在战略地位十分重要的管涔山与恒山两大山系的相连处，修筑了一座长城，历史称之为"肆州长城"。

关于这段历史，据《魏书·孝静帝纪》记载：

东魏武定元年秋八月……齐献武王召夫五万于肆州北山筑城，西自马陵成，东至土隥。四十日罢。

同时，在《资治通鉴》中也记载说："梁大同九年，即东魏武定元年，东魏丞相欢筑长城于肆州北山西自马陵，东至土隥，四十日罢。"

这里的"东魏武定元年"便是543年，而"齐献武王"便是当时东魏的权臣高欢。"肆州"则是后来的山西省忻县，"马陵"则是后来的山西省静乐北汾水之源，"土隥"便是后来的山西省代县崞阳镇西北，其地正在恒山山脉中。

这道肆州长城是防西魏与柔然联兵以进攻东魏的，长城起于山西省静乐县，止于山西省代县崞阳镇，其长度约为150千米。主要分布于宁武县、原平境内的6个乡内，大体呈东西走向，后来的遗迹实际长度约为60千米。

其中，宁武县段长城遗址起自距宁武县城西7.2千米处的榆庄乡榆树坪村。

然后顺管涔山东坡下行至苗庄村与苗庄城址北墙相连，又跨越恢河后，沿凤凰山西坡而上，经东坝沟、东庄乡三张庄后村，并于三张庄村东5千米处进入原平。境内大体呈东西向分布，全长约18千米。

榆树坪至苗庄村段，墙体以土夯为主，因风雨剥蚀和人为破坏，损毁严重，墙体多已不存，遗迹却很明显，部分残段现存高为1米。

苗庄村至东坝沟村段，墙体以砂岩质片石垒砌，墙大部分坍

099

秦时明月

历代长城

■ 宁武县东魏长城遗迹

塌，只有在东坝沟村东北600米处约有60米保存较为完好。当地人称"石碣边墙"，残高约为1.4米，顶宽3米。

东坝沟村经三张庄村至原平市段，墙体多以砂岩片石构筑，部分段落为土夯，大部分墙体两侧的石片已经剥落，但主体保存尚好，残高一两米，顶宽两米。在长城遗址内外两侧还有3处障城遗址。

第一处是三张庄后村障城，位于三张庄后村西北500多米处，北距长城5米至10米，长约150米，宽80米，仅存基址。

第二处是阎王壁障城遗址，位于三张庄后村东北800多米处，西距三张庄后村障城约1千米。砂岩片石构筑，呈不规则四边形，处于长城遗址外侧，南墙借长城墙体。

东墙体长约15米，残高约为3米，顶宽2米；西墙体长约25米，残高约为2.4米，顶宽2米；南墙体长约20米，残高约为1.5米，顶宽2米；北墙体长约22米，残高约为1.8米，顶宽2.2米。

南高北低，东、西墙体保存尚好。

第三处是尖山峁障城遗址，西距阎王壁障城5千米左右，位于长城

石碣边墙遗址

阎王壁障城遗址

内侧，北、东两墙体借长城遗址。略呈长方形，东西长约120米，南北宽约60米，北高南低。

南墙墙体已不存，西墙墙体残损严重，残高约为1米，顶宽2.3米。北、东墙体残高1.5米，顶宽2米。

原平市段东魏长城遗址于宁武县东庄乡三张庄后村向东5.5千米延入原平，经后口、龙宫、段家堡、官地四个乡，于官地乡黑峪村北300米处止。境内约长43千米，大体呈东西走向。

后口乡段长城遗址自北梁村西1千米处开始，东经北梁村、白草崀村、麋子洼村、长畔村、于长畔村南100米越无名河、北同蒲铁路，又经四十亩村，进入龙宫乡界。大体呈东西走向。只有四十亩村附近局部南折，全长约为19千米。

此段长城的墙体多为片石构筑，只有在麋子洼东北的西梁、长畔村西1.5千米处的南梁等段落为土夯。石筑墙体两侧的垒砌石片大部分剥落，遗址主体个别地段保存较好，现保存于地面的残段最高约为3米，顶宽1.5米至3米，基宽3米至6.5米。

长畛村西300米处的南梁长城遗址上有一座棱台形烽燧，残高约为1米，基底呈长宽各5米，顶部呈长宽各2米，沙质片石构筑。

龙宫乡大立石村至段家堡乡南土妥村段长城遗址由四十亩村南入龙宫乡大立石村，又东行经陡沟村、段家堡乡下马铺村、西庄头村、南土妥村，并于南土妥村南500米越阳坡河东入官地乡。全长约为17千米，大体呈东西向。

这段长城遗址均由砂岩质或铝、锰等矿石垒砌而成，大部分受到损毁，个别段落保存尚好。残高约为一两米，顶宽2米多。

该段长城遗址有一个特别之处，墙体剖面包含多层木炭灰及木炭，墙体表面大多凝结成块状，个别块状上有褐色或淡绿色玻璃质晶体，火烧痕迹明显，在当地百姓中流传有"火烧边墙"的传说。

东魏长城的官地乡黑峪村段遗址开始于村西南2千米处，局部北折，于黑峪村北的山梁上，约长3.5千米，大体呈南北向。墙体一半为土夯，一半为片石构筑，损毁严重，残段高约1米。

在与段家堡乡南土妥村交界处的长城遗址内侧，还有一处障城遗

浩大工程的长城要塞

后口乡段长城遗址

址，略呈长方形，东西长约120米，宽25米，墙体全部为黄土夯筑，南墙残段长约10米，残高1.8米，顶宽1.4米，基宽2.5米。

这些保存下来的东魏长城遗迹，为后人研究东魏文化和历史提供了重要的依据。

历代长城

■ 大立石村长城遗址

阅读链接

东魏长城建筑所用材料，一般就地取材，宜石则石，宜土则土。后来的长城遗迹85%为片石垒砌，15%为土夯。片石垒砌又可分为两种：一种为箱式做法，另一种为以树木和片石混合垒砌。

土夯法：在长城遗址经过土层堆积较厚的地段时采用这类筑法。东魏长城土夯墙体的夯层一般为7—11厘米之间，环形圆底夯，夯窝径为五六厘米。

箱式片石垒砌法：所谓箱式即长城墙体两侧用片石整齐垒砌，每隔几米不等打一隔墙，中间填充碎石和杂土。类似火车车厢一样，这也是早期长城中片石垒砌法中较为常见的一种。其目的是为了增加墙体的强度，使之不易坍塌。该段长城凡是片石构筑段均采用这种建筑手法。

树石混筑法：这是该段长城建筑手法的特殊之处。这种建筑手法与第二种建筑方法是互相结合在一起的，即先用片石垒砌，当墙体达到一定高度后，将整树平放一层，然后又在上面再垒砌片石，这样几层片石一层树，层层垒砌，借以加强墙体的强度。从四十亩村至下马铺近20千米的一段，就是采用的这种做法。

北齐为巩固边防屡建长城

　　550年，东魏权臣高欢的二儿子高洋推翻了东魏，建立了北齐，称北齐文宣帝。这时，北齐占据山东、河北、山西、河南等地。高洋当上皇帝以后，一方面在政治上采取措施，严禁贪污，制定齐律，建立州郡，稳定内部；另一方面为了巩固防务，首先进行军队整顿，并连

北齐长城遗址上的司马台长城

年出击北方强敌柔然、突厥、契丹，取得节节胜利。

为了巩固北方边防和防御西部的北周，高洋还命人先后几次大筑长城。据古籍记载，北齐文宣帝修筑长城的事件一共有4次。

第一次是在552年，据《北史·齐本纪》记载："文宣帝天保三年十月乙未，次黄栌岭。仍起长城，北至社平戍，四百余里，立三十六戍。"这里提到的"黄栌岭"便是山西汾阳西北的黄芦岭，而"社平戍"则是指在山西省五寨县境内，这道南北共有400多米长的长城，是北齐政权第一次修筑的。其意图是用来防御稽胡和对付西魏。

北齐第二次修建长城是在555年，据《北齐书·文宣帝纪》记载："天保五年十二月庚申，帝行北巡至达速岭，览山川险要，将起长城。天保六年三月，发寡妇以配军士筑长城。是岁……诏发夫一百八十万人筑长城，自幽州北夏口，西至恒州，九百余里。"

这里提到的"幽州"便是后来的北京，而"夏口"便是北京居庸关的南口附近，而"恒州"则是指的山西大同。这段长达900多米的长

■北齐武士俑

太行八陉 陉指山脉中断的地方。太行山中多东西向横陉，著名的有军都陉、蒲阴陉、飞狐陉、井陉、滏口陉、白陉、太行陉、轵关陉等，古称"太行八陉"，即古代晋冀豫三省穿越太行山相互往来的8条咽喉通道，是三省边界的重要军事关隘所在之地。太行第一陉曰轵关陉，属河南省济源县，在县西11米处。

城，基本上是沿北魏长城线进行修葺和增筑的。

北齐第三次修建长城是在556年，据《北齐书·文宣帝纪》记载：天保七年，"自西河总秦戍筑长城东至于海，前后所筑东西凡三千余里，六十里一戍，其要害置州镇，凡二十五所。"

这里的"西河"便是山西汾阳，而"总秦戍"则是山西大同西北境内，"海"是指秦皇岛山海关的海边。这段长达3千米的长城是利用了552年时所筑的黄芦岭至社平戍长城和555年时所筑的夏口至恒州长城，加以连缀增补而成，其夏口至海边的部分是沿燕山南麓而筑成的。

北齐第四次修建长城是在557年，据《北齐书·文宣帝纪》记载："天保八年初，于长城内筑重城，自库洛拔而东，至于坞纥戍，凡四百余里。"

这里的"库洛拔"便是山西省代县与朔县的交界处，而"坞纥戍"则在山西省繁峙县平型关东北处。这段长城的位置走向仍与北魏"畿上塞围"之南环长城相关。当然，在北齐时，除了文宣帝高洋修建了上面的这几段长城以外，为了防御西部的北周，北齐在563年，还修筑了南北向的长城。

据《资治通鉴》记载："河清二年三月，齐诏司空斛律光督步骑二万，筑勋掌城于轵关，仍筑长城二百里，置十二戍。"这里的"河清二年三月"便是563年，而"轵关"便是河南省济源县西北，为太行八陉之第一陉。当时下旨修建此段长城的是北齐武成帝。

两年后，565年，北齐后主高纬当上了皇帝，他上台后，又命人补修了大同东至于海的长城。

据《北齐书·斛律金附子羡传》记载："天统元年，羡以北虏屡犯边，须备不虞，自库堆戍东拒于海，随山屈曲二千余里，其间二百里中凡有险要，或斩山筑城，或湖谷起障，并置立戍逻五十余所。"

这里的"库堆戍"，后人认为是后来的古北口长城。据史书记载，563年，突厥曾发动20万兵民毁坏北齐长城，第二年又多次用兵大掠幽州和恒州。为此，后人认为，北齐后主此次命人修筑的长城是为防御突厥而对以前所筑北部长城的补修和连缀。

北齐长城经过多次修建，连缀成两条主线：

一条为北面的外边，自山西省西北芦芽山、管涔山向东北延伸，经大同、阳高、天镇北境入河北省张家口赤城县境，再沿燕山山脉东南方向经北京、天津、唐山境入秦皇岛、山海关区境至海。

另一条是南面的内边，其西起晋西北偏关一带东南行，至武县北转向东北，沿恒山山脉东来而入河北省，复沿太行山北上而与外边长城在北京西北处相连。

北齐长城遗址上的古北口长城

其具体走向，我国学术界普遍认为，和后来的明长城中东部的位置大体一致，因此有学者认为，后来形成的明长城的一些地段是覆盖了北齐长城的，有的是两座长城亦断亦续地相连，也有分开的，但都不长。

比如在后来的山西省偏关老营镇南曾发现一段长约25千米的北齐长城遗址。这段北齐长城，先是与明长城并行，南行至新庄子村后两者分开，明长城趋向西南，齐长城则走向偏东南，绕了个弯后，在北场村南复与明长城会合。

此段长城的残高约为3米，底宽4米，顶宽0.5米，其余北齐长城均被明长城覆盖在下面，裸露甚少。

另外，在后来的密云县东庄乡后川口村，对面山上的大阴坡，也有一段断断续续长六七米，高0.7米多，宽2.5米的北齐长城遗址。

此段长城起于司马台关门西山脚下，沿山脊在后川口与明代金山岭长城连接，这是唯一的偏离明长城的一段北齐长城，其余东西北齐长城，早已迭压在明长城底下，其遗迹不见。

阅读链接

始建于北齐的古北口长城是我国长城史上最完整的长城体系。由北齐长城和明长城共同组成，包括卧虎山、蟠龙山、金山岭和司马台4个城段。

古北口是山海关、居庸关两关之间的长城要塞，为辽东平原和内蒙古通往中原地区的咽喉，历来是兵家必争之地，尤其是在辽、金、元、明、清这五朝，大大小小争夺古北口的战役从未停止过，因此长城的作用突显得尤为重要。

这段长城全长40多千米，现存敌台143座、烽火台14座、关口16个、水关长城3个、关城6个、瓮城3个，其中著名的有北齐长城的大花楼烽火台，古北口长城的制高点望京楼、姊妹楼长城、仙女楼、将军楼、水楼水关遗迹等。

北周为防御边地建北周长城

6世纪，就在北魏一分为二，分裂成东魏和西魏以后，西魏的国君虽然是孝武帝元修，但实际政权却掌握在大臣宇文泰的手里。

至556年，宇文泰的长子宇文觉在其叔父西魏辅政大臣宇文护的操纵下，推翻西魏建立了北周，建都长安。

4年后，宇文泰的第四子宇文邕当上了周武帝。

在我国的历史上，宇文邕是一个了不起的帝王，他当上皇帝以后，采取了一些有利社会发展的措施，使北周的社会经济有了较大发展，北周也因此进入了强盛时期。

城墙夯土

577年，周武帝亲率大军消灭北齐，重新统一了我国的北方。

这时，北周北边强盛的突厥不断犯边，为

防御边地，北周承续前朝传统，于579年始建北周长城。

一方面，当时突厥的领土是非常大的，为此，塞外的其他诸侯国都很怕它，就连北齐、北周也不敢轻易招惹它。

另一方面，当时的北齐和北周都担心突厥与对方交好，不利于自己国家，于是，竞相笼络突厥，与之通婚。突厥则周旋于北齐和北周之间，又乘机不断侵犯两国边地，掠夺人口和财产。

据《周书·于翼传》记载："大象初，征拜大司徒。诏翼巡长城，立亭障。西自雁门，东至碣石，创新改旧，咸得其要害云……先是，突厥屡为寇掠，居民失业。翼素有威武，兼明斥候，自是不敢犯塞，百姓安之。"

据《周书·宣帝纪》记载："静帝大象元年，突厥犯并州，六月发山东诸民修长城。"

文中所提到的"碣石"便是辽宁省绥中县墙子里村南近海中的"姜女坟"礁石，它在山海关东约5千米处。这段长城西自雁门，东至碣石。此长城称为"北周长城"。

北齐长城遗迹

北齐城墙遗址上的土夯墙

不过，关于北周长城，我国后来的考古学家大多认为，当时大体上都是在北齐长城基础上维修的。也有的认为北周长城既有沿用北齐长城部分，也有新筑地段，但后人一直没有找到北周时期新筑地段的相关遗址。

阅读链接

突厥，最初起源地在准噶尔盆地之北，原是一个以狼为图腾的部落，游牧于金山一带，金山形如兜鍪，当地称兜鍪为"突厥"，因以名其部落。

5世纪中叶，突厥被柔然征服，后打败柔然，于552年建立突厥汗国，汗庭设在郁督斤山（于都斤山），也就是后来的蒙古境内杭爱山之北山，疆域最广时，其地东自辽海以西，西至西海万里，南自沙漠以北，北至北海五六千米。

隋朝为防御突厥七修长城

581年，也就是北周统治者为防北部边患匆匆征调老百姓修筑长城后不久，北周的宫廷内发生了政变，以皇后父亲名义入宫辅政的"随国公"杨坚废掉了北周9岁的小皇帝自立为皇帝，建立了隋朝，定都大兴，号称隋文帝。

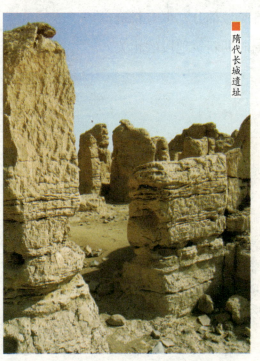

隋代长城遗址

9年后，隋文帝杨坚亲自领兵，灭掉了南朝的最后一个王朝陈，至此，分裂了近3个世纪的中国，终于重新统一。

就在杨坚废北周建立隋朝的初期，北方的突厥汗国在沙钵略可汗统治下，势力强盛；东北又有契丹的兴起，经常寇掠边郡。

隋长城遗址上的
明长城

隋文帝杨坚为了解除北方的后顾之忧，以便集中力量南下灭陈，完成南北统一的事业，在他反击突厥入侵的同时，开始不断地修筑长城。据《资治通鉴》记载：

陈宣帝太建十三年四月，隋主召汾州刺史韦冲为兼散骑常侍。时发稽胡筑长城，汾州胡千余人，在涂亡叛。

帝召冲问计，对曰："夷狄之性，易为反复，皆由牧宰不称之所致。臣请以理绥静，可不劳兵而定。"

帝然之，命冲绥怀叛者，月余皆至，并赴长城之役。

在《隋书·高祖纪》中也记载："开皇元年四月，发稽胡修筑长城，二旬而罢。"

大兴 隋朝的都城大兴城在原汉长安城的东南方向，也就是西安城的城东、城西、城南一带。这座大兴城，也就是后来的唐长安城，但是在隋代的名字是"大兴城"。隋开国之初，都城仍在长安旧城，因久经战乱，残破不堪。而且宫室形制狭小，不能适应新建的统一国家都城的需要。因此，隋文帝选择了大兴。

沙钵略 又称"伊利可汗"。隋朝开皇初年继位以后在于都斤山设立牙帐。开皇年间曾与其他几位突厥可汗联兵，协同北齐旧吏高宝宁在隋朝边境袭扰，583年被隋朝军队击败于白道川。后来，突厥因内部之争而分为东西二部，沙钵略为东部。沙钵略可汗为突厥汗国第六代可汗，579至587年在位。

■ 防御突厥的长城

这两本古籍中提到的"太建十三年"和"隋开皇元年"，其实都是581年，至于书中所记的长城却没有明确的起始位置。加上这里的"汾州"便是指山西汾阳，为此，后人认为，当时隋朝所筑的长城可能是对北齐天保三年起自黄芦岭的长城的修缮。

这段长城修成后不久，在同一年的农历十二月，隋文帝又派人对魏、齐长城的东段进行了修缮。

582年，曾与北周通婚的沙钵略，打着为北周复仇的旗号，率大军40万人向隋朝进攻，因见东部的北方长城已修缮完固，戒备森严，便取道西北部，入侵武威、金城、天水、安定、弘化、延安等地。

之后，为了加强西北边防，隋文帝又在灵州、朔方一带先后两次修筑长城。

第一次，据《资治通鉴》记载："开皇五年，隋主使司农少卿崔仲方发丁三万于朔方、灵武筑长城，

东距河，西至绥州，绵历七百里，以遏胡寇。"

这里的"开皇五年"便是指585年，"朔方"则指内蒙古自治区乌审旗南白城子，"灵武"也称"灵州"，就是后来的宁夏回族自治区境内，"绥州"则指陕西省绥德。为此，这道长城西起灵武附近黄河东岸，东经白城子而达绥德。

隋文帝对西北边防修建的第二座长城，据《隋书·高祖纪》记载："开皇六年二月，丁亥，发丁男十一万修筑长城，二旬而罢。复令崔仲方发丁十五万。于朔方以东，缘边险要，筑数十城。"

根据这些史料，后人推测，这次兴筑的长城不是连贯的长城，而是凭险而守，遥相呼应的一系列城障，方位在后来的陕西省北部的神木、榆林、横山等一带。

在隋文帝时期，除了上面几次对长城的修建，在587年，隋文帝还命人修筑过一次长城，在《隋书·高祖纪》中有记载："开皇七年二月，发丁男十余万修筑长城，二旬而罢。"

这次修筑长城和前一年一样，规模较大，动员人

■ 陕西段隋长城遗址上的明长城

神木 位于陕西省北部，秦晋蒙三省接壤地带，历史悠久，资源富集，人杰地灵。全县面积7635平方千米，是陕西省面积最大的县。相传，麟州故城东有三株古松，唐代所植，粗两三人合抱，枝柯相连，人称神奇，便以"神木"为名。

■ 隋文帝石刻像

紫河 古水名。即内蒙古自治区南部、山西省西北长城外的浑河，蒙古语名乌兰穆伦河。上游有二水：北为内蒙古凉城的宁远水；南为山西右玉的兔毛河。二水在内蒙古杀虎口外汇合西流，经内蒙古清水河县与清水汇合，西流入黄河。607年，隋炀帝征发民丁百多万筑长城：西自榆林，东至紫河，即此。

力均在10万以上，但起讫地点不详。后人推测这次修建是对前一年长城的增修和加固。

604年，隋文帝去世，他的二儿子杨广继位，称为隋炀帝。隋炀帝即位后，决定迁都洛阳，每月投入役丁200余万人，营建洛阳都城。又征发丁男10万余人，掘修一道2000余千米的长堑，意在保卫洛阳。与此同时，他还命人两次大规模地修筑了长城。

第一次，据《隋书·炀帝纪》记载是在607年农历七月。当时，隋炀帝命令男丁百万人筑长城，西自榆林，东至紫河，并要求男丁们一年修成。

隋朝的榆林郡，便是内蒙古自治区托克托黄河南岸，紫河即内蒙古自治区和林格尔县南的浑河。这道长城当即从今托克托起东行，至和林格尔东南浑河东岸的杀虎口止，是用于防突厥的。

第二次，据《隋书·炀帝记》记载是在608年农历七月，隋炀帝命令20余万男丁修筑长城，自榆谷而东。这里的"榆谷"指的是后来的青海省西宁的西面。长城从这里开始，向东止于何处不详。

当时在青海省一带的吐谷浑，建都于青海湖西岸15米处的伏俟城，控制西域鄯善、且末等地。

608年，吐谷浑伏允可汗入侵隋西平郡治湟水，隋炀帝出兵两路迎击，伏允败逃。自榆谷起所筑长城，就是为了防御吐谷浑入侵的。

综观隋代从581年至608年的短短28年间，修筑长城先后达7次之多，除第五次位置不明外，其余六次都在北方，主要目的是防御突厥的入侵。

这七次所修筑的长城，除开皇五年西起今宁夏回族自治区，向东沿着今内蒙古自治区南部，经过陕西省绥德到达黄河的长城，以及大业三年在黄河河套东北角由内蒙古托克托向东至和林格尔南的一小段外，其余基本上都是利用以前长城加以修缮而已，唯第七次起于后来青海省西宁的长城，是新建用来防御吐谷浑的。

■ 隋代长城示意图

隋代弓箭武士俑

为此，可以说，隋长城是继汉长城后又一次大统一帝国的长城，其在万里长城的修筑史上具有某种承前启后的作用。

历史上，因为隋朝时期修建的长城多为对前面朝代长城的补修，所以没有留下隋长城遗址。后来，经过多方论证，内蒙古自治区考古专家认为，鄂尔多斯境内存在隋长城遗迹。

这段隋长城遗迹位于鄂尔多斯鄂托克前旗特布德嘎查境内，长约7米，分为3段，墙体为堆筑土墙，呈鱼脊状凸起，宽3米至6米，墙高不到1米，部分遗迹表层散见有灰、黑陶片和绳纹砖瓦残块。

从航空照片和卫星照片上可以看到，鄂托克前旗隋长城位于明长城大边，与明长城走向一致。

阅读链接

隋朝在短短的28年间，就先后5次大规模地修筑长城，以防突厥。但这些建筑工事多见于史料记载，却很少见到地面有相关的遗存。究其原因大致有三点：

一是修葺得多，重筑得少，而且又多是在秦汉长城的基础上进行修补的。

因此，在人们的印象中它仍是秦汉时期的长城。

二是建筑工期短，修造质量差，似乎未见到夯打痕迹，经人踩马踏了事，经过流月的推移变成秃坦。有的经过1400余年的风雨剥蚀现已荡然无存。

三是为明时所筑的长城叠压覆盖，不见了当年修筑的痕迹。

金朝为防蒙古侵扰建金界壕

12世纪，兴起于我国东北地区的女真族完颜部首领阿骨打败了由契丹族建立的辽王朝，统治了我国的东北和华北地区，建立了金王朝，建都上京会宁府，也就是后来的黑龙江省阿城县。

1127年，海陵王完颜亮建都北京，称为中都。

■ 金界壕起点

至金世宗与金章宗时期，金朝政治文化达到最高峰，这一时期，金朝的疆域，东北至日本海、鄂霍次克海、外兴安岭，西北至蒙古，西以河套、陕西省横山、甘肃省东部与西夏接界，南以淮河、秦岭与南宋为界。

金王朝建国拓边时，活跃于北方蒙古草原的蒙古族也逐渐强大。蒙古，最初出现于唐代记载，称"蒙兀室韦"。

初居额尔古纳河流域，后逐渐向西发展到鄂嫩、克鲁伦、图拉三条河的上游肯特山一带。强大起来的蒙古不断侵扰金王朝控制的地区。

为此，接受了汉文化的金王朝开始在与蒙古相接触的北方沿边地带设置城堡，开挖界壕，进而连堡成而筑长城。

金王朝修筑长城的起始年代，我国古代的文献中没有留下明确的记载，史学界认为，大约是在1123年至1135年之间，并最后约在1198年竣工。其后虽仍有施工，但均系修缮浚补。

《金史》和《元史》称金朝时修建的长城为"边堡""界壕""壕堑"或"堑壕"，而不称其为"长城"。

后来，根据考古学家认为，金代修建的长城主要

达斡尔族 是我国少数民族之一，据说，他们是我国古代契丹族后裔。主要分布在内蒙古自治区莫力达瓦达斡尔族自治旗、鄂温克族自治旗、扎兰屯市、阿荣旗及黑龙江省齐齐哈尔市区、梅里斯区、富拉尔基区、龙江县、富裕县、嫩江县、爱辉县等地，少数居住在新疆塔城县。

总体走向有两段：

一段起于大兴安岭北麓，由根河南岸西行，穿呼伦贝尔草原，经满洲里市北穿越俄罗斯，再西而达蒙古人民共和国肯特德尔盖尔汗山以北的沼泽地中，全长约700千米。

另一段东北起自嫩江西岸莫力达瓦达斡尔族自治旗尼尔基镇约北8千米嫩江西岸的前后七家子村，西南止于包头东黄河北岸，这座长城除两端为单线外，中间还分南线、北线、中线和另外3条支线。史称"明昌新城"，或称"金界壕""明昌界壕""金源边堡"。

金长城大部修筑在蒙古领袖成吉思汗于1204年大战金国回兵翰难河的路线上，因此，人们又称其为"成吉思汗边堡"。

历史上，金长城修筑注意利用地势，有修筑在山

■ 草原上的金界壕画卷

浩大工程的长城要塞

绰尔河 嫩江支流。位于黑龙江省西南部发源于内蒙古牙克石市大兴安岭主山脉的石门子附近，东南流至内蒙古自治区扎赉特旗进入平原区，河道宽展，水流缓慢，到泰来县境内注入江桥嫩江。全长576千米，流域呈窄条形，面积1.72万平方千米。上游流经林区，土壤保水性好；下游流注于农业区，灌溉条件优越。

■ 金界壕遗址上的城墙

岭之上的，山北侧坡度较陡，有沿河筑造的，以河作为防线。

保存到后来的金界壕遗迹主要分布在内蒙古自治区境内，部分地段在俄罗斯和蒙古国境内。在内蒙古阿荣旗、扎兰屯市南部，以界壕为内蒙古自治区与黑龙江省的分界线，南侧的边堡属于黑龙江省。还有部分地段在河北省围场、丰宁、康保等县境内。

金界壕全长5500千米，其中在我国境内长约4600千米。

金界壕在兴安盟境内有三段。

第一段从扎兰屯南部进入扎赉特旗新林镇后，转西南方向过绰尔河，在河西岸分为两支。其北支沿提力部勒河向西南延伸，入科尔沁右翼前旗后，经明水河林场，过洮儿河、海力斯台河。

在到达脑门台河后向西北继续延伸，进入锡林郭

■ 金长城遗址

勒盟东乌珠穆沁旗。

第二段由绰尔河右岸起向南经扎赉特旗种畜场、吉日根林场，转西南方向进入科尔沁右翼前旗，再经索伦镇，过洮儿河。

向南至阿力得尔苏木海力森，再向西南经桃合木苏木入科尔沁右翼中旗哈日诺尔苏木，再沿霍林河畔而上入通辽境内。

第三段由扎赉特旗吉日根林场起，向南经过科尔沁右翼前旗好仁苏木、大石寨镇、古迹乡入突泉县，经宝石镇转向西南入科尔沁右翼中旗，再经白音套海嘎查、吐列毛都镇，过霍林河，穿过坤都冷苏木入通辽扎鲁特旗。

兴安盟境内除上述三段金界壕外，在科尔沁右翼前旗阿力得尔苏木海力森又分出一段岔壕。该岔壕向南至突泉县宝石镇与第三段界壕相接。

> **洮儿河** 嫩江右岸最大支流。位于内蒙古自治区兴安盟境内与吉林省西北部。源出大兴安岭阿尔山东南麓高岳山白狼林业局九道沟。由10条大小不一的小河汇集而成。东南流经科右前旗、乌兰浩特市、洮南市、镇赉县，在大安市北部注入月亮泡，再流入嫩江。长553千米，流域面积3.08万平方千米。

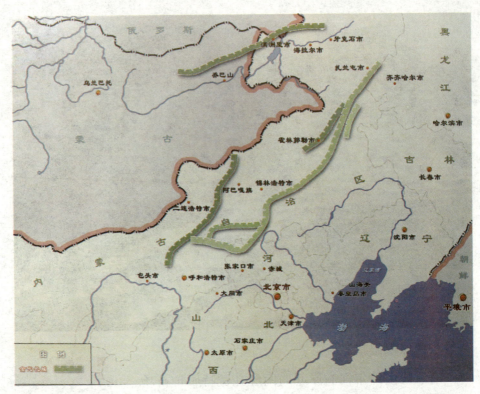

■ 金代长城示意图

浩大工程的长城要塞

马面 也称敌台、墩台、墙台。在我国冷兵器的古代，为了加强城门的防御能力，许多城市设有二道以上的城门，形成"瓮城"，城墙每隔一定的距离就突出矩形墩台，以利防守者从侧面攻击来袭敌人，这种墩台称为敌台的城防设施，俗称"马面"。因外观形如马面而得名。

金长城的防御体系由长城界壕和边堡关隘组成，长城界壕的主要结构是挖一条堑壕，阻碍战马冲越，堑壕内侧垒筑长墙。

主线长城比支线增修副壕、副墙和马面，形制也有所区别。后来可见主线形制：长墙存高三四米，基宽10至12米，顶宽1.5至2.5米，分土石堆筑、夯筑或夯土筑。外侧马面间距80至120米，伸出墙外四五米，高出墙身一两米，底宽七八米，多设在险要地段或墙身转折处。

主墙上或堑壕附近还间隔500米至2.5千米加筑烽台一座，残高五六米，山顶、谷口或城墙转折处也筑有烽燧，专门为了瞭望传递信息之用。

主堑壕上口宽10米左右，底宽3米，残深2米。副墙残高2米以下，残宽6米上下，不设马面，与主墙间距大约为20米。

副壕宽五六米，在个别平缓山坡地带，除修主副墙外，另加修外墙一道。

后来可见支线长城形制：墙、壕的宽和高都不及主线，没有马面也不设副墙。

边堡关隘是金王朝戍边军队的驻屯地，按形制和地理位置的不同，分为戍堡、边堡和关城三种。

戍堡，大多位于界墙内侧，并借长城为一面堡墙，另筑其他三面墙，也有独立城堡的。平面一般呈方形，边长三四十米，是戍卒居住的地方。

边堡，位于界墙之内，选择河谷交汇处台地上修建，与界墙的距离视地形而远近不一，平面为正方形，边长120米至180米，墙外加筑马面，一般在南墙正中开一门，个别加筑瓮城。

夯土 古代建筑的一种材料，结实、密度大且缝隙较少的压制混合泥块，用作房屋建筑。夯土是一层层夯实的，结构紧密，一般比生土还要坚硬，而土色不像生土那样一致，并含有古代的遗物，最明显的特点是能分层，上下层之间的平面往往有细沙粒。夯土也曾经被盗墓者当作判断挖掘墓穴以判断墓穴的主人是否身份尊贵。

■ 草原上的金长城古城墙

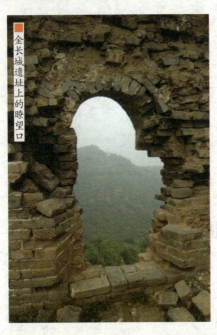
金长城遗址上的瞭望口

城堡内中央夯筑一高台建筑，为军官办公居住处，高台建筑周围为士兵居住处。

关城，设在长城界壕穿过交通要道之处，往往处在河谷开阔地，长城上开设一口，外筑瓮城，长城内侧加筑三面围墙，边长三四十米不等，关城内不设住宅建筑。

从金代长城的遗址可以看出，金代长城的防卫体系较前代长城更显完备和适用，其壕、墙并列，能更好地防御来自草原地带的骑兵，主、副墙并列及与戍堡、烽燧的配置、设计布局更为合理。金长城对前代长城有进一步的发展，为明代长城所借鉴与沿袭。金长城遗址的存在为我国研究金代文化和历史提供了重要的依据。

浩大工程的长城要塞

阅读链接

在我国的历史上，唐、宋、辽时期，长城的修筑工程几乎处在停息阶段。其原因是唐代北方大破突厥，版图所辖远出大漠，设北庭、西域都护府管理西北广大地区，长城已经失去了作用。

宋朝虽然统一了中原，但是北部又有辽、金的对峙，所辖范围已在原来秦、汉、北朝长城的南面，原来的长城已在辽、金境内，只是在979年命潘美、梁回在雁门和句注之间修筑了一些城堡用以警备辽的南进。为时不久，宋王朝势力又退到长江以南，更谈不到长城的修筑了。

辽代对长城工程也经营不多，据古籍《宏简录·李俨传》记载，1058年，在鸭子河与混同江之间修筑了一段长城，规模不大。

明代长城

　　1368年，明太祖朱元璋建立了明朝。之后，为了防御蒙古、女真等游牧民族的扰掠，明代从1368年至1600年，分3个时期，历经200多年时间，修建了西起嘉峪关，东至鸭绿江，全长约为6350千米的万里长城。

　　这座长城是我国历史上费时最久、工程最大、防御体系和结构最为完善的长城工程，它对明朝防御扰掠，保护国家安全和人民生产生活的安定，开发边远地区，保护中国与西北域外的交通联系都起过不小的作用。它充分体现了我国古代建筑工程的高度成就和古代劳动人民的聪明才智。

明朝前期为防御边疆修关隘

1368年，农民皇帝朱元璋在南京应天府称帝，国号大明，定都应天府，年号洪武，建立了明朝，朱元璋即为明太祖。

不久，朱元璋又命开国军事统帅徐达和开国名将常遇春等北伐，攻占元朝大都北京，蒙元统治者首领北逃，结束了在中原89年的统治，我国再次回归到由汉族建立的王朝明朝的统治之下。

1421年，明朝迁都至顺天府，而应天府改称为南京。

明朝名将徐达雕像

据说，明朝开国之初，国势强盛，但是，退回到漠北草原的蒙古贵族鞑靼、瓦剌诸部仍然不断南下骚扰抢掠。

为此，明朝在建国初年的1368年至1447年之间，对明长城辽东段，以

■ 居庸关长城

及大兴安岭、阴山、贺兰山以西以北一带，进行了第一阶段的长城修建。

据我国古籍资料显示，明代前期的长城工程主要是在北魏、北齐、隋长城的基础上，"峻垣深壕，烽堠相接""各处烟墩务增筑高厚，上贮五月粮及柴薪药弩，墩旁开井……""自长安岭迤西，至洗马林，皆筑石垣，深壕堑"，即增建烟墩、烽堠、戍堡、壕堑，局部地段将土垣改成石墙。修缮重点是北京西北至山西省大同的外边长城和河北省山海关至居庸关的沿边关隘。

如居庸关城是"1368年大将军徐达建城跨两山"。嘉峪关是"1372年，冯胜巡河西，始治关为极边巨防"。

1373年，"诏山西都卫于雁门关、太和岭并武、朔诸山谷间，凡七十三隘，俱设戍兵"。

顺天府 又称"北平府"，1368年，明代废大都，改置北平府，管辖大兴。领7县4州，其中在北平有大兴、宛平、良乡、昌平、顺义、密云、怀柔和通州、蓟州、涿州与霸州。1402年起改为顺天府。

雁门关城，为1374所建；古北口关城，为1378年徐达筑于山顶之上，名"营城"。

1381年农历正月，大将军徐达发燕山等卫屯兵51000人，修永平、界岭等32关，始筑山海卫城，命名山海关。

偏头关，则是1390年始建土城。

紫荆关、倒马关上城等著名关口，都为洪武年间所建。

天津黄崖关和北京慕田峪则建于永乐年间，河北省独石关为1426年建，河北省张家口堡为1429年建……

正是这些关城隘口的修筑，组成了后来明长城的中枢，形成了后来明长城的基本骨架。

明代初期所建的这些关隘和长城遗址一直保存至后来。

其中，最先修成的居庸关城长城遗址建筑在一条长达15千米的山谷中间，位于北京市昌平区以北20千米的峡谷中，距北京60千米，距八达岭长城20千米，地形险要，是长城重要的关隘。

居庸关长城所在的峡谷，属太行余脉军都山地，地形极为险要。

浩大工程的长城要塞

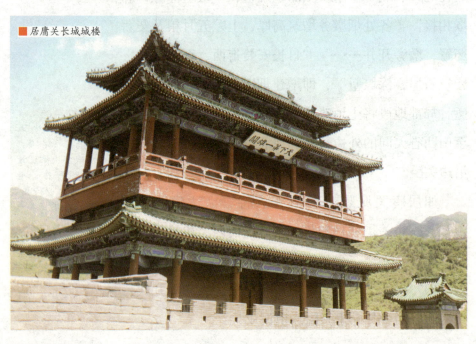

■ 居庸关长城城楼

■ 居庸关长城上铁炮

早在春秋战国时代，燕国就要扼控此口，时称"居庸塞"；汉朝时，居庸关城已颇具规模；南北朝时，关城建筑又与长城连在一起。此后历唐、辽、金、元数朝，居庸峡谷都有关城之设。

其关城防御体系自北而南由岔道城、居庸外镇、上关城、中关城、南口五道防线组成，而居庸关则是指挥中心。

负责关城守御的是隆庆卫，配有盔、甲、长枪、弓、箭等军械和火器。不仅关城建筑完备，还设有衙署、仓储、书馆、神机库、庙宇、儒学等各种相关设施，文化内涵极为深刻。

据说，元明清三代皇帝都从此关经过，作为政治地位和军事要塞是独一无二的。

居庸关不仅地势险要，而且风景宜人，从关城南口进入关沟以后，两侧山峦重叠，溪水长流，春、

衙署 我国古代官吏办理公务的处所。《周礼》称官府，汉代称官寺，唐代以后称衙署、公署、公廨、衙门。衙署大多有规划地集中布置，采用庭院式布局，建筑规模视其等第而定。衙署中正堂为主建筑，设在主庭院正中，正厅前设仪门、廊庑，遇有重要情况才开启正门，使用正厅。

■ 嘉峪关长城城楼

浩大工程的长城要塞

夏、秋三季植被繁茂，山花野草郁郁葱葱，登高远眺，好似碧波翠浪，早在金代就被列为燕京八景之一一直流传。

　　嘉峪关长城在嘉峪关西南隅，因建于嘉峪山麓而得名，是明代万里长城西端的终点。关城平面呈梯形，面积为33 500余平方米，城墙总长733米，高11.7米。

　　城楼东、西对称，面阔3间，周围有廊，三层歇山顶高17米，气势雄伟。关城四隅有角楼，高两层，形如碉堡。登关楼远望，塞外风光尽收眼底。

　　城关两侧的城墙横穿沙漠戈壁，北连黑山悬壁长城，南接天下第一墩，是明代万里长城最西端的关口，以巍峨壮观著称于世，被誉为"天下雄关"，自古为河西第一隘口。

　　嘉峪关长城由内城、外城、城壕3道防线组成重

歇山顶 即歇山式屋顶，为我国古建筑屋顶样式之一，在规格上仅次于庑殿顶。歇山顶共有9条屋脊，即一条正脊、4条垂脊和4条戗脊，因此又称"九脊顶"。由于其正脊两端到屋檐处中间折断了一次，分为垂脊和戗脊，好像"歇"了一歇，故命名为"歇山顶"。

叠并守之势，形成2.5千米一燧，5千米一墩，15千米一堡，50千米一城的军事防御体系。

关城以内城为主，周长640米，面积25 000平方米，城高近11米，以黄土夯筑而成，西侧以砖包墙，雄伟坚固。

内城有东西两门，东门为光华门，意为紫气东升，光华普照；西门为柔远门，意为以怀柔而致远，安定西陲。

在两门外各有一瓮城围护，嘉峪关内城墙上还建有箭楼、敌楼、角楼、阁楼、闸门楼共14座。嘉峪关关城是长城众多关城中保存最为完整的一座。

雁门关长城在山西省代县城西北20千米雁门山腰，与宁武关、偏关合称"三关"。附近峰峦错耸，峭壑阴森，中有路，盘旋幽曲，穿城而过，异常险要，为历代戍守重地。

箭楼 指周围有远望、射箭窗孔的城楼。主要是被动防御时利用其与城墙围合的口袋型地势放箭围杀。古代武器落后，城门又是唯一的出入通道，因而这里是封建统治者苦心经营的防御重点。箭楼一般设在城楼中间，正面和两侧设有方形窗口，供射箭用。

133

再铸辉煌

明代长城

■ 雁门关长城

历史上，雁门为双关，两关相距5千米，山脊由长城相连，是为东陉关与西陉关。

据《穆天子传》记载："甲午，天子西征，乃绝俞之关隥。"周穆王是西周第五代国王，属西周早期，按此推算，公元前1000年左右已有雁门关。

明代重修的雁门关为东陉关，此关口是大自然赐给人类的通行塞口，打通了塞外与陉南的高山阻隔，在人类历史上起过重要的作用，占有重要的历史地位。

东陉雁门关由关城、瓮城、东城、西城、围城几部分组成，关城为主体部分。

沿古关道依次设天险门及雁楼、地利门及杨六郎祠。

城郭内以古关道东西两侧分为东城、西城，西城区建筑群包括关署兵盘、雁塔等。

关城北侧为瓮城，城内有武庙、戏台等。

瓮城门也称小北门，上建门楼。围城南端分东西城两翼，北至谷

■雁门关长城

再铸辉煌

明代长城

■ 雁门关城楼

底延伸，建有围城门宁边楼。

　　围城内有分道碑及亭、趵突泉及泉亭，围墙门外接石拱关桥连关道，关外依次设大石墙3道，小石墙25道。

　　关前依次为长平桥及桥碑、马公杀虎处及马公墓、南道碑亭、关陵、云际泉及九龙亭、雁靖坊、李牧祠，古关道南北走向，南赴南隘口、北至广武隘口，全长20余千米。

　　雁门关是我国万里长城最古老、最重要的关隘。据《舆图志》记载："天下九塞，雁门为首。"

　　雁门关东陉关上又镶有对联，"三边冲要无双地，九塞尊崇第一关"。

　　"两关四口十八隘"，是雁门关独特的军事防御体系。两关即东陉关、西陉关；四口，即太和岭口、南口、白草口、广武口；十八隘，即水峪、胡峪、马

天下九塞　现在泛指雁门关、居庸关、八达岭长城、紫荆关、楚长城、黄草梁、井陉关、句注塞、平靖关这9个古中原长城要塞。其中，紫荆关是长城的关口之一。位于河北省易县城西的紫荆岭上。为河北平原进入太行山的要道之一。有"一夫当关，万夫莫开"之险。

兰、茹越、小石、大石、北楼、太安、团城、平刑、太和、水芹、吊桥、庙岭、石匣、阳武峪、玄冈、芦板口。

古北口位于北京密云古北口镇东南，是山海关、居庸关两关之间的长城要塞。由卧虎山长城、蟠龙山长城、金山岭长城和司马台长城组成。

古北口长城是北齐555年修筑的一道自西河起至山海关1500余千米的长城。其中，古北口是重点设防的关口。金元两代曾对此关口增建。明代加修了关城、大小关口和烽火台等关塞设施，并增修门关两道，一门设于长城关口处，称"铁门关"，仅容一骑一车通过；一门设于潮河上，称"水门关"，存遗址。望京楼为该段长城的最高点，海拔986米。

古北口明长城是古北口北部的第一道军事防线，是明万里长城中最坚固最雄伟的一段，更是后来完整保留了明代长城最精华部分原貌的唯一一段。

■ 古北口长城

八大楼子长城

八大楼子长城位于密云古北口西山以西，东起西沟，西止于龙潭沟，是一段不常有人到访的野长城。据说站在卧虎山西山向西望，可以看见这一片山上有八座敌楼，因而得名。

说是八大楼子，实际上从西沟到龙潭沟，一共有十三座空心砖楼，另外还有一座毛石实心墩，一座完全塌成石堆的砖台，以及一座相对完好的砖台。

前五座敌楼都在上升的山脊上，楼和楼之间都有连续的边墙，其中第一、第二楼损毁严重，第三楼已塌顶，第四楼尚存部分楼橹，但敌楼北面侧墙已塌。第五楼保存尚可，只是箭窗都已破成大洞。从第五座至第七座敌楼，山势较缓，有较为明显的山路。

第六、第七楼都已塌顶。第七楼是这一带的制高点，海拔约为810米。从这里向西望，西面的山势尽收眼底。第八楼就掩在下面不远的山洼处，后面是狰狞的山脊连接着的第九、第十楼。最后的第十一、第十二、第十三楼则建在西南面与第十楼隔沟相望的山上，第十二、第十三两楼相距仅几十米。

黄峪沟长城在古北口西沟一线上，是一处很短的残长城，不仅其险峻、秀丽让无数人流连，更因为没有修葺，隐匿在深山，横卧的残垣断壁更有一种苍凉之美。

那残破、古旧、朴拙的砖石延绵于崇山峻岭之中，荒凉不事雕琢的自然美，更能令人感受到金戈铁马的千年不屈的风骨。黄峪沟长城中最有特点的是这个圆形敌楼。

长城上的敌楼多数都是方形或长方形的，圆形敌楼基本集中在水头长城一带，在密云、怀柔一带，像这样保存完好的圆形敌楼，非常少见。

卧虎山长城位于密云古北口镇，古北口长城体系的西段，全长约4.8千米，有敌楼134座，最高海拔665米，山势陡峭，故显雄伟壮观。

卧虎山山顶视野较司马台长城开阔，北有群山环抱，南有河流平川，东西长城起伏连绵，自成一色。

垛口 指城墙上呈凹凸形的短墙。两个垛子间的缺口。具体构造是：从墙上地坪开始砌至人体胸部高度时，再开始砌筑垛口。垛口一般砌筑成凹凸的形状。垛口上部砌有一个小方洞即瞭望洞。瞭望洞的左右侧面砖呈内外八字形，这是为了便于瞭望敌人。下部砌有一个小方洞，是张弓发箭的射孔。

138
浩大工程的长城要塞

■ 卧虎山长城

登上主峰极目远眺：东面是隐藏在云雾之中的雾灵山，西面是蜿蜒曲折的蚂蚁岭，南面是水平若镜的密云水库，北面是一派塞外风光的桃山。

卧虎山附近有文物古迹几十处，如令公庙、太平庙、铁门关、万寿山、野猪岭、吕祖庙、柳林营等。

卧虎山长城雄险奇秀兼具，以年代久、变化多、布局巧、设施全成为长城建筑史上的杰作。

■ 蟠龙山长城

这里有万里长城唯一的姐妹楼，有最长的水关长城，有极为罕见的扁形楼、圆形楼、半边楼、双垛口和"刀把楼"。还有由北齐长城、明砖长城、明石长城、长城支城等汇成的壮观的"长城之结"。

这些都构成了万里长城上不可多得的珍贵文物。

万寿山长城长780米，共有敌楼7座，卧虎山段长城长约1.6千米，共有敌楼9座，山势险峻，敌楼密集，西与八大楼子长城相连，东与蟠龙山长城紧锁潮河，古称"京师锁钥"。

这里的长城多修于险峰断崖之上，雄奇险峻，气势恢宏，走势极富变化和韵律，有的地方几乎垂直壁

敌楼 是我国古代城墙上御敌的城楼。也叫"谯楼"。是古代城门上建造的用以高望的楼；也是古代城门上的望楼，有报警和报时两大功能。敌楼的作用，相当于是一个瞭望哨加一个警报岗。登上去，瞭望敌情；发现后，把警情传播出去。因此，敌楼只是战时需要。

立，有的地方又几乎是悬空，险象环生。

蟠龙山长城位于具有燕京门户之称的密云古北口镇，处在司马台长城和卧虎山长城之间，距北京100千米，是我国所有开放的长城中唯一一处没有经过人工修缮保持历史原貌的古长城。除明代长城外，还有北京最古老的北齐长城。

蟠龙山长城是历史上战事最多的长城，其相对高度不高，约150米，可登攀的长城长度约5千米。著名敌楼将军楼有22个门洞，是较为罕见、气势宏伟，而且保持原貌的多门洞敌楼。

五里坨长城在金山岭长城的尽头，它实际上是古北口长城的一部分，但在金山岭的六眼楼上看五里坨长城是最佳角度。

金山岭长城位于河北省承德滦平县境内，与北京密云相邻，距北京城区130千米。是明代爱国将领戚继光担任蓟镇总兵官时期主持修筑，是万里长城的精华地段，素有"万里长城，金山独秀"之美誉，障墙、文字砖和挡马石是金山岭长城的三绝，素有"摄影爱好者的天堂"之美誉。

金山岭长城横亘在河北省承德滦平县与北京密云交界地带的燕

■ 蟠龙山长城

山支脉上，东接司马台长城，西连古北口长城，地处京、津、辽、蒙等地的交汇点。

这段长城西起历史上著名的关口古北口，东至高耸入云的望京楼，全长10.5千米，沿线设有关隘5处，敌楼67座，烽燧3座，因其视野开阔，敌楼密集，景观奇特，建筑艺术精美，军事防御体系健全，保存完好而著称于世。

金山岭海拔700米，登山北观群山似涛，东望司马台水库如镜，南眺密云水库碧波粼粼。长城依山凭险，起伏跌宕于山水之间，形势极为雄奇。

尤其此处敌楼密集，构筑精巧，形式多样，是八达岭、山海关、嘉峪关、居庸关等地长城绝难媲美的，为万里长城中正在开发的旅游胜境之一。

金山岭长城蜿蜒曲折，视野开阔，敌楼密集，雄伟壮观。长城内外高山峻岭，林海苍茫，春夏秋冬四季适宜徒步旅游和摄影。

司马台长城位于金山岭长城东部的古北口镇司马台村北。城墙依险峻山势而筑，并以奇、特、险著称于世。司马台水库将该长城分为东西两段。东段有敌楼16座，西段有18座。

敌楼密集、形式多变、结构各异，楼的间距平均仅140米，极其雄奇壮丽。东段长城峰巅有两座敌楼最为显赫，即仙女楼与望京楼。尤其望京楼筑于海拔千米的陡峭峰顶，景观绝佳，可遥望到北京城。

屯田制 指的是利用士兵和农民垦种荒地，以取得军队供养和税粮。又有军屯、民屯和商屯之分。商屯也称"盐屯"，是明盐商为了便于在边境地区纳粮换盐而办的屯垦。而民屯和军屯就是狭义的屯田。屯田制就是以屯田为目的而建立的一种制度，由曹操建立。

当然，位于古北口关长城段的八大楼子长城、黄峪沟长城、卧虎山长城、万寿山长城、蟠龙山长城、五里坨长城、金山岭长城和司马台长城等长城并非在同一时期内建成的，但是，这段长城遗址又被统称为"古北口关长城"。

除了古北口关长城，明代初期建成的山海关长城也非常有名。

山海关长城全长26千米，主要包括老龙头长城、南翼长城、关城长城、北翼长城、角山长城、三道关长城及九门口长城等地段。

这段长城由关城、东罗城、西罗城、南翼城、北翼城、威远城和宁海城七大城堡构成。四周长约4.8千米，高11.6米，厚10余米的城墙，墙体高大坚实，气势宏伟。

在东、西、南、北建有4个城门，城东南隅、东

■ 山海关城楼

北隅建有角楼，城中间建有雄伟的钟鼓楼。整个卫城建筑规模宏伟，防御工程坚固。

山海关是明代创建"卫所兵制"的产物，明代的"屯田制"和改革政策又对山海关的巩固和发展起到了重要的作用。

其中，关城长城是山海关长城的中部区段，全长约7.1千米，其主线即关城东垣长约1.4千米；附线即关城西、北、南垣共长约3.4千米，东罗城垣长约1.5千米，瓮城城垣长823米。主线上还建有镇东楼、临闾楼、牧营楼、新楼、靖边楼、威远堂六座敌楼，两座城台。附线包括关城城垣、东罗城垣、瓮城城墙三部分。

北翼长城南起北斗峰，北至角山山麓的旱门10号台，全长大约有3千米。角山长城主要包括旱门10号台、旱门关、角山敌台、月城等。三道关长城主要由城墙、桃园东13号敌台、三道关、烂石关、唐帽16号敌台、尖山西17台、尖山东18台构成。九门口长城主要包括五道楼、枣山区段和九门口三部分。

浩大工程的长城要塞

老龙头长城是长城入海的端头部分，有"中华之魂"的盛誉。位于山海关以南约4千米处，北连长城，南入渤海，是明万里长城东端的起点。

老龙头长城简称老龙头，由入海石城、靖虏1号敌台、王爱2号敌台、南海口关、澄海楼、宁海楼、宁海城及滨海城墙等部分组成，始建于1381年。

当时，筑有入海23米，城垣上修有澄海楼。后毁于兵燹，仅存翘首海滨的一段颓墙残壁。

山海关自从建关设卫以来，商贾往来频繁，经济贸易活跃，对于发展民族之间的友好往来，促进经济文化交流，保卫首都、巩固明王朝的统治起到了重要作用。无论是从规模上、布局上，还是从结构上，山海关都是我国古代建筑史上所罕见的，它也是万里长城的精华所在，是我国古代城市中建设宝库中不可多得的一部杰作。

在山海关后建成的偏头关位于偏关县黄河边。与宁武关、雁门关合称"三关"，因其地势东仰西伏，故名"偏头关"。

偏头关城形状不规则，东西长1.1千米。东、西、南3道城门均建有瓮城。城高10米处砌砖石，南门至西门

■ 老龙头长城

■ 山海关临闾楼

一带，砖石大部犹存。西墙、北墙多为夯土墙，东部城墙已毁。明代除设置偏头关外，在崇山峻岭的长城沿线及重要通道上建起了城22座，有桦林堡、老牛湾堡、草垛山堡、老营堡等。

这些堡城的边墙现多仅存夯土，唯地处黄河岸边的桦林堡地段，约30千米边墙保存较好，全部包砖，高耸于河岸，甚为壮观。

重建于永乐年间的天津黄崖关在蓟县北30千米的崇山峻岭之中。历史上，蓟州城共有守营墩台18座，黄崖关为其一，也是最为重要的关隘。始建于556年，明代重建。

黄崖关长城，东达河北省遵化县的马兰关，西接北京平谷的将军关，全长42千米，是我国古长城的一部分，有楼台66座，即敌楼52座，烽火台14座，是京东军事险要之地。

将军关 位于北京市平谷区东北约40千米的明长城线上，东靠茅山，东南临黄崖关，西北近墙子路关，是平谷东北的重要隘口。此关建于明永乐年间。关口东部城墙至今犹存。将军关东侧山上长城，今多已倒塌，靠近关口处两侧的长城修筑坚固，石砌墙体至今仍保存较好。

这里是是明代蓟镇长城的重要关隘，也是县境内唯一的一座关城。关城东侧山崖的岩石多为黄褐色，每当夕阳映照，金碧辉煌，素有"晚照黄崖"之称，关城因此得名。

和这座长城在明代同一时期修建的北京慕田峪长城，长城地址位于怀柔区境内。

这段长城西接居庸关长城，东连古北口，著名的长城景观箭扣、牛角边、鹰飞倒仰等位于慕田峪长城西端，是万里长城的精华所在。

慕田峪长城多建在外侧陡峭的崖边，依山就势，以险制厄。墙体高七八米，墙顶宽四五米，建筑材料以花岗条石为主，雄伟坚固。

慕田峪长城，墙顶上两边都建有矮墙垛口，可两面拒敌，外侧还挖掘有挡马坑，使防御功能更加完善，这是一大特点。慕田峪长城墙顶的双侧都筑有长1.67米、厚1.33米、高0.67米的垛口。

慕田峪长城的关门两侧是沿山脊升起的，随山势翻转。在这些地段的垛口不是开口的长方形，而是呈锯齿状。射洞筑在垛口的下方，它不是圆形孔，而是顶部呈弧状的方形孔。

浩大工程的长城要塞

险要之处还修有炮台。慕田峪长城上还建有"支城"。所谓"支城"，就是在长城内外侧有高脊山梁的地方，再节外生枝地顺山梁修出一段长城来，长度几米到几十米不等，并在此筑有敌楼，当地人称为"刀把楼"。

明代在重修慕田峪长城时，在墙顶的两侧都加修了垛口，还同时新设置了滚木石雷石孔，可攻可守。而修筑"刀把楼"，可控制高点，减少对主城的威胁。慕田峪长城从正关台左侧起，随山势翻转，奔向远方。

长城由山腰直伸山顶，在山顶立敌楼后，又突然下降，翻身向下返回山腰，又骤然升起，直至海拔940多米的地方，绕了一个大弯，其形状酷似牛犄角，苍劲雄浑，人们把它称为"牛犄角边"。

长城从"牛犄角边"继续往前延伸，经过一个名叫"箭扣"的地方，这里是已达海拔约1000米的山峰，两侧陡峭如削。在修筑长城时，必须从山头的外侧断崖绝壁上通过，又不能把这个制高点留在外面，使用砖石、木材显然都不行。

■慕田峪长城秋景

于是，聪明的能工巧匠们，用了两根大铁梁担在断崖之上，上面再垒砌砖石，这种方法在整个长城修建史上极为罕见。

在慕田峪长城东侧，长城本来是顺山势伸向东北。可是到敌楼处突然分出约1000多米的地段，另辟蹊径摆向东南方向，山势尽处，突然终止，在尽头处修了一个甚是坚固雄伟的敌楼。

这段千余米的长城被人们称为"秃尾巴边"。这样，长城在此处就形成了三道长城汇于一楼，"三面极目观巨龙"的景观。

在慕田峪长城"牛犄角边"的两侧，墙体全部建在岩石裸露的悬崖峭壁上，长城的坡度大都在50度左右，其中有一节接近90度，几近垂直，台阶仅有几尺宽，非勇敢者不敢涉足。

阅读链接

据说，明朝在初年间规模较大的长城修筑活动主要有5次：

第一次是1371年，朝廷发动蔚、忻、山东民工和兵士协力修整长城。

第二次是1399年至1402年修筑了自宣府至大同境内的长城，又称"极边""大边"。

第三次是1413年，修筑了西自今河北省万全县洗马林，东至宣化市东北50千米处长安岭堡的长城。并且"山西缘边墩守始成"。

第四次是1436年，从河北省龙关经独石口至天津蓟县北，长约270千米的险要地段，修筑了烟墩22座，以加强瞭望戍守。同年，还在今宁夏回族自治区盐池向陕西省东北的道路上增筑烽堠，以巩固边备。

第五次是1442年农历十一月，明陈总朝廷下令"缮城垣，浚沟堑，五里为堡，十里为屯，使烽燧接相"。这段辽东长城从吾名口至镇北关，全长1500米，并营建了前卫屯兵城和各种堡城、边台。

明中期为拒蒙大建防御长城

1449年农历八月，明英宗朱祁镇率兵去攻几乎统一蒙古各部并大举攻明的瓦剌部，在居庸关外的木土堡，也就是后来的河北省怀来县东，遭瓦剌军围攻，全军溃败，明英宗也被俘，这就是明代历史上被称为"土木之变"的战役。

"土木之变"以后，瓦剌、鞑靼等蒙古部落不断兴兵侵犯掳掠，迫使明朝把修筑北方长城、增建墩堡作为当务之急。

特别是1550年，蒙古土默特部首领俺达汗因贡市不遂而发动战争，威胁明朝的京师安全后，明朝朝廷对蒙

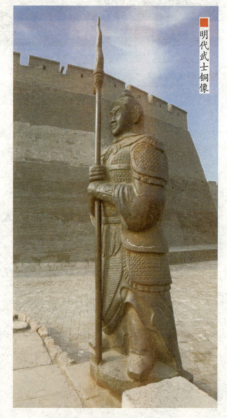

明代武士铜像

■ 戚继光像雕像

浩大工程的长城要塞

巡抚 我国古代官名。我国明清时期地方军政大员之一。又称抚台。巡视各地的军政、民政大臣。清代巡抚主管一省军政、民政，以"巡行天下，抚军按民"而名。清代，地方大员的品级为：总督，正二品，加兵部尚书衔，从一品；巡抚，从二品。

古采取了"以守为攻"的方针，更加重视长城的修筑。

为此，从1450年至1620年的170年间，明代长城修建规模空前，并沿长城完善确定了"九边十三镇"的防御体系。

这场筑墙运动以1467年巡抚余子俊筑延绥镇边墙为肇始，其后，余子俊又奏筑自黄沙嘴至花马池的宁夏河东墙；巡抚李铭督修蓟镇关口长城；巡抚李承勋及韩斌、周俊等人又先后修筑辽东边墙。

巡抚、都御史贾俊等人奏筑宁夏城西南墙；总制秦筑固原内边长城；三边总制杨一清请筑固原陕西宁夏边墙；总制尚书王琼修宁夏深沟高垒。

宣大总督翟鹏督修宣大边墙；兵部右侍郎翁万达增筑宣大边墙；巡抚苏祐筑内三关边墙及辽东边墙，巡抚杨博主持大规模增筑甘肃镇边墙。

总督谭伦、总理戚继光及总督王一鹗、巡抚塞达先后扩建蓟镇边墙；辽东总兵李成梁重修辽东边墙；三边总督李汶筑甘肃镇边墙；等等。

明代连年兴师动众，每筑上千千米，皆墩堡相连，层层布防，且在紧要处又多重构筑，尽将通人马处堵塞。

为此，明代在这一时期修建的长城工程要比以前加高加宽，而且大量用砖包砌，墙上有垛口，绵延如链。

而且跨墙加筑墩台，又创建砖石空心敌台，万余里的边墙，高度可达八九米，最高处可达10多米，宽可达6米，最宽处也可达10多米。

明朝在这一时期修筑的长城很多一直被保留了下来，其中最为著名的有宁夏河东墙、蓟镇关口长城、辽东边墙、固原内边长城和甘肃镇边墙等。

宁夏河东墙是古时灵州，后来的灵武所在地，它一直是中原王朝驻守西北边关的战略要地，因军事防御所需，秦、汉、隋、明4个朝代统治者都曾在灵州修筑过长城，并在这里驻军守卫，移民屯退。

灵武境内的长城，尤以明长城保存最为完好和气势雄伟。它西起横城堡黄河岸边，犹如一条巨龙，饮水于黄河，穿沙海、跨丘陵、过草原，昂首东去绵延伏于辽阔的鄂尔多斯台地之上。

灵武境内的明长城自西向东横贯于宁夏回族自治区的临河镇、

灵武长城藏兵洞

■ 灵武长城旗杆洞

弩 是我国古代的一种冷兵器，是古代兵车战法中的重要组成部分。古代用来射箭的一种兵器。它是一种装有臂的弓，主要由弩臂、弩弓、弓弦和弩机等部分组成。是古代一种大威力的远距离杀伤武器。

宁东镇，出马家滩镇进入盐池县境内，历史上一直被称为"河东墙"，又称"东大边"或"横城大边"。

灵武明长城，建成于1474年，西起横城北黄河岸边，向东南绵延，经水洞沟、红山堡、清水营古堡等地穿越市境，经盐池县至陕西省定边周台子乡。全长约200余千米，灵武境内长45千米。

据史料记载，灵武境内曾修过两段长城，一为隋代长城，一为明长城，全部就地取材，用黄土夯筑而成。这段长城上设有敌台、墙台以及墩台等军事设施。每隔一二百米建有凸出墙外的墙台，这样边墙的墙根就不再有火力的死角，可进行侧翼攻击。

敌台高于城墙之上，可左右相望，前后呼应。

有些险要地段置周庐敌台，驻兵达20人之多。河东墙内侧共建有29座城池。灵武营所属烽火墩113座，每隔2.5千米设一墩。

夜则举火，昼则举烟示警。若见敌数人至百余，举放一烽一炮；500人两烽两炮；1000人3烽3炮；5000人以上4烽4炮；万人以上5烽5炮。

台设墩夫，配备旗帜，鼓、弩、软梯、炮石、火药、火箭、狼粪、牛粪、柴草等。兵士日夜守哨，沿线各兵营驻有重兵，粮草、兵器、军需齐备，守望、巡逻、通信、调兵，各个兼顾，无一偏废，一派军事戒备状态。明代修筑完河东墙，使长城形成两条道路，一为长城顶部，可供5匹马并行，守望、巡逻的士兵常年在长城顶部道路上往来，食物、军械也在顶部运行。

二是长城内侧又建成一条交通大道，因有军队驻守、巡逻，行旅及货物有了安全保障，所以这条大道商旅往返络绎不绝。

蓟镇关口长城其最大防戍范围，东起山海关，向西经永平、迁安、遵化、蓟州、平谷、顺义、昌平等州县境内的关口，到达居庸关南的镇边城。

重要关隘有秦皇岛的山海关，抚宁县的九门口、界岭口，卢龙县的桃林口、刘家口，迁安县的冷口，迁西的青山口、董家口、喜峰口、潘家口、龙井关，遵化的马兰关，蓟县的黄崖关，平谷县的将军关，密云的墙子路、古北口，昌平县的黄花镇，延庆的八达岭、居庸关，等等。

其中，八达岭长城位于北京延庆军都山关沟古道北口。史称"天

■ 蜿蜒曲折的八达岭长城

■ 八达岭长城城墙

下九塞之一",是万里长城的精华,在明长城中独具代表性。

这段长城始建于1505年,是明代进行了长达80余年的修建完成的,并将抗倭名将戚继光调来北方,指挥长城防务。经过80余年的修建,八达岭长城成为城关相连、墩堡相望、重城护卫、烽火报警的严密防御体系。

修建这段八达岭长城时,遵循秦时筑城的依山就势、因险阻敌的原则,走最高的山脊,随山脊转折而弯曲,不求取直拉平,以减少切土填方,并做到省工省料,坚固实用。

八达岭长城的墙体,是万里长城中最雄伟壮观的地段。建造者克服了重重困难,才在险峻的高山上筑成。

八达岭大部墙顶宽阔平坦,可以"五马并骑、十人并行",以适应战斗的需要。而在北峰至青龙桥一段城墙,山陡坡险,墙顶较窄,最窄处仅两米多。城墙中线偏于外侧,外侧墙高,内侧墙低。

八达岭长城墙体两面都用抗腐蚀、抗风化、性能好、硬度较高的花岗岩石条包砌。石条宽0.5米，高0.4米，长1米不等，最长石条达3.1米，重约1500千克。石条一层层垒砌起来，无论陡峭山坡或平缓地段，石条均逐层水平垒砌，纵横交错，横架竖垒，咬合成一体，合缝处灌以灰浆。

墙体内填泥土、石块，用夯砸实。墙体上面铺三四层城砖，用石灰膏或者是糯米汁黏结灌缝。这样，使得城墙三面风雨不透。

八达岭长城墙顶两边有砖砌矮墙，外侧叫"雉堞"或"垛墙"，内侧叫"宇墙"或"女儿墙"。垛墙为迎敌面，显示着"保存自己，打击敌人"的构筑思想。

墙高约1.7米至2米，便于掩护人体，一般是砌到人体胸部高度，开始筑垛口。

垛口的砖是特制的，头部呈尖形，码在垛口上，内外都呈扇面形，外宽内窄，观察面大，不易被敌箭射中。挡垛上部留有0.3米大小的方洞，呈外扇面形，这叫"瞭望孔"，备以观察敌情。

墙下部隔不远处就砌有宽0.3米、高0.35米的方洞，外口呈扇面

■八达岭长城秋景

吐水嘴 是一米多长的石槽，伸出墙体以外，隔不多远就设一个，用它把水引出离墙一米开外，免于"滴水穿石"侵蚀冲刷墙基。长城的吐水嘴安在内侧，这是防止敌方借以登城攀缘。为了能及时排泄积于城墙顶地面上的积水，每隔一段距离，就筑有一道吐水嘴。

形，这叫"射孔"。在敌方兵临城下或搭云梯登城时，通过射孔用石块、火球、刀矛阻击敌人。

内侧的宇墙，高约1米，主要是保护城上人马行走安全，防止在紧急时刻掉落城下。

垛墙和宇墙用的是特制大砖，长0.36米，宽0.2米，厚0.1米。墙顶一层用脊砖。脊砖两边低中间高，或内侧高外侧低，便于排除积水。

城墙顶部形成两边有墙的巷道，在两边砖墙根特意砌有小水槽，积水沿水槽而流，至较低处的宇墙下部，经流水孔把水引到墙外的吐水嘴上，泄流城墙之外。

长城的防守是分段的，"班组"各负其责。平时，守城军士驻扎城下，遇有烽烟报警，登城上岗。

长城内侧，每隔一定距离，城墙下部就开有一个登城口，登城兵士各行其道，临阵不乱。

这种小型登城口叫券门，后勤人员运送军械器具、饮水和干粮，也都从这里登城。券门是圆拱形小门，高1.8米，宽0.8米，门框用4块规格一致的石料组装。门内有石阶，通向城墙顶上。

■ 陡峭的八达岭长城

修长城用的大砖和石料，多是就地取材，分派当地政府专门监制。古砖上写有标记，标明州府及制作者，出了问题，便于追查。

■ 八达岭长城秋景

砌墙的石条有的长达两米，重约1000多千克。在山岭起伏、坡度陡峭没有道路的山峰上施工，把大量的土方、条石和砖运上山岭，是一件非常不容易的事情。

据说，垒墙所用的黄土和砖，都是用排队传递的办法，一筐一筐、一块一块传递或挑抬上去的。民间也有"用山羊背砖上山"的传说。至于搬运大石条，那就要运用斜面和滚木、杠木等办法来运输了。

可以说，长城上的每一撮土、每一块砖和石头，都浸透着古代劳动人民的血汗。同时，也充分显示出我国古代建筑工程技术的成就。

修筑长城采用分段包干的办法，每段修成后，都

滚木 我国古代作战时从高处推下以打击敌人的圆木。是一种作战防御用的圆木。主要用于从城上、山上推滚下去杀伤进攻的敌人。另外我国古人搬运长城材料也常用"滚木法"，这是古代工匠运输巨石时采取的方法，就是在巨石下垫上圆木，利用圆木的滚动来运输和安装巨石。

浩大工程的长城要塞

钦差 我国古代官名。钦，意为皇帝，钦差即皇帝差遣之意，因此钦差大臣是由皇帝专门派出办理某事的官员。因为代表了皇帝本人，所以其地位十分了得。担任该官职往往都是皇帝信得过的高官，能得此职事本身也是一种荣誉。一般事毕复命后，该官职便取消。

■ 耗资巨大完成的明长城

要立碑，记载主持官员和工头的名字，及所修长度和工期。

如西拨子石拂寺山顶长城上，有一通石碑，是"分修居庸至石佛寺地方边墙碑"，碑文是：

> 钦差山东都司政合事轮领秋防上营官军都指挥企事寿春陆应元奉多分修居庸关路石佛寺地万边墙，东接右骑营。起长梁拾征文贰尺，内石券门一座，督率本营官军修完、送将管工官员镌名竖石，以垂永世。

从碑刻中我们可以看出，长城当时主要是利用军队的力量来修建的。同时还可看出，几千名官兵，还加上许多民丁，才包了200多米长的一段工程，可以想见当时修长城的艰巨程度。

关于蓟镇西部边界及所辖关隘，史志及有关书刊说法不尽一致，主要有西至四海冶、石塘岭、镇边城、居庸关等几种说法，其原因有以下两点：

其一，表述角度不同。如石塘岭和四海冶之说，石塘岭是蓟镇西部的重要关隘，再西行便是宣府镇的东边关口四海冶，长城到四海冶向内外分成两股，外走向的称外长城，又称"外边"。

159

再铸辉煌

明代长城

经独石口、张家口、大同到达内蒙古自治区的清水河向宁夏回族自治区、甘肃省走去。内长城从四海冶向西南经居庸关、紫荆关、倒马关入山西省，经平型关、雁门关、宁武关到清水河与外边相接。

■ 驰名中外的八达岭长城

处在长城内外岔路口上的四海冶虽仅是个配备了马营哨的小关口，但它是宣府的东南部咽喉，又是蓟、宣两镇边防衔接的地方。从防边相接来说，蓟镇西边至四海冶是对的。

以蓟镇防区西端关口为界点来说，西至石塘岭也是有道理的。

其二，昌平镇拘增设，初设九镇，没有昌平镇，后来为加强京师防御，增设了昌平镇和真保镇。

昌平镇管辖慕田峪以西向南至紫荆关这一段的内

石碑 把功绩勒于石上，以传后世的一种石刻。一般以文字为其主要部分，上有螭首，下有龟趺。大约在周代，碑便在宫廷和宗庙中出现，但此时的碑与后来的碑功能不同。此时宫廷中的碑是用来根据它在阳光中投下的影子位置变化推算时间的；宗庙中的碑则是作为拴系祭祀用的牲畜的石柱子。

戚继光（1528—1588），字元敬，号南塘，晚号孟诸。山东登州人，祖籍安徽定远。明代著名抗倭将领，军事家。谥号"武毅"。率军之日于浙、闽、粤沿海诸地抗击来犯倭寇，历10余年，大小80余战，终于扫平倭寇之患，被誉为民族英雄。世人称其带领的军队为"戚家军"。

■ 辽东长城

边防御，设参将分守黄花镇、居庸关、横岭城。真保镇管辖紫荆关、沿河口至娘子关这一段的内边防御。

1563年，蓟镇东起山海关，西至镇边城居庸关南约2.1千米，分为十路，前七路为蓟镇旧属，第八至第十路为黄花镇、居庸关、镇边城。这样，昌平镇的防御区段俱并入蓟镇。

1568年，戚继光以左都督总理蓟辽昌保练兵事务，节制四镇兼蓟镇总兵官，又把十路分成十二路，这样蓟镇西部边界至镇边城是正确的。

至于戚继光自己说"左山海，右居庸"是说明蓟镇的重要，左控山海雄关，西扼居庸要塞，并非具体表述镇防边界，即使是表述镇防边界也可以，因为镇边城属于居庸关的防御体系。

明代辽东边墙是西起山海关，东迄辽宁省宽甸县鸭绿江边的一段明长城的总称，全长约1.9千米。

■ 长城敌楼

明代辽东地图里，由九边之一的辽东镇管辖沿线防务。

辽东边墙按其地理位置和修筑年代，可以分为三部分。

一是辽河流域边墙，是三段边墙中修筑时间最早的，其形内凹，略如一"V"字形，从辽宁省北镇、黑山西北起到开原东北莲花街村止，长700余米，边墙沿线墩台林立。除西部有一小段石墙外，其余全线皆为夯土版筑城墙。

二是辽西边墙，由王翱、毕恭主持修建，从山海关外的铁场堡吾名口，即绥中西南铁厂堡吴明口起至广宁镇静堡止，长870米。其间既有夯土墙也有石墙，还有山险无墙，形势相当险要。

三是辽东东部边墙，由韩斌、周俊、李成梁先后主持修建工作。其行经路线，从开原镇北关起到丹东

左都督 是我国古代的军事首长的官名。最初是作为监督军队之官。后汉光武帝建武初年，因为征伐四方，乃于出征时暂时设置督军御史以监督诸军，事成回师后则罢官。汉末三国时形成的军事职称，在魏晋之后发展成为地方军事长官，明代以后成为朝廷军事长官。

鸭绿江畔宽甸江沿台，即宽甸县南境虎山，边墙结构，有劈山石墙、土墙、木柞墙。

固原内边这道长城，东起陕西省定边姬源乡的饶阳堡，经甘肃省环县甜水堡，宁夏回族自治区同心县下马关、徐冰水、红古城，海原县西安镇、千盐池，甘肃省靖远县打拉赤、青沙舰，抵达该县黄河东岸的花儿岔。

位于明代第一边防线延绥长城和宁夏回族自治区河东长城之南，为该地区的第二道防线，属固原管辖，故称"固原内边"。

固原内边因是第二道防线，修筑质量较差。后来内边城墙保存完好的，只有同心县下马关镇境内的7.5千米夯土墙。

下马关古城依龟形而建，城池固若金汤。后因设在固原的三边总制巡视边防必下马于此休息，故得名"下马关"。

阅读链接

在明代中期，为了加强长城的防务和指挥调遣长城沿线的兵力，并能经常修缮长城关隘，明朝把长城沿线分为9个防守区段，称之为"九边"，也称之为"边墙"。

九边是在明初边地都司、行都司的基础上，根据当时边防形势实行分地守御的原则形成的，它的形成以设置镇守都督、总兵官为标志，各边设置镇守的时间并不一致，大约到弘治年间九边镇守才设置完毕，因为是9个，所以称为"九边重镇"。

这九边重镇为辽东、蓟州、宣府、大同、山西、榆林、宁夏、固原、甘肃九镇。九边九镇之外，为了加强京城的防务，保护明十三陵以及战备的需要，明朝朝廷又在嘉靖年间于北京的西北增设了昌平镇和真保镇，并于万历年间从蓟镇析置出山海镇，于固原镇析置出临洮镇。

明代后期蓟东长城的修建

历史上，明代在后期修建长城的时间是在1621年至1644年，此阶段，是明朝长城修筑的尾声。

明末时期，许多名臣良将、封疆大吏都被朝廷派往山海关督师、经略，调动重兵，加强防务。兵部尚书熊廷弼、孙承宗曾先后两次出任辽东督师经略。

1621年，孙承宗带兵在山海关城东墙之上建"新楼"，以加强东部防线。

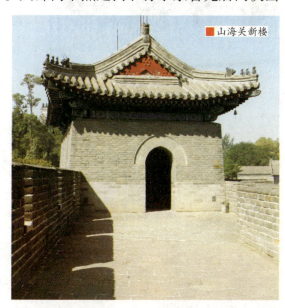

■ 山海关新楼

第二年，孙承宗又在南海设立龙武营，加强海上防御力量。为了向辽东辽西转运大量的军需物资，孙承宗又派兵重新修复利用南海码头港，疏浚海口河道。

关隘 我国古长城上险要的关口。古代于交通要塞屯兵把守，设置关隘，一方面是为了军事防御和控制交通；另一方面也是征收关税的重要设施。我国古代长城上，最著名的关隘有居庸关、山海关、娘子关、雁门关、平型关、宁武关、紫荆关、武胜关、友谊关和嘉峪关10关。

孙承宗在职4年，练兵屯田，修筑宁远等大城9座，堡49座，练兵11万。

1633年，巡抚杨嗣昌在关城南、北各处建南北翼城，增强关城南北两翼的防御能力，与城关左右相呼应。同年，在城关南老龙头上，修筑宁海城，地势险峻，是一座居于海防要冲的堡垒城。在关外1千米处的欢喜岭高地上，建造威远城，居高临下，易守难攻，成为山海关东城防守的前哨。

1643年，在城关西侧建筑西罗城，与东罗城前后呼应，成为关城的前防后卫。

与此同时，杨嗣昌还派兵加强了附近长城的防御措施，例如位于城关东北的九门口，也增修加固。雄伟的万里长城浑然一体，形成京东一线坚固的防御屏障，对于保卫京师，巩固明王朝的统治起到一定作用。为此，总的来说，明末时期的长城修建工程主要是对明代前期长城的重建和改线。

纵观明长城的修建历史，后人认为，修筑明长城的目的主要是为了防御北方游牧民族统治者的骚扰。明朝自始至终对北方防务的建设非常重视。

长城、关隘、墩堡的修筑工程，在明朝的270多年中几乎没有中断过，逐步形成了"九

■ 明长城城防

边”分区防守，分段管理和修筑长城的制度。

据《明史·兵志》记载，初设辽东、宣府、大同、延绥四镇，继设宁夏、甘肃、蓟州三镇，而太原总兵治偏头，三边治府驻固原，也称二镇，是为"九边"。

这九边重镇的总兵驻地和所辖长城的地段如下：

辽东总兵驻地在辽宁辽阳，后又移驻辽宁北镇。所管辖的长城南起今丹东东北鸭绿江边，西至山海关，全长975千米。此镇长城到明朝中期以后即很少修葺，大都没有包砖，遗迹保存较少。

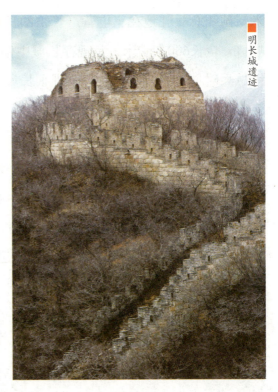

明长城遗迹

宣府总兵驻地在河北宣化。管辖的长城东起居庸关，西至山西大同东北的西浑河，全长511.5千米。宣府镇长城的位置正位于明朝都城的西北，形势十分重要，所以城墙十分坚固，有的地方有内外九重城墙。兵力配备也很雄厚，总镇之下，分作四路防守。

大同总兵驻地在山西大同，管辖的长城东起山西天镇口台，西至山西偏关东北的鸦角山，全长335千米。

延绥镇，亦称榆林镇，总兵驻地在陕西榆林堡。管辖的长城东起陕西府谷清水营，西至宁夏花马池，全长885千米。

宁夏镇总兵驻地在宁夏回族自治区银川市。管辖的长城东起大盐池，西至甘肃皋兰、靖远等地，全长1000多千米。甘肃镇总兵驻地在甘肃张掖。管辖的长城东起兰州，西至嘉峪关祁连山下，全长800余千米。蓟州总兵驻地在三屯营。管辖的长城东起山海关，西至居庸关灰岭口，全长600多千米，是现存长城中保存最完整的一段。戚继光任蓟镇总兵时创建的骑墙敌台，改进了长城的防御工事，不仅增强了防御能力，而且也使长城更加壮观。其主要工程就在这一段上。

太原镇，亦称山西镇，总兵驻地在偏关。管辖的长城西起山西河曲黄河岸边，经偏关、老营堡、宁武、雁门关、平型关、龙泉关、固关而达黄榆岭，全长800余千米。其作用是为了加强都城的防御，因其在大同、宣府两镇长城之内，所以又称之为"内长城"。这一带的长城极坚固，并有石墙，有些地方石墙多达20多重。

固原的总兵驻地在今宁夏回族自治区固原。管辖的长城东起陕西靖边与榆林镇长城相接，西达皋兰与甘肃镇相接，全长500千米。这一带的长城也有好几重。

以上九镇所辖长城的总长度合计6 300余千米。不过，这些数据仅仅是我国历史文献上记载的长度，而实际长度还不止如此。明长城对于明朝政权的巩固，北部地区农牧业生产的安定，国家的安全都起了积极的作用。

浩大工程的长城要塞

阅读链接

明代长城沿线九边重镇的建立时间历来众说纷纭，而今学者考证，除甘肃镇设于洪武年间外，其余的辽东镇、蓟镇、宣府镇、大同镇、宁夏镇形成于永乐年间，延绥镇也称榆林形成于正统年间。

原三关镇也称"山西镇"或"太原镇"，建于宣德年间，固原镇建于弘治年间，昌平镇与真保镇确立于嘉靖年间，山海镇及临洮镇析置于万历年间。

长城关隘

万里长城的著名关卡

山海关

在我国东北部的渤海湾内，有一座长约4千米的小城，整个城池与长城相连，以城为关。它的城墙高14米，厚7米，由四座主要的城门组成，还有威武雄壮的箭楼、靖边楼、临闾楼、牧营楼、威远堂、瓮城、东罗城等建筑。这就是有着"天下第一关"之称的山海关。

山海关在明朝正式建关，是明朝军事防御体系的重要组成部分。山海关是明长城东北第一座重要关隘，它贯穿了明朝270多年历史，一直是明朝的防御重地。

明代将军和军师奉旨筑关

　　1368年，明太祖朱元璋以应天府为京师，应天府就是后来的南京，建立了大明王朝。此时，元朝残余力量虽然退居漠北，但仍有相当大的势力。

山海关镇东楼

为了防止元朝残余力量南下侵扰，1381年，朱元璋下了一道圣旨，让大将军徐达和军师刘伯温到京城以北边塞之地围城设防，且两年之内必须完成。

徐达、刘伯温二人领旨后，便带着人马，即日起程，很快就到了边塞。两人骑马登高瞭望，寻找筑城的地方。

要讲筑城，徐达是外行，他只会带兵征战，冲锋陷阵。至于围城设防，他不如刘伯温。刘伯温上知天文，下知地理，学问很大。

徐达站在高处一看，连说："这真是好地方，好战场！"

刘伯温却一声不响。第三天，他二人骑马又来到这里，徐达又连声说："好地方，难得的好地方啊！"

刘伯温还是一声不哼。第四天，徐达、刘伯温二人骑马又来到这里，徐达又连连说："好战场啊，好战场！"

刘伯温还是不哼一声。徐达见状不解，忙问："军师，我二人领命来此围城设防，一连三天，你一言不发，到底为什么？"

"为了大明江山！还为了你，也为了我。"

徐达不解地问："此话怎说？"

刘伯温用马鞭指了指前方说："元帅，你看，北

明太祖朱元璋雕像

圣旨 我国古代皇帝下的命令或发表的言论。是我国古代帝王权力的展示和象征，其轴柄质地按官员品级不同，有严格区别：一品为玉轴；二品为黑犀牛角轴；三品为贴金轴；四品和五品为黑牛角轴。书写圣旨的材料十分考究，均为上好蚕丝制成的绫锦织品，富丽堂皇。圣旨两端则有翻飞的银色巨龙作为防伪标志。

■ 山海关夏季景色

军师 我国古代的官职名称，主要是在军队中的谋划者。"军师"一职的出现，应上溯到战国时代。最早"军师"是作为统帅助手，有"坐为计谋"的行事特点，还特别表明了国君平时对其"遂以为师"的特殊尊重态度。换言之，平时为"君师"，作战时则为"军师"。这就是军师的地位和这一职务的来历。

边燕山连绵，南边渤海漫天，在此筑起雄关，真可谓一夫当关，万夫莫开啊！"

徐达素知军师谋略高，就问："你想修座什么样的关呢？"

刘伯温说："这座城要比别的地方的城都要大要高，要城连城、城套城、楼对楼、楼望楼，筑一座铁壁金城。"

刘伯温又用马鞭朝四周一指，说："元帅，这里既是个好战场，又是个好居处。你看，这里土地肥沃，气候温和，真是个安家定居的好地方呀！"

徐达一听恍然大悟，想起军师说的为了自己的话，他是连连叫好。当日回营，二人连夜画图，第二天便派人送往京城。朝廷准奏，立刻动工。整整干了一年零八个月，关城竣工了。

这天早朝，朱元璋一看徐达、刘伯温回来了，就问："二位爱卿回京，城池可筑成呢？"

徐达、刘伯温二人出班奏道："托圣上洪福，已经建好了。"

朱元璋又问："可曾命名？"

徐达、刘伯温二人一听，都愣住了。二人想，当时降旨，只叫筑城，未让命名呀！徐达心直，刚一张嘴，只见刘伯温跨前一步说："臣等未敢妄动，只是那座城，南入海北依山，真可谓山海之关，万岁圣明，请恩示吧！"

朱元璋一听，把手一摆高兴地说："好、好，就叫山海关！"

从朝里回来，刘伯温随徐达到了徐府，他对徐达说："我不能再在朝为官了，我得走了。"

徐达忙问："干啥去？"

173

天下第一关

山海关

■ 坚固的山海关城墙

■ 徐达雕像

刘伯温说："我本是山野道人，还是云游四海去吧！"

徐达不解，连忙说："你我随皇上南征北战，刚定江山，如今又修了山海关城，可谓劳苦功高，本该享荣华富贵，这么走了，皇上知道不会奏准的啊！"

刘伯温说："差矣！万岁如让咱共享荣华，就不会派咱俩去边塞筑关城了，也不会只给两年期限了。你我若不接旨，就性命难保了；接旨若不按期完工，就犯欺君之罪了；若筑成私下命名，属目无皇上；而今未敢命名，也属办事不周，这只是刚刚开始呀！"

徐达大惑地说："军师，你是说……"

刘伯温手一挥，说："兔死狗烹，鸟尽弓藏。帝与臣，可与共患难，不可共富贵的例子还少吗？"

刘伯温一席话，说得徐达目瞪口呆，好久徐达才说："军师，你一走了之，我怎么办？"

刘伯温说："你不能走，你要随朝伴驾，无论何时，不要离开万岁左右。赶你，你也不要离开。另外，你的孩子不能留在京城，让他们到山海关那个地方去吧！那里城高池深，不受兵刀之苦，即使烽火连天，此处进有平川，退有高山，是用武之地。"

徐达说："就照军师的话做，明天我就叫小儿去山海关。"

正说着，闯进一员大将，姓胡名大海。他在帐外听到了徐、刘二人谈话，进屋就嚷道："元帅，我与你出生入死，驰骋疆场，如今公子要去山海关，我也打发一个孩子随他同行吧！"

话没落音，大将常遇春又来了。刘伯温素知眼前这三位是生死之交，就把事情原委告诉了他们。常遇春也坚持打发一个孩子同去山海关。

不久，刘伯温告老还乡，徐达按刘伯温所言，寸步不离皇上，才保全了性命，而胡大海、常遇春等开国元勋却没有好结果。

再说，徐达、胡大海、常遇春的3个儿子到了山海关，定居安家。后来，这三家的后代，在山海关城里修了徐达庙，城东北修了胡家坟，城西南修了常家坟，都立了石人、石马、石牌坊。

牌坊 我国古代为表彰功勋、科第、德政以及忠孝节义所立的建筑物。也有一些宫观寺庙以牌坊作为山门，还有用来标明地名的。牌楼为门洞式纪念性建筑物，用来宣扬礼教和标榜功德。牌坊也是祠堂附属建筑物，昭示家族先人高尚美德和丰功伟绩，兼有祭祖功能。

阅读链接

据说，徐达和刘伯温到山海卫建城设防时，选了很多地方都不如意。一天，正当二人为建城地址发愁时，突然飞来一只金凤凰，叼起徐达部队大旗一直往西飞去。

徐达立刻派兵勇追赶，一直到了一个地方，只见大旗已牢牢插在了山丘之上，任凭兵勇怎么拔大旗也不动。

这时，徐达和刘伯温赶到了。刘伯温绕大旗转了一周后哈哈大笑，徐达却一头雾水。

刘伯温说："这只金凤凰是神鸟，这里正是宝地，离山不远，离海亦近，在此修长城，南伸入大海，北跃上角山，中间留下一个关口，真可谓一夫当关，万夫莫开。"

后来，徐达和刘伯温便在此地建成了著名的山海关。

历代王朝的兵家必争之地

其实，早在春秋战国末期，山海关就是重要的战略要地。在当时，秦王嬴政派大将王贲率军追击燕王喜，从山海关一直追到了辽东襄平。

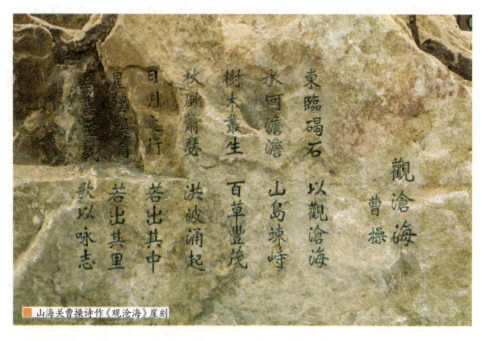

山海关曹操诗作《观沧海》崖刻

秦王朝建立后，秦始皇曾连续出巡，视察边疆。公元前215年，秦始皇东巡碣石。碣石山坐落在昌黎县城北，连绵起伏有大小上百座奇险峻峭的峰峦，顶尖呈圆柱形，远望如碣似柱，极像直插云霄的天桥柱石，山因此名"碣石"。

■ 古代长城攻防图

秦始皇到达碣石时，便派人在碣石山上刻下了"碣石门"三字，并修建了城郭和堤防等。秦始皇在此拜海，先后派卢生、侯公、韩终等两批方士携带童男童女去海上求仙，寻求长生不老药。

后来，据清朝官修地理总志《大清一统志·永平府·临榆县》中记载：

秦皇岛，在临榆县西南二十五里，入海一里，四面皆水。相传秦始皇尝驻跸于此。

临榆县在明代属永平府，境内建制卢龙县、抚宁县、昌黎县、永平卫、山海卫。1737年，清朝廷在山海关增设临榆县。因此，山海关在古代也称榆关，也作渝关，又名临间关。

1878年，地方志《临榆县志》对秦皇岛的描述比

城郭 也称城墙。城指内城的墙，郭指外城的墙。从春秋直至明清，除秦始皇的咸阳外，其他各朝的都城都有城郭之制。一般京城有三道城墙：宫城、皇城或内城、外城；府城有两道城墙：子城、罗城。城郭分为：三里之城，七里之郭。内城叫"城"，外城叫"郭"。

■ 山海关长城

较详细：

秦王岛，距城西南二十五里，山脉由东转西，插入海中，横压水面，远望形如卧蚕，海阳镇之水口山也，上有观音寺。

从秦代以后，历代帝王将相都把这里看成兵家必争之地。汉武帝在公元前110年时"行自泰山，复东巡海上，至碣石"，并在此筑有汉武台。

魏武帝曹操在207年征伐乌桓时，在回军途中，东临碣石，写下了流传千古的诗篇《观沧海》：

东临碣石，以观沧海。

水何澹澹，山岛竦峙。

树木丛生，百草丰茂。

秋风萧瑟，洪波涌起。

日月之行，若出其中；

星汉灿烂，若出其里。

幸甚至哉，歌以咏志。

汉武帝（前156—前87），刘彻，大汉王朝第七位皇帝，政治家、战略家。他开创了西汉王朝最鼎盛繁荣的时期，那一时期亦是我国封建王朝第一个发展高峰。他的雄才大略、文治武功，使汉朝成为当时世界上最强大的国家，他也因此成为我国历史上伟大的皇帝之一。

409年，北燕国君冯跋在龙城，就是后来的辽宁朝阳称帝，他派游击将军褚匡率领移民5000余户，水

浩大工程的长城要塞

运到"辽西临榆"，登陆到龙城。

553年10月，北齐军北伐，在回师时，文宣帝登碣石山观看大海。在这期间，北齐军从秦代戍边的西北地方开始，沿燕山山脉修筑长城到这里入海。

598年，隋朝汉王杨谅出征高丽时，也曾到临榆关。614年，隋炀帝出征高丽时，也到榆关驻军。

唐太宗李世民出榆关征伐时，曾几次登临碣石观沧海，并在此吟诗与群臣唱和。

645年，唐太宗出征高丽，在回师途中祭吊阵亡将士时，又飞驰临榆关，会见了太子李治，并观海咏诗《春日观海》：

> 披襟眺沧海，凭轼玩春芳。
> 积流横地纪，疏派引天潢。
> 仙气凝三岭，和风扇八荒。
> 拂潮云布色，穿浪日舒光。

■ 山海关南海口关

照岸花分彩，迷云雁断行。

怀卑运深广，持满守灵长。

有形非易测，无源讵可量。

洪涛经变野，翠岛屡出桑。

芝罘思汉帝，碣石想秦皇。

霓裳非本意，端拱且图王。

我国唐代著名边塞诗人高适曾在《燕歌行》的诗中写道：

汉家烟尘在东北，汉将辞家破残贼。

男儿本自重横行，天子非常赐颜色。

枞金伐鼓下榆关，旌旗逶迤碣石间。

校尉羽书飞瀚海，单于猎火照狼山。

917年，契丹攻陷渝关，为了方便向中原进军，便毁关夷险，还将

■ 山海关城墙上

山海关一带划入契丹管辖，并设迁州、润州，有渤海国遗民在此垦荒。

宋朝时期的山海关，是辽金的移民重地，辽金曾在这里设迁州，为安定移民思乡情绪，一度将昌黎县改名望都县，将卢龙和迁安一带改名安喜县。

1368年，在河北长城以南的陡河以东地区设置平滦府。1371年，改平滦府为永平府。因为多次经历兵灾，永平府境内的人口稀少。这一年，徐达在北平操练兵马，他上奏皇帝，命都指挥使潘敬等人迁徙到永平府一带屯戍。

■ 山海关上的古炮

这是明代第一次大移民，移民大多安置在永平一带州县。移民们来到燕山以南的平原旷野，需要高山险隘或边墙作为屏障，才能避免蒙古骑兵的骚扰。

1373年，在东北的蒙古兵进犯明朝燕山以南的抚宁县，明朝廷便把抚宁县城迁到了洋河西。后来蒙古兵进犯瑞州，明朝廷又撤销了瑞州，并将瑞州百姓迁到了滦州。这样，永平府东部的广阔地区就没有了关隘。

1380年，元兵入侵，明军指挥刘广战死。千户王辂分兵在迁民镇、界岭口设下埋伏，堵截元兵归路。

契丹 我国古代东北地区的一个少数民族。自北魏开始，契丹族就开始在辽河上游一带活动，唐末他们建立了强大的地方政权，唐灭亡的907年建立了契丹国。后改称辽，他们统一了我国北方。辽末女真族起事，辽帝国迅速走向灭亡，1125年为金所灭。

明军又从燕河营出兵夹击元兵。元兵退走，到达迁民镇时，进入了明军的埋伏圈，元兵统领或被俘或逃遁。这次大捷，引起大将军徐达对迁民镇战略地位的重视。

　　迁民镇在隋唐设的渝关东4千米，北面是大山，南面是大海，东面山岭环绕，西面石河环绕，形势险要，简直是天造地设。

　　1381年，明太祖朱元璋批准徐达修筑北边长城。徐达经过多次实地勘验和精心规划，并创造性地利用了"就地取材、士卒担纲、粮为财源、军民同舟"这一科学方案，发动十余万边卒开始构筑明长城的庞大工程。

　　工程历时一年有余，关城建筑初现规模。于是，徐达把迁民镇改为山海关。山海卫辖一万户，南至海边，北至寺儿峪。自从修筑关隘后，在明初的一百多年间，蒙古兵不再袭扰边墙东段了，永平府的百姓得以享受太平生活。

　　山海关的城墙内部是土筑，外用砖砌。城四面均有关门，"东

山海关鼓楼

曰镇东，西曰迎恩，南曰望洋，北曰威远，俱设重键"。城建有水门3个，居东南、西南、西北三隅，以泄城中积水。城外四周设有护城河，平时泄水，战时防敌。

　　整个城布局为四方形，周围长4.3千米，城高14米，厚7米，关城与长城交接处城墙顶宽15米，可"十人同行，五马并骑"。

　　山海关城四门上各筑有箭楼，后来南西北门箭楼被毁了，只存东门箭楼，即"天下第一关"城楼。此外，在东面城墙上，还筑有临闾楼、威远堂、牧营楼、靖边楼，均为防卫所用，与"天下第一关"城楼五座建筑，雄居山海关城东城之上，素有"五虎镇东"之称。

　　据《山海关志》记载：

■ 山海关东侧的临闾楼

护城河 亦称濠，是一种人工开挖的壕沟，注入水，形成人工河作为城墙的屏障。一般是古代环绕整座城、皇宫、寺院等主要建筑的壕沟。具有防御作用，一方面维护城内安全；另一方面阻止攻城者或动物的进入。护城河内沿筑有壕墙一道，外逼壕堑，内为夹道，大大提高了护城河的防御作战能力。

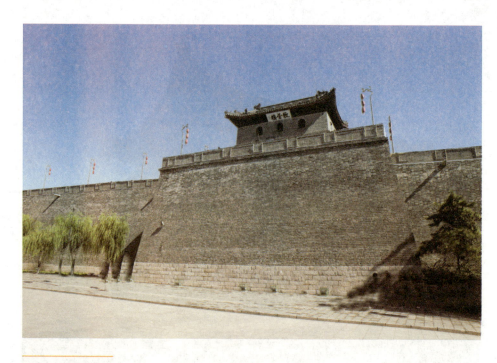

■ 山海关牧营楼

五脊歇山 是我
国古建筑屋顶形
式的一种。在我
国古代建筑里，
起脊的硬山式、
悬山式和庑殿式
建筑有五条脊，
分别为正脊、垂
脊、戗脊、围
脊、角脊。其中
最顶上的水平方
向的脊为正脊。
由于其正脊两端
到屋檐处中间折
断了一次，分为
垂脊和戗脊，好
像"歇"了一
歇，故名歇山顶。

临闾楼与东罗城同期建成，是拱卫山海关城的防御性建筑。清以后逐渐废弃。后来的临闾楼是后人为了纪念它而建。

临闾楼坐落于一长方形城台上。城台面阔25米，台高10米。临闾楼建筑面积119.52平方米，楼高10.22米。为五脊歇山单檐顶，砖木结构。楼东、北、南三面辟有20个箭窗，战时弓弩手居高临下，凭窗射敌，威力极大。

威远堂即为东北角楼，位于山海关城的东北角。与位于山海关城东南角的靖边楼互为辅助，遥遥相对。

据《山海关志》记载："威远堂始建于明初。明初徐武宁建关时欲于此建楼，与南角楼并峙。"后因徐达进京未归，工程中途停止。1565年，主事孙应元在角楼旧址上建立了威远堂。

威远堂战略防卫地位非常重要，历代都对其进行过不同规模的修葺。清代以后，由于长城在军事战略上的地位逐渐丧失，威远堂也渐渐被废弃，后来仅存遗址。

牧营楼据《山海关志》记载："牧营楼在东城上接东罗城南角处，与临闾楼同为镇东楼的配楼。"以后被废弃。

后来的牧营楼是人们为了纪念此楼阁而建，后来的牧营楼城台为四棱形，台面阔21米，台高11米，南北与主线长城相连。

牧营楼建于城台之上。建筑面积有118平方米，

185

天下第一关

山海关

■ 山海关东南隅的靖边楼

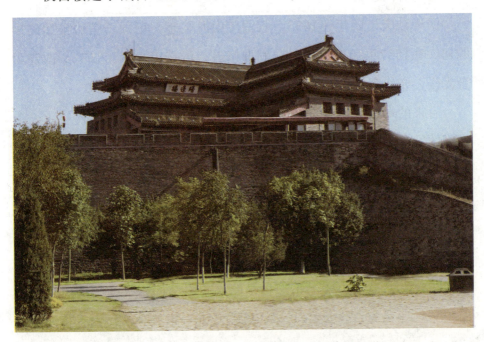

楼高10.5米，单檐歇山瓦顶，两层砖木结构，楼上辟有20个箭窗，易守难攻。

靖边楼亦称东南角楼、东南台，位于山海关城的东南隅，是山海关城的防御性建筑。

据清嘉庆十四年（1635）版的《山海关志》记载，靖边楼始建于明初，在1587年和1611年时分别重修过。清嘉庆十年（1632）改建为奎光楼，亦称奎星楼。

后来的靖边楼重建时，基本上是仿明式建筑。整个楼体建于一个宽阔的城台上。

靖边楼城台主台体面阔43米，高11米，上建有30个垛口，26个射眼。城台中部内侧有宽9米的东西向马道与山海关城内相通，紧贴城墙一侧还设有宽两米的142步砖制台阶供行人上下。明初建时，是为了一旦战事来临，兵士可及时登城就位，迎击敌人。

城台之上是靖边楼，靖边楼是两层砖木结构，平面呈曲尺形，总面积658.4平方米，楼高13.47米，歇山式九脊重檐顶。楼内上下两层有木梯相通。楼上有箭窗56个，檐桁枋心，仿明式彩绘，庄重古朴。

为了防御体系的完备，明代官员在山海关关城的城东、西门之外，还各筑有东罗城、西罗城，城南城北还筑有南翼城、北翼城，城西门处还建有瓮城，东门外有城堡、烽火台等多处。

其中，东罗城据《临榆县志》记载：

东罗城傅大城之东关外，高二丈三尺，厚丈有四寸，周五百四十七丈四尺，门一，在城东，即关门，为东西孔道。建楼于上曰"服远"。水门二，角楼二，附敌楼七。明万历十二年，主事王邦俊、永平兵备副使成逊建。

初设三门，清康熙四年移关时，通判陈天植、都司孙枝茂、守备王御春重修。因

■ 山海关古城钟鼓楼

山海关古城墙

塞南北二门，即以东门为关门。旧设敌楼，今废。环城为池，周四百有二丈九尺。

保存到后来的东罗城城池占地24平方千米，东罗城周长约为2千米，其中东城长395米，置关门1座，敌楼两座，角楼2座。

西城为长城主线，长589米。南城长439米，置南门1座，水门1座，角楼2座。北城长622米，设北门1座，水门1座，敌楼3座。

东罗城城墙平均高度8米，墙面宽3.2米，城墙为条石基础，三合土夯筑，外壁包青砖，内壁有毛石垒砌的，也有夯筑的。

据说，东罗城初建时设置3座城门，上建服远楼。城门之上有一石匾，上镌刻"山海关"3个字，因年久风化，字迹已不甚清。

东罗城城门之外有一长方形瓮城护卫。1665年，守备王御春重修罗城时，砌塞南北两门，以服远门为关，成为罗城唯一的通道。

东罗城内只有一条东西向主干道，名为东罗城大街，全长523米，是关内外的必由之路。因此历史上称之为"两京孔道"。在大街的两端，即关城东瓮城外，护城河桥东，建有"辽海咽喉坊"一座。

东罗城大街两旁布有枝状的尽端式街巷。巷内曾建有东岳庙、三官庙、天齐庙、关帝庙等。明代中叶建立的东罗城，主要作为关城的防御堡垒，大多用以屯兵、存放武器弹药等。

另外，在东罗城的城墙上有不少青砖砖脊上烧制有当年参加筑城的单位和时间的文字。这种带有文字的砖就达9种，分别为"万历十二年真定营造""万历十二年德州营造""万历十二年建昌车营造""万历十二年燕河路造""万历十二年乐亭县造""万历十二年抚宁县造""万历十二年卢龙县造""万历十二年迁安县造""万历十二年滦州造"。

从这些有文字的砖可以看出，当时参加修筑东罗城的既有营、路，又有州、县，动用了大批军队将士和地方民夫。

西罗城据《临榆县志》记载：

万历（1573—1620），明神宗朱翊钧的年号，明朝使用万历这个年号一共48年，是明朝使用时间最长的年号。明神宗，汉族，明穆宗第三子。隆庆二年，立为皇太子，时方6岁。隆庆六年，穆宗驾崩，10岁的朱翊钧即位，次年改元万历。在位48年，是明朝在位时间最长的皇帝。

西罗城，傅大城之西关外，明崇祯十六年，巡抚朱国栋请建，工未毕，通改革中

■山海关鼓楼

■ 雄伟壮观的山海关

止。门一，在城西，曰"洪宸"。

城未建时，即有拱宸楼，不知何年始建。因土筑易圮，明万历二十四年副将杨元改用砖石。今"拱宸门"及西罗城均毁。

南北翼城，分别距关城南、北1千米，建筑形制相同。据《临榆县志》记载：南北翼城城墙均高"二丈有奇"，城"周三百七十七丈四尺九寸"，城南北各有一门。为"明巡抚杨嗣昌建"。由于历史的变迁，到后来，这两座翼城皆毁，仅存残址。

除了东罗城、西罗城，以及南北翼城之外，在山海关关城中心，还有一座高9米，方约为17米，穿心四孔的钟鼓楼，此楼后来破烂不堪，后人便把它拆除了。

在关城东1千米的欢喜岭上，还筑有一座威远城，相传为明山海关总兵吴三桂所筑。后来还有一段遗址，周长614米。此城地处要害，遥控四野，与关城呈掎角之势。

当年，明朝正是有了这些防御工事，这样，山海关城及其附近军事设施，便构成了古代军事建筑群，才有了"山海关关山海"之势。

1385年，徐达于应天府病逝，年仅54岁，被追封为中山王。徐达一生骁勇有谋，善治军，战绩及筑边功勋永远彪炳史册。

为此，到明代嘉靖年间时，山海关兵部分司主事陈绾便在他的《显功庙》中写道：

太傅提兵出塞还，更因渝塞起渝关。

石驱到海南城堞，垒筑连云北倚山。

辽水至今来鞑鞒，蓟门终古镇颜颜。

岁时伏腊犹祠庙，麟阁勋名孰与班？

显功庙奉祀的是明开国元勋大将军太傅中山王徐达。此诗以炽烈的激情歌颂了徐达修筑山海关并建山海卫的丰功伟绩。

阅读链接

为了表彰徐达的显赫战功以及他修筑山海关的功劳，明景泰五年，朝廷下令在山海关城内为徐达立庙祭祀，成化七年建成，所建之庙叫显功庙，又称太傅庙、徐达庙，由内阁大学士商辂撰《显功庙记》，勒石立碑。

嘉靖年间山海关兵部分司主事陈绾写了《显功庙》诗，歌颂了徐达筑山海关建山海卫的丰功伟绩。

萧显题字："天下第一关"

浩大工程的长城要塞

海边的老龙头长城

山海关是由七座城堡、十大关隘和长城上众多的敌台、墩台组成的古代建筑群，整个关城结构严谨，功能明确。

明长城的东起点老龙头与大海交汇，碧海金沙，天开海岳，气势磅礴，雄关高耸，素有"京师屏翰、辽左咽喉"之称，与关城相连的角山长城蜿蜒曲折，烽台险峻，风景如画。

山海关关城上的东城箭楼，高高耸立在长城之上，就像一员威武不屈的战将，守卫着整个关城。在这个箭楼上挂有一块长5.9米、宽1.6米的匾额，上面题写着"天下第一关"五个大字。

这五个大字笔力苍劲、古朴，有雄视四海之意，又有艺盖八荒的雄风。这个世上罕见的书法出自何人手笔呢？

有人说这五个大字是晋代书法家、"书圣"王羲之所写，还有人说是明朝大奸臣严嵩所写。其实，这两种说法都不正确。

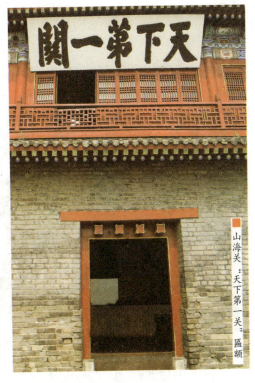

山海关"天下第一关"匾额

王羲之是晋代书法家，而山海关修建于明朝洪武年间，前后相差900多年。而严嵩是明代中期人，在他当道时，天下第一关已建成100多年，这时"天下第一关"匾额早已悬挂好多年了。

真正书写"天下第一关"匾额的，其实是明朝34位书法大家之一、山海关的本地人萧显。萧显在1437年出生，少年时勤奋好学，他曾经在山海关附近的一所寺院读过书。1459年，他考中了举人。

1472年，萧显参加殿试，并获得二甲进士。明朝廷任命他为兵科给事中，让他辅助明英宗处理奏章。

萧显在任职期间，一直不肯趋炎附势，表现得耿直刚正，让朝廷的权贵非常嫉恨。后来，明朝廷又派萧显到云南的一个县担任同知，他同样得到了老百姓的拥护。

1488年，萧显又被朝廷派到衢州，也就是后来的浙江衢县当官，任期时对老百姓非常照顾，深得当地百姓拥戴。

明代山海关图

　　1492年，萧显不想当官了，于是给朝廷上疏，乞求回家养老，朝廷批准了他辞职。于是，萧显回到山海关，在城北的角山后面盖了几间房子，过上了隐居生活，并给自己的院子起了个名字叫"围春山庄"，院子旁边还建了墨香、荫秀两个亭子。

　　回到家后的萧显，天天沉醉在诗、书、酒里，自娱自乐了20多年。在这期间，他的书法艺术也达到了炉火纯青的地步。

　　这时候，山海关"镇东"城楼已经修好100多年了，但一直没有与之相称的匾额。明朝皇帝朱见深亲笔下旨，要在山海关东门城楼上悬挂一块题为"天下第一关"的匾额，一来可以为山川日月增辉，二来也可以为大明帝国壮威。

　　镇守山海关的兵部主事接到圣旨后，不敢怠慢，首先派人攀上东门箭楼，丈量好尺寸，并找了4个出名的木匠，做了一块长5.9米、宽1.6米的巨匾。

　　望着这个巨匾，兵部主事却不知道让谁来写。这时有一个部下说，能写此匾的人就住在山海关的围春山庄，此人就是鼎鼎大名的书法家萧显。并说萧显楷书、草书、隶书、篆书样样精通。

第二天，兵部主事携带礼品登门拜访萧显，并说明来意。萧显笑笑说："我乃赋闲之人，不过练笔养生，实难担此重任。"

兵部主事看到萧显婉言谢绝，连忙躬身揖礼，并说道："萧大人，您是德高望重的清官，又是远近闻名的书法家，书写此匾额非您莫属，如果您今天不答应，我就不走！"

萧显沉思半晌，才勉强应允。不过他也提出了条件："让我写这块匾，时间恐怕较长，你们不必催我，心急肯定写不好。"

兵部主事见好就收，连连答应："可以可以，请萧大人看着办就是了。"

兵部主事原以为，就这五个字，即使两天写一个

■ 山海关兵部衙门

兵部主事 我国古代的官职名称。兵部是我国古代的官署名，主要是掌管选用武官及兵籍、军械、军令等，兵部的最高长官是兵部尚书。主事是兵部里掌管其中一方面的官职，掌管各省的地图、武职官的叙功、核过、赏罚、抚恤以及军旅检阅、考验等各方面事项。

■ 萧显（左）塑像

字，10天也写完了。可他回到衙门20多天了，一点信儿也没有，但有言在先，还不能催呢！

兵部主事想来想去，他想了一个办法，就让手下人备了熏鸡、烤鸭、点心和水果等，还派了两名亲信给萧显送去。

到了晚上，送礼的回来禀报说："萧大人正在练字，书房里贴着历代书法名家的真迹墨宝，桌上地上都是写过的宣纸。"

兵部主事想也没有别的办法，只好再等等。这一等，转眼又过去了20多天。兵部主事又着急了，忙又派人把一些绫罗绸缎和一匹骏马给萧大人送去，意思是请萧显快马加鞭。

时间不长，送礼的人回来报告说："萧大人正在院子里练武功，十八般兵器，刀枪剑戟，斧钺钩叉，技法十分娴熟！"

兵部主事一听，有些莫名其妙。无可奈何，只好说："再等等吧！"

谁知道一转眼又过去了20多天。兵部主事这回真是沉不住气了，忙让手下人备好笔、墨、纸、砚给萧显送去。

时间不长，送礼人回来，禀报说："萧大人正在书房里吟诗。"

兵部主事忙问："萧大人都在吟什么诗？"

手下人赶紧回复："萧大人在吟'大弦嘈嘈如急雨，小弦切切如私语，嘈嘈切切错杂弹，大珠小珠落玉盘。'什么'来如雷霆收震怒，罢如江海凝青光……'"

兵部主事又问："萧大人收到四宝后怎么说？"

手下人告诉兵部主事："萧大人看了看礼物说：'回去转告你家大人，再过一个月就可以写匾了。'"

■ 华丽壮观的山海关城楼

公孙大娘 公孙大娘是唐玄宗统治时期，在唐朝宫廷里舞剑舞得最好的人。她善于舞剑，舞姿精彩绝伦，所有人看了之后都为之倾倒。她善于创新，在继承传统剑舞的基础上，又独创了很多种剑舞。

兵部主事听了这话是又急又气，怎么还要一个月？但也实在没有办法，只好还得等待。

可是事情发生了变化。第二天，兵部主事就收到快马急报，新任总督三天之后替皇上视察悬挂匾额一事，要求一切事项必须准备停当，不得有误。

这下可把兵部主事急出汗来了，他无奈之下，只能命人抬着巨匾和墨汁，随他来到围春山庄里。

兵部主事见到萧显寒暄几句之后，拱手施礼说："下官今遇急难，务必请萧大人伸手帮助，下官永世不忘。"

萧显忙问其中的原因。兵部主事便把总督要前来视察之事告诉了萧显。萧显听罢点了点头，又摇了摇头，很无奈地说："看来今天这匾是非写不可了，写就写罢！"

于是萧显让人把匾靠在墙上，匾下边又垫上几块砖。他亲自从书房取来一支如椽之笔，将笔放在墨

■ 山海关城楼局部

■ 山海关鼓楼侧景

汁里润得饱满，在匾前轻踱小步，屏息静气，凝神细息，静观默察，犹如思接千载，视通万里。

只见萧显拿笔就和公孙大娘舞剑一样，把全身力气灌注到胳膊上，再由胳膊灌通到手腕上，直到笔端，起笔像飞燕掠食，落笔如高山堕石，有快有慢，又稳又准，言不出口，气不盈息，手随意运，笔与手会，一气呵成，入木三分。

兵部主事在一旁看着，竟然入了迷，心想：练武的讲究"身剑合一"，功夫不到不行，功夫不纯更不行。像萧显这样，身随笔行，笔动身移，也是"身笔合一"呀，这下子可真开眼了。

正看得入迷，就听耳旁有人说："献丑，令大人见笑了。"

兵部主事抬头一看，萧显汗流满面站在匾前，匾上"天下第一关"五个大字墨迹未干，墨香缕缕，笔

总督 明清时地方军政大员。因职责不同，又分为专务和地方两种。专务总督有总督粮储、总督河道、总督漕运等称呼，地方总督多是因为边防任务而设，以军务为主。

山海关箭楼

遒法足，超然旷绝……

兵部主事见此连忙拱手向萧显道谢，祝贺并称赞说："萧大人所题此匾秀处如铁，嫩处如金，朴而自古，拙而自奇，骨重脉和，浑然天成，真不愧为当代书坛巨擘呀！"

萧显听后又摇头又摆手，带着惋惜的神情说："兵部大人过奖了。我本想写得更好些。"

"为了这五个字的形体结构，我先用一个月的时间，精研了前代著名书法家的碑帖墨迹；为了增加腕力，我又用一个月的时间练习兵器，这两步是做到了。"

"可是我想这匾是要悬挂在山海关这座著名雄关上，字体端正有力是不够的，它必须具有神韵，应该骨在肉中，趣在法外。就是说匾上的字应该突破那块木匾，既要力透纸背，又要离纸欲飞……为了达到这种地步，我用诵读古人诗词来开阔胸襟，陶冶性情。可惜呀，这点没能做到！"

兵部主事听了这番话才明白萧显为什么不肯在短期内写匾的原因了。不过他对刚写好的五个大字也是非常满意，连连说："很好很好，依我看此匾定能传于后世，光照千古啊！"

第二天上午，兵部主事让士兵挂好匾额，然后又率众官兵在山海关城东门前的"悦心斋"酒楼盛宴款待萧显。说了一会话，喝了一会酒，大家又一起下楼去欣赏匾额。

大家望着箭楼上的新匾，都交口称赞，这时大家也发现了一个问题，就是"下"字少写了一点。众人不知道怎么回事，都在议论。

这时一个士兵气喘吁吁地跑到大家前面，低头禀报说："前来替皇上视察匾额的总督已到城外的欢喜岭了！"

众人忙向萧显看去，只见萧显不慌不忙，一副胸有成竹的样子。

萧显命身边的书童端来墨盆，让人从酒楼找来麻团抹布捆好，浸在墨盆当中，待全部浸透，用二尺见方的棉布包好，用尽平生力气，将墨团向"下"字投去，只听"嘭"的一声，"下"字一笔不缺了。

兵部主事和众人惊得目瞪口呆，半晌说不出话来。等大家清醒过来，止不住异口同声地称赞："萧大人真是巧夺天工啊！"

阅读链接

传说在重修山海关时，主持工程的知府一时找不到写匾额的人，心里十分着急。有人推荐了一位秀才。可是，因为这个秀才家里非常穷，知府便有些瞧不上他。这个秀才听说此事后，就决定以后不帮知府题字。

不久，重修山海关的工程完工，只等写匾额了。知府便把秀才的几位朋友请来，要他们轮流去请秀才帮忙写饭店招牌。一人写"天天饭店"，另一人写"下榻佳处"，让大家暗中把"天下第一关"几个字藏在招牌里面，到时候再剪出来拼在一起就行了。

秀才不知是计，就帮朋友们写了招牌，可当他写到最后一块带有"关"字的招牌时，突然想到了知府的计谋，便再也不帮大家写字了。

最后，知府只好另外请了一个人写了"关"字。

但这最后一个字的样子，远看还可以，近看就明显配不上前面几个字。为此，山海关匾额就流传下"远看山海关，近看山海门"的传说。

抗倭英雄戚继光整修关隘

戚继光塑像

明代时，虽然将军徐达和军师刘伯温奉旨建成了山海关，但是由于年代已经久远，到了明朝隆庆年间时，抗倭英雄戚继光又重新修缮了山海关，并维修了角山长城，完善了明代长城的防御体系。

当时，东南沿海的倭寇，在戚继光和其他明朝军队的打击下败退到海上，短时间内不敢再侵扰了。朝廷上看到倭患已除，便把主要精力放到北方的防务上。

到1567年时，蒙古部落的

■ 长城城墙

首领俺答带领蒙古骑兵，屡次到山海关等长城一带侵扰。蒙古骑兵常常到蓟州、昌黎、抚宁、乐亭、卢龙一带抢夺当地老百姓的粮食和财产，老百姓们非常害怕，他们的生命财产也遭受了严重损失，边境形势非常严峻。

看到情况不断恶化，朝廷紧急商议对策，于是调两广总督谭纶、福建总兵戚继光、广西总兵俞大猷到北方来整顿边防部队。

1569年，戚继光被任命为蓟镇总兵，镇守蓟州、永平、山海关一带。他对待蒙古骑兵的观点是："必须驻重兵以挡其长驱，而又乘边墙以防其出没，方为完策。"

戚继光看到长城守卫部队疲弱不堪，战斗力低下，就先调他以前的下属率3000多名戚家军北上密云郊外待命，随后充实到山海关防线。随后又陆续调来

两广总督 古代官名，全称为总督两广等处地方提督军务、粮饷兼巡抚事，是清朝9位最高级的封疆大臣之一，总管广东和广西两省的军民政务。两广设置总督，始于1452年，然而这一建制在当时尚不稳定，到1465年才成定制。在明代督抚是中央派出的钦差大臣。

浩大工程的长城要塞

老龙头长城

悬眼 我国古时城守的一种设备。据古书上记载，此设备在每个垛口当中，"自城面平为孔，高九寸，约砖三层……必有此悬眼，贼远则瞭之，垛口铳矢射之。贼近，我兵不出头，以身藏垛下，于悬眼内下视。攻城者虽有铳矢无所施，若到城下，一见无遗，即将矢石铳子火桶掷之，无不可者"。

南方兵2万多人，这样使山海关一线的防务充实了起来。

戚继光是个坚韧不拔的人，他一面不断加强练兵，改良武器，一面修复城墙，来挡住蒙古骑兵。

戚继光把在台州抗倭时的经验应用到了这里，在长城上依山就势地修建了大量的空心敌台。他不辞劳苦，亲自拟定筑台规则，在台州所筑敌台的基础上加以改进创新，至1581年，他防守的地方共建1448座空心敌台，这些敌台进可攻，退可守。

戚继光认为长城不够牢固，他参考台州城在城墙两侧用砖石包砌增加牢固的经验，大规模地用砖石包砌长城，也就是用经过修整的石条为基础，墙体内外用青砖包砌，一直至顶，白灰勾缝，内部用三合土，保障墙体坚固耐久。

同时，他又完善了长城的附属设施，增建很多垛墙、悬眼等设施。在墙外削偏坡、挑壕堑、挖土坑，⋯⋯的攻击能力。

⋯⋯就构成了一个城墙高峻，敌台林立，烽堠相望，完整⋯⋯的防御工事体系。

这座防御工事的东起点叫老龙头，距离山海关城南4千米。明朝时的长城横跨崇山峻岭，如一条巨龙伸入渤海，所以这个地方就称作"老龙头"。老龙头由入海石城、靖卤台、南海口关和澄海楼组成。

据说，老龙头的入海石城就是戚继光为了防止蒙古骑兵趁退潮或冬季枯水季节从海边潜入，动员士兵修建的。

关于修建入海石城，还有一个动人的传说。

相传，过去在老龙头脚下，一个挨着一个，扣着无数的大铁锅。这是怎么回事呢？

烽堠 又称烽火台、烽燧，俗称烟墩、墩台。古时用于点燃烟火传递重要消息的高台，系古代重要军事防御设施，是为防止敌人入侵而建的，遇有敌情发生，则白天施烟，夜间点火，台台相连，传递消息。入最古老但行之有效的消息传递方式。

■ 老龙头入海石城

■ 老龙头军营

老龙头入海20多米，修起来实在太难了。1500多名士兵，只能等着海水落潮，才能抢上去修一次。

可是大海无情，三天一涨潮，五天一落潮，城墙修不多高，潮水一冲，砖头石块，七零八落，修一次，垮一回，不知修了多少天，只弄得无数生命葬身海底，戚大人也一筹莫展了。

当时的皇帝听到有一些大臣在议论戚继光的事，说戚继光修32关，设3000敌台，铸2500千克一尊的铁炮，真是劳民伤财。皇上就派了一个太监做钦差到山海关监军。

这位太监公公来到山海关，才知道戚继光在山海关南海上正修"老龙头"，立刻马不停蹄，直奔山海关而去。

山海关全城的乡绅耆老拜见钦差大人，并禀告钦差大人："敌兵常从海上越境，老龙头千万不能半途而废。"

钦差大人说："圣旨期限三天，金口玉言，谁也

太监 也称宦官，通常是指古代被阉割后失去性能力而成为中性人的人，他们是专供皇帝、君主及其家族役使的官员。又称寺人、阉人、阉官、宦者、中官、内官、内臣、内侍、内监等。据记载，我国先秦和西汉时期的宦官并非全是阉人，而是自东汉开始，才全部用的阉人。

改不了!"

戚继光听到这个消息后怒气难消，知道限期三天是假，想借口定罪是真。虽然个人的去留无所谓，但老龙头还没有修完，这是一桩最大的心事。

牵挂着国家安危、百姓生命的戚大人，心中正在闷闷不乐。忽然门帘一挑，一个老汉进了屋。

这老汉是跟随戚大人的一名火头军。只见老汉把米饭、咸带鱼摆上八仙桌，说了声："大人不必为此烦恼，待用完饭后，我再回禀，或许对修老龙头能有所帮助。"

原来，老汉请求戚继光下令，明天全军在海滩上埋锅造饭。

第二天，传令全军，在退了潮的大海滩上搭锅造饭。只见海滩上炊烟四起、火光一片。一顿饭工夫，忽然海上丈高巨浪，铺天覆地涌上岸来，众军士一看，丢锅弃碗，早逃得无影无踪。

过了三天三夜，大潮退去了，海上又恢复了平静。戚大人去察看城基，竟依然立在原地，心中甚觉奇怪。这时，老汉走过来，指着周

■ 长城景观

■ 山海关老龙头海
神庙

围沙滩上一个挨一个的圆东西，让戚大人看，原来是做饭用的铁锅扣在沙滩上。

老汉说："这锅扣在沙滩上，任凭风吹浪打，不移不动！"

老龙头工程终于按期完成，但戚继光仍被朝廷明升暗降，调往广东去了。

虽然戚继光被调走了，但是由他主持修建的位于山海关城南的防御工事老龙头却一直保存下来。

老龙头由入海石城、靖卤台、南海口关和澄海楼组成。其中，最为著名的建筑当属有"长城连海水连天，人上飞楼百尺巅"之称的澄海楼。它既是老龙头的制高点，也是观海的胜地，高踞老龙头之上。

澄海楼高14.5米，面宽15.68米，进深12米。楼分两层，砖木结构，歇山重檐瓦顶。楼上有一块匾额："雄襟万里"，为明代大学士孙承宗所题。

另有一块匾额"元气混茫"和一副楹联：

日曜月华从太始；

天容海色本澄清。

　　据说，这块匾额和楹联都是后来的清代乾隆皇帝御笔亲题。

　　澄海楼两侧的墙壁上还镶着多通石碑，上面镌刻着几位帝王和众多文人学士登楼时所吟诵的诗词。

　　老龙头不仅是伸入大海、建造十分机巧的军事设施，而且又是万里长城中唯一兼有关、山、海、色等诸多景观的绝佳之处。

　　登上老龙头的澄海楼俯身下望，"入海石城"吞吐海浪，激起飞涛如雪；极目远眺，海天一色，巨浪奔涌，气吞海岳，使人心襟大开，豪情满怀。更为奇特的是，有时海面上风号雷吼，浊浪排空，岸上风声阵阵，木摇草伏，而登上澄海楼观海的人却静寂不觉，这便是名闻古今的"海亭风静"胜景。

　　传说夜间登楼还有可能欣赏到"沧海明珠"的奇观。夜深人静之时，澄海楼面对的大海上，会忽然间群星璀璨，光芒四射，犹如出现了一个闪烁的灯市，五彩纷呈，令人陶醉。

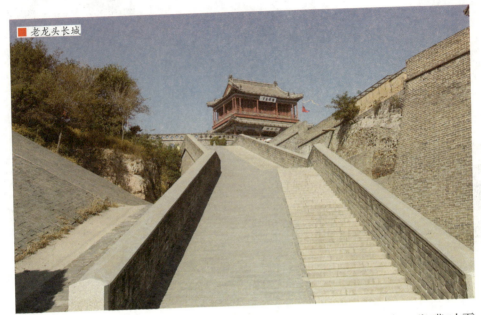

老龙头长城

浩大工程的长城要塞

据说，这是因为老龙头一带海里盛产大蚌，众多大蚌一张嘴时露出腹中的珍珠，就形成了这种不可多见的奇景。

澄海楼前有一通古碑，高2.65米，宽0.7米，上面只有4个赫然大字："天开海岳"，字体浑厚古朴，遒劲苍郁。

这4个字将老龙头一带海阔天高、山岩耸峙的磅礴气势描绘得淋漓尽致。

阅读链接

据说，当年，戚继光修建好明代长城防御工事后，为了检验修城练兵的效果，于1572年借朝廷检阅的机会，在蓟州的中心地带汤泉组织了16万士兵参与的防御入侵的演习，历时20天，规模空前，成绩巨大。

通过这次大检阅、大演习，充分展示了守军高昂的士气，精湛的战法，严密的防守。也展示出经戚继光修建的长城敌台在防御上的重要作用，是戚继光军事思想的一次成功实践。

明代坚守边关的巾帼英雄

历史上，山海关本来就是一座各个朝代兵家必争的重要关隘。当然，这座关隘修成以后，也发生了很多战争。其间，还产生了很多女英雄，而最著名的一位便是明代的女将军秦良玉。

秦良玉是一位苗族姑娘，她的家族虽然深受汉文化的影响，但仍

■ 山海关龟山长城

保持着苗族强悍崇武的特点。

　　1573年，秦良玉出生在四川忠州城西乐天镇郊的鸣玉溪畔，这里山环水绕，地势雄奇，风光俊秀，是秦家世世代代居住的地方。

　　秦良玉的父亲秦葵饱读诗书，见多识广，算得上是一方名士，生有三男一女，秦良玉上有哥哥邦屏、邦翰，下有弟弟民屏，在兄弟中居于第三。

　　秦良玉是家中唯一的女孩，因为从小生得如花似玉，聪慧伶俐，所以深受父母宠爱。她的父亲不仅按着汉族的习惯，教秦良玉诗书字画，也不忘苗家的传统，从小训练她舞枪弄棒、骑马射箭。

　　秦良玉与兄弟们一起长大，不但在诗书造诣上比兄弟们高，就是论起武功，也绝不会输给他们，父亲常夸她是一个奇女子。

　　1592年，这一年秦良玉刚满20岁，她的父亲把她许配给了一个叫马千乘的人，这个人在重庆东部的石

宣抚使　我国古代的官职名称。唐德宗后，派朝官巡视经过战乱及受灾的地区，称宣慰安抚使或宣抚使。宋代宣抚使为镇抚一方之军政长官，职位高于安抚使。元于西南地区设宣抚司，参用土官，处理地方军政大事。明清宣抚使是土官世袭之职。

■ 山海关上的明代士兵雕刻

长城遗迹

柱县做宣抚使。

石柱县地处偏远，民风剽悍，经常有叛乱事件发生，所以宣抚使最重要的责任就是训练兵马，维护当地稳定。

秦良玉嫁到了马家，真是英雄找到了用武之地！她学的文韬武略都派上了用场，没几年时间，她就帮着丈夫训练了一支骁勇善战的"白杆兵"。

所谓白杆兵，就是士兵们都以白杆长矛为武器，这种白杆长矛是秦良玉根据当地特点而创制的武器。它用结实的白色木头做成长杆，头上配有带刃的钩，后面配坚硬的铁环。

作战时，前面的钩又能砍又能拉，后面的环当作锤击武器。遇到高墙和悬崖峭壁时，用数十杆长矛钩环相接，就能作为攀墙的工具，就算是悬崖峭壁也瞬间可攀，非常适宜于山地作战。

马千乘就靠着这支数千人马的白杆兵，威震四方，使石柱一带长年太平无事。婚后不久，秦良玉就生了一个儿子，取名马祥麟。

1613年，马千乘病重而死，但这时马家的继承人马祥麟年龄还小，朝廷看到秦良玉作战有功，所以授命她继任了丈夫的官职。

秦良玉是个坚强的女人，她强忍住失去丈夫的悲痛，毅然接过丈夫遗留下来的千斤重担，继续训练白杆兵，尽心尽力地管理石柱民众，保住了石柱地区的安定局面。

1621年4月，秦良玉奉朝廷命令，把守山海关。在秦良玉驻守山海关期间，后金兵屡次前来攻打，但秦良玉命部下加强防守，使后金兵无法越过山海关。

秦良玉的儿子马祥麟作战也非常勇猛，有一次，马祥麟带兵巡关时，被后金兵用箭射伤了一只眼睛，他忍痛拔出箭镞，还射死了3个敌人，后金兵将非常恐惧，从此不敢轻易再来山海关挑衅了。

从此，马祥麟被誉为"赵子龙""小马超"。朝廷也听到了他们母子的英雄事迹，当时明代的熹宗皇帝于是御赐"忠义可嘉"匾额，封秦良玉为诰命夫人，并赐二品官服，还任马祥麟为指挥史，追封秦良玉为国捐躯的哥哥秦邦屏为都督金事，又重赏了白杆兵将士。

朝廷看到白杆兵战斗力很强，就让秦良玉回老家再征召2000名士兵，并尽快训练完成。

1627年，明熹宗驾崩，明思宗继位，改年号为崇祯。后金兵看到

山海关护城河

浩大工程的长城要塞

明朝换了皇帝，找了个蒙古人做向导，从龙井关越过长城，直奔通州，京城形势一下子危急起来了。

万里长城

明朝廷再次下诏，命令军队到京师勤王，女将军秦良玉也在召集之列。其他地方的将领害怕后金兵，都不敢到京师来，唯独秦良玉响应号召，率将士星夜赶往京城。

秦良玉的部队与后金兵在京师外围相遇，还没来得及安营扎寨，就和后金兵战斗在了一起。

年已55岁的秦良玉，手舞白杆长矛，好似瑞雪飞舞、梨花纷飘。

所有白杆兵将士，无不以一当十，威猛如虎。很快，秦良玉接连收复了很多地方，解了京城之围。

崇祯皇帝听到捷报后，就召见了富有传奇色彩的女将军秦良玉。见过女将军后，崇祯皇帝感慨万千，写下了四首诗夸赞她的功绩。

第一首：

学就四川作阵图，鸳鸯袖里握兵符。
由来巾帼甘心受，何必将军是丈夫。

第二首：

蜀锦征袍自剪成，桃花马上请长缨。
世间多少奇男子，谁肯沙上万里行。

第三首：

露宿风餐誓不辞，忍将鲜血代胭脂。

凯歌马上清平曲，不是昭君出塞时。

第四首：

凭将箕帚扫匈奴，一片欢声动地呼。

试看他年麟阁上，丹青先画美人图。

皇帝亲题的四首赞美诗，给予了秦良玉极高的评价，这实在是一件难得的殊荣，由此可见秦良玉的丰功伟绩。

阅读链接

传说，明朝巾帼英雄秦良玉是神魂投身的。当时良玉的父亲已有两个儿子，还想要个女儿。听说石柱万寿山求神灵验，夫妇一道坐滑竿去万寿山，与随从一道走到女石柱下面歇脚避小雨，半夜里秦母梦一白发婆婆，身材高大，近身附耳说："你远道而来又有诚心，想要女儿了，我支持你。"

说着手一抖从袖中取出一个泥塑女娃，婆婆哈了一口气，不知说些什么就把泥娃给秦母，又说："你们要好好培养，日后定会成为女侯人。"同时秦父也做了同一个梦。也说："今后女儿婚事一定与石柱人定亲，才会有名气，有难时我会助一臂之力。"

从此秦母就怀孕了，10月怀胎，秦母真的生下一个女儿。由于梦兆在先，外人都说是神仙投胎，在取名时就把玉字用上，叫良玉。秦良玉长大后文韬武略无所不精。为国家立下了很多战功，真的成了女将军。

居庸关

　　居庸关是长城上的著名古关城。关城所在的峡谷，属太行余脉军都山地，地形极为险要。它与紫荆关、倒马关、固关并称明朝京西四大名关，其中居庸关、紫荆关、倒马关又称内三关。

　　居庸关历史悠久，早在原始社会时期就有人类活动的迹象。春秋战国以来，因其地理位置的重要性，一直都是兵家必争之地。

　　汉代以来，居庸关正式建立关口，成为中原政权与关外游牧民族激烈争夺的目标，在无数次王朝更替中起了不可替代的作用。

始建于战国时期的雄关

居庸关长城

据说，在三四千年以前，轩辕黄帝征伐蚩尤，两军在河北的涿鹿、阪泉之野，曾发生过一场决定胜负的恶战。战争的结果是蚩尤战败被杀，黄帝随即对其臣民进行了收编，别其善恶，分别迁居到一个叫"邹"，一个叫"屠"的地方。

邹，古音读"聚"；屠，古音读"居"。由于年代久远，诸多氏族杂居，加之同音异字流传，这个叫"屠"的地方便有了"居庸

■ 居庸关城楼

山"，后来又有了"居庸塞"。

到春秋战国时期，分裂出许许多多个诸侯国，这时，位于居庸塞的地方属于诸侯国中的燕国。

公元前663年，燕国为了防止北边东胡的骚扰，便利用居庸塞等地的天然隘口，在居庸塞的附近修建了一条燕北长城。这样一来，居庸塞便第一次作为长城的关隘而存在了。

但是，这个居庸塞第一次出现在我国古籍上，是在公元前247年，当时，战国末期的政治家吕不韦在他亲自主持编撰的《吕氏春秋·有始》中这样记载：

天有九野，地有九州，土有九山，山有九塞。

何谓九塞？大汾、冥阨、荆阮、方城、殽、井陉、令疵、勾注、居庸。

黄帝 又名轩辕帝，是我中华民族的始祖，我国远古时期部落联盟首领。他播百谷草木，大力发展生产，始制衣冠，建造舟车，发明指南车，定算数，制音律，创医学等，在此期间有了文字。因为在他统治期间我国的土地是黄色的，所以称为黄帝。

由此可见，"居庸"之名早在战国时期便有了，而且，在秦始皇统一六国之前，居庸塞就已经存在了。

居庸关正式设立关城的历史最早可追溯至汉代，据《汉书·地理志》记载："上谷郡居庸有关。"

此外，后来在内蒙古和林格尔发掘出了一座汉代古墓，墓内壁画上有一幅居庸关的画面，上面有"居庸关"3字，字的周围还描绘出了当时关内外人来人往、车水马龙的一片繁荣景象。

这说明在1900多年前的汉朝，居庸关不仅已经出现，而且在经济、贸易、交通运输方面已经非常发达。

另外，虽然居庸关最早作为长城的关隘而存在是在战国时期的燕国，但是，它最后与秦始皇时修建的万里长城连接在一起却是在后来的五代十国时，那是446年和555年。

当时，北魏和北齐分别派上百万的人在居庸关一带修筑长城。这条长城长达450千米，自古代的幽州至恒州，并由居庸关往东把长城修到山海关。自此，居庸关才与真正的万里长城相合，并成为长城上的重要关口。

■ 居庸关长城

靠山环水居庸关

居庸关长城所在的峡谷，属太行余脉军都山地，位于距北京50余千米外的昌平区境内。此地地形极为险要，为此，居庸关关隘自古为兵家必争之地。它有南北两个关口，南名"南口"，北称"居庸关"，为北京西北的门户。

居庸关两旁，山势雄奇，中间有长达18千米的溪谷，俗称"关沟"。这里清流萦绕，翠峰重叠，花木郁茂，山鸟争鸣。绮丽的风景，有"居庸叠翠"之称，被列为"燕京八景"之一。

阅读链接

关于居庸关的名称由来，古人曾认为，秦始皇于公元前215年遣大将蒙恬领兵30万北伐匈奴，收复河南地之后北筑长城。

秦始皇将囚犯、士卒和强征来的民夫徙居于此，取"徙居庸徒"之意，故名居庸关。也就是说，居庸关因居住过修筑长城的人，才有了这一名称。

另外，在北齐年间，居庸关还曾被命名为"纳款关"，唐代时也被称作居庸关、蓟门关、军都关等。

元代时建成居庸关云台

　　1271年，忽必烈正式建国号为"大元"。1272年，忽必烈在大都定都，也就是后来的北京。在定都大都以前，忽必烈把开平，也就是后来的内蒙古自治区锡林郭勒盟正蓝旗境内作为上都。

　　这时候，元世祖统领下的辽阔疆域，包括后来的内蒙古高原地带都是元朝的国土，所以居庸关一带就不是防御重点了。这里变成了元

■ 居庸关长城

■ 居庸关城楼

朝皇帝往返于大都和上都的重要通道。

据古籍记载，"每岁至驾行幸上都，并由此途"，也就是说元代的皇帝每年都要回内蒙古家乡看看，而且都要经过居庸关。

作为皇帝经常走的驿路，居庸关内的关沟峡谷20千米的山路得到一定程度的修整。在这一时期，居庸关的经济、文化出现了一个飞跃。

与此同时，元朝皇帝还把居庸关作为了自己的行宫，使这里的建筑有了空前的发展。当时，居庸关内建有花园、寺院和皇帝住宿的地方，并在峡谷的南北口建了两道大红门，作为居庸关的南北大门。

另外，在居庸关南北两口，还设了千户所，后来又改成万户府，驻兵3000人，主要是用来徼巡盗贼。

据《顺天府志》记载：一次，元顺帝路过居庸关时，看到这里的山川拱抱的形状，想到祖先打江山的

元世祖（1215—1294），孛儿只斤·忽必烈，蒙古族，元朝的创建者，是监国拖雷的第四子。他在位期间，建立了幅员辽阔的统一多民族国家，是蒙古族卓越的政治家、军事家。在位35年，谥号圣德神功文武皇帝，庙号世祖。

浩大工程的长城要塞

辛劳，于是就在两山之麓建一个"西域浮屠"，在下面通道路，可以行人，意思是希望塔下经过的行人受到佛法的保佑。

元朝文人熊梦祥写的《析津志》上也这样记载：

> 至正二年今上始命右丞相阿鲁图，左丞相别儿怯不花，创
> 建过街塔。在永明寺之南，花园之东，有穹碑二，朝京而立，
> 车驾往还驻跸于寺，有御榻在焉。其寺之壮丽，莫之与京。

可见，元代时居庸关已经有了一个规模宏大的建筑群，其中就有过街塔，气势宏伟的永明寺、穹碑、花园等，还有像棋盘一样排列整齐的房舍和皇帝及随行人员居住的宫室建筑。

不过，随着时间的推移，居庸关内这些宏大的建筑群，最终因为各种原因已经不复存在了。仅有过街塔的基座保存下来。

这座基座也被称为居庸关云台，坐落在居庸关关城之内，始建于1342年，1345年落成。云台上原矗立着3座藏式佛塔，俗称过街塔，塔

北有寺，名永明寺，在元末明初时被毁。

1439年，人们在云台基座上又重新建造了一座寺院，名安泰寺，该寺于1702年又全部被毁，后仅存过街塔的基座。

基座部分即是云台，它全部是用大理石砌筑而成，平面为东西向矩形，底部东西长26.84米，南北深17.57米，台顶部东西长24.04米，南北深14.73米。台体的中间开一南北向券洞，高7.27米，宽6.32米，券洞的顶部用五边折角的砌筑方法砌筑而成，上面保存有精美的元代石雕。

台顶部有两层，底部出挑石平盘上刻云头、下刻兽面及垂珠图案，顶部四周的石栏杆、望柱头、栏板及向外挑出的螭头均保持元代的风格。

券门及券洞内两壁上镌有极珍贵的元代遗物。

其中，券门两旁刻有交叉金刚杵组成的图案，以

券洞 又称拱券、法圈、法券，简称拱或券，是我国古代的一种建筑结构。它除了竖向荷重时具有良好的承重特性外，还起着装饰美化的作用。其外形为圆弧状，由于各种建筑类型的不同，拱券的形式也略有变化。

225

■ 盘旋而上的居庸关长城

■ 历史悠久的居庸关券洞

及象、龙、卷叶花和大莽神，正中雕金翅鸟王等。券洞内两壁及顶部遍刻佛像，佛像造型生动，雕刻技艺高超。

据专家考证，这些石刻造像具有典型的藏传佛教萨迦教派的特征。

券门两壁刻有四大天王像，这是整个浮雕群中最醒目的部分，各高2.75米，宽3.65米左右，身材魁梧、气势威猛。

四大天王手中所持物品为剑、琵琶、伞和蛇，在佛经中分别寓意风、调、雨、顺。作为护法神，天王被塑造成威武而森严可怖的形象。

他们身躯魁梧，身穿战袍和盔甲，手中拿着一把利剑，面目凶恶，满脸横肉，眉头紧锁，不怒自威。天王坐在高台上，左右两边分别侍立着鬼卒和武士，脚下还有两个小鬼，突出了一种威严的气势和力量感。

从细节上看，天王战袍上的飘带上下翻飞，动感十足，是这件作品中最精彩的部分。

券门 本指门窗、桥梁等建筑成弧形的部分。在古代，由于平时不少士兵是守在城下的，一旦有战事发生，即要登城参加战斗，所以在长城内侧每隔不远就建有一个圆拱形小门，称作"券门"，有石阶通到城墙顶上。

在云台券门两壁四大天王像的空间处，还有用梵、藏、八思巴、畏兀儿、西夏、汉6种文字镌刻的《如来心经》经文、咒语、造塔功德记等。

西夏文是记录我国古代党项族语言的文字，创制于1036年至1038年间，当时有6000多字流行。八思巴文是元世祖忽必烈命其帝师八思巴创立的蒙古新字。它脱胎于藏文，采用拼音的方式书写，并于1269年颁诏推行。

以上两种文字流传时间很短便废弃不用，而居庸关云台上保存下来的石刻文字对破译古代文字，以及研究西夏、蒙古历史都提供了非常珍贵的实物资料。

云台券门顶部还刻有五个曼荼罗，即五组圆形图案式佛像，佛界称其为坛场。坛场的设立有保护众佛修炼、防止魔众侵犯的意思。五曼荼罗的主尊佛像，由北往南依次为：释迦牟尼佛、阿弥陀佛、阿佛、金

曼荼罗 也叫坛城，在古代印度，原指国家的领土和祭祀的祭坛。但是现在一般而言，是指将佛菩萨等尊像，或种子字、三昧耶形等，依一定方式加以配列的图样。又译作曼拏罗、满荼罗、曼陀罗、漫荼罗等。意译为坛城、中围、轮圆具足、坛城、聚集等。

227

重开天险

居庸关

■ 居庸关浮雕

■居庸关景色

浩大工程的长城要塞

刚手菩萨、普明菩萨。

其中，除释迦牟尼为佛祖之外，其他四菩萨在此显现，则有四方教主的意思。五曼荼罗连同其他佛像，共197尊。

云台券门顶两侧的斜面上，还刻有十方佛，在每方佛的周围还分别刻有小佛102尊，共计小佛1020尊，取共千佛之意。

据说，这些小佛刻画，是明朝正统年间，修建泰安寺时，由镇守永宁的太监谷春主持补刻的。连同十方佛下的菩萨、比丘，券顶两侧共有刻像1060尊。

此外，在云台券门的南北券面上，还雕刻着一组造型独特的造像，其中有大鹏、鲸鱼、龙子、童男、兽王、象王，佛界称其为"六拿具"。

大鹏寓意慈悲，鲸鱼为保护之相，龙子表示救护之意，童男骑在兽王上自然是寓意福资在天，而象王则有温驯善师的含意，券面最下端的石刻纹饰为交杵，又称羯魔杵、金刚杵。原本为古印度的一种兵

器，在此为断烦恼、伏恶魔、护持佛法的法器。

从整体来看，居庸关云台浮雕对人物的刻画细致入微，动静结合，刚柔相济，堪称元代雕刻艺术的精品之作。

当年，为元朝皇帝修建的行宫，以及过街塔等建筑修成后，这些建筑与居庸关附近的峰峦、山川、树木互相辉映，形成皇家驻跸的胜地，成为盛极一时的地方。

阅读链接

居庸关云台上的四大天王石刻是护持佛法、镇守国家四方的尊神。

据说，明朝正德年间，武宗皇帝朱厚照微服出游，夜间骑马偷偷混出居庸关时，他的坐骑见到四大天王像，吓得不敢前行。无奈之下武宗下令用烟火把四大天王像都熏黑了，才得以出关。

明代大将主持重建关城

　　1368年，朱元璋在南京建立了明朝，成了明代的第一位皇帝。

　　此时，朱元璋虽然建立明朝，但是元朝的都城大都仍然在元朝最后一位皇帝元顺帝的手里。

　　为了能够顺利地攻下元大都，朱元璋派出自己的大将军徐达等人率领大队人马从元大都旁边的重要关隘居庸关攻入。

　　元顺帝知道自己大势已去，便带着他的太子和后妃从皇宫的建德门逃出来，从居庸关逃往上都开平。

居庸关城楼

■ 居庸关城楼远景

随后，徐达等人一鼓作气攻下了元大都，从此建立起了对全国的统治，元朝统治者退出了中原，又回到了蒙古草原。

但是逃回旧地的蒙古贵族，依然不断南侵，对明朝的地域进行骚扰。为了防止他们的侵扰，明朝皇帝朱元璋派出部下，加强了对蒙古贵族进入中原的重要关隘居庸关的建设和巩固。

1370年，朱元璋派开国元勋徐达修筑了居庸关城，这是明代修建长城关隘最早的记载。

关于这段历史，在明朝的巡关御史王士翘的《西关志》一书中有清楚的记载：

洪武元年，徐达、常玉春北伐燕京，元主夜出居庸关北循，二公遂于此规划建立关城……东筑于翠屏山，西筑于金柜山，南北两面，筑于两山之下。

巡关御史 明代官职。明朝中央政权设有监察机构即都察院，下属有十三道监察御史。监察御史在京城都察院者称内差，若奉命外出，或巡盐，或巡漕，或巡关，称外差。监察御史奉命外出巡视关防者，即为巡关御史。明代的巡关御史主要巡视山海关至龙泉关一带，目的在于加强宣府至大同以及北京一带的防备力量。

居庸关云台过街塔

这里的"洪武元年"便是指1368年。由此可见，居庸关从明代起，又恢复了它的军事战略地位。

历史上，自汉朝起，居庸关关城就已经颇具规模。南北朝时，关城建筑又与长城连在一起。此后历唐、辽、金、元数朝，居庸峡谷都有关城之设。

这道关城又称蠮螉塞、军都关。蠮螉，即土蜂又称细腰蜂，关上筑土室以候望，如蠮螉之掇土为房，故名。

不过，由于年代的久远，原来的关城早已经因为各种原因而毁灭，为此，由徐达将军等人所规划的关城，便是一座重建的建筑。

据说，徐达将军等人规划建成的关城很大。古书记载："跨两山，周一十三里，高四丈二尺。"这座著名的关城一直保存到后来，并成为居庸关最主要的建筑之一。

居庸关关城建在40米的关沟中部，扼守南北交通要道。其关城建设巧妙利用了"两山夹一水"的地理环境。关城主要建筑建在云台北、西、南侧。

长城作为军事攻防屏障，沿西侧金柜山、东侧翠屏山建设。南、北跨河道段用长城连接。西山相对高度351米。东山相对高度150米。长城围绕关城呈圆周封闭型建筑形式。

当年，居庸关关城建立后，明朝廷又在此地置守御千户所。

几年后，明朝为了彻底孤立元朝残余势力，又将大量大漠以北的人迁到长城以内，并认为当时具有战略意义的关城有4个，而居庸关就是其中之一。

1404年，明朝又在居庸关置卫，下领千户所5处，以作为明朝京城北京的北面固防。

到1423年，明朝的第三位皇帝明成祖朱棣第四次亲征，战胜回师，11月4日入居庸关。

这时，京师各衙门官员都来迎驾。在居庸关举行了隆重盛大的仪式。参加这次欢迎仪式的中外文武群臣和百姓竟达100多万人。由此可以看出，居庸关在当时是非常繁华的。

阅读链接

在我国，居庸关与紫荆关、倒马关、固关并称明朝京西四大名关。

后来，明朝为加大京师的防御纵深。分别又以雁门、宁武、偏关为"外三关"，以居庸、紫荆、倒马为"内三关"，构成两道长城防线，占燕山、军都山、太行山以及恒山、管涔山、吕梁山之地利，瞰制了主要的歼敌战场。

这种防御布势，不仅着眼于敌人从正面，即蓟州、宣府、大同方向的进攻，而且考虑了敌人取陕、晋实施战略迂回的可能，筹谋是比较缜密的。

明代景泰年间的关城扩建

历史上，自从徐达将军指挥人员在居庸关建成关城以后，在后来明朝建立的200多年里，一直没有停止对长城的修筑和加强长城的防务。其工程之大，耗资之巨，在我国历史上是独一无二的。

作为长城重要关隘的居庸关，当然也在明朝时得到了大幅度的发展。并且，明朝对居庸关较大的一次修建是在景泰初年。

■ 居庸关长城瓮城

■ 居庸关碑刻

当时，正是"土木之变"以后，兵部尚书于谦奏明皇上：居庸关为京师之门户，宜亟守备，以金都御使王镇守重修居庸关。

这次所修的居庸关城垣，是在徐达、许廓所修关城基础上的又一次扩建。此项工程于景泰六年，也就是1455年才完工。

经过这次修建，居庸关城的建制达到了最完备的程度。不仅加固了关城，设水陆两道门，关城之内还设有衙署、书馆、庙宇、粮仓、神机库等各种相关的建筑设施。此外，在南北关门外，还分别筑有瓮城。

这些新建的建筑，有很多一直保留到后来，其中，南关瓮城、北关瓮城、贯穿关城的水门、关城内仓储，以及关城内外的国计坊、表忠祠、迎恩坊、城隍庙和戏台等成为居庸关最著名的几个建筑。

居庸关南瓮城也称南月城，呈半圆形，面积2500

兵部尚书 我国古代官名。别称大司马，是我国古代统管全国军事的行政长官，明代正二品，清代从一品。曹魏时置五兵尚书，隋唐始设兵部，成为六部之一。明代兵部尚书称本兵，既管军政又管战略，威权极大。

余平方米，城墙高4米。城台外缘砌垛口，内侧砌女墙。此处是古代盘查过关行人和商贾货物的地方。

瓮城西侧有券门洞一孔，门洞上有闸楼，在此门道路后的南侧，有一块迎恩牌坊。

瓮城东侧有能登上城台的通道，通道顶有登城房。登城房北有连通东山长城的通道口。

在弧形瓮城城台上设有炮台，陈列着明代古灯，外墙有垛口，内侧墙低矮无垛口。

作战时可将敌人诱入瓮城，主城关闭阻其入城，再放瓮城闸门，敌人就被困在瓮城里，只能束手就擒，有"瓮中捉鳖"之意，因此得名瓮城。在瓮城之中建有一座福佑关城的关王庙。

瓮城北侧为主城台，城台上建有高大的三重檐城楼，也称关楼，是居庸关最高大的单体建筑。

关楼为南北向，自地面计算高达31.8米。城楼南

雄伟高耸的关楼

闸楼 放置城门吊桥绞盘的建筑，它是城楼的一部分。闸楼多在南方水城有。主要用于进出船只。与城楼的功能相似，只是城楼是进出人车马的。

北两侧各挂有一块白底黑字巨匾，宽5米，高1.5米，上书"天下第一雄关"，据说，此名出自清代旅行家钱良择的《塞外纪略》一书。

关楼下方主城台有通向关城内部、云台以及通往北关城楼的道路。

在关楼下的门洞上方有石匾一块，楷书"居庸关"3个大字，并刻有"景泰伍年捌月吉日立"题记。这里的"景泰伍年"便是1454年。

居庸关北关瓮城与南关作用相同，呈长方形的瓮城上设有炮台，瓮城城门朝向北侧，北瓮城中建有北方镇守大神真武庙，庙内供有12生肖神。

在居庸关南瓮城和北瓮城城墙之上，分别还陈列着5门古炮。

南瓮城陈列"大将军铁炮"2门，长1.7米，炮口口径8厘米。"竹节铁炮"3门，长1.7米，炮口口径15厘米。

景泰 为明代宗朱祁钰的年号，从1450年至1457年，前后共8年的时间。明代宗朱祁钰，明朝第七位皇帝。明宣宗朱瞻基皇二子，在明英宗朱祁镇弟，在明英宗被蒙古瓦剌军俘去之后继位。

237

重开天险

居庸关

■ 居庸关内关王庙

北瓮城陈列"大将军铁炮"2门，分别长1.77米和1.79米，炮口口径7厘米。"竹节铁炮"3门，长分别为1.08米、1.5米、1.7米，炮口口径为14厘米和8厘米。

居庸关南瓮城至北瓮城相距650米。东山山顶至西山山顶直线距离约1.1千米。长城向内周圈面积50平方千米左右。

北瓮城建有千斤闸，南关水门设有水闸。在关城以外，东北、西北、东南、西南方向建有烽燧。翠屏山长城北端凿有"劈山墙"。

居庸关长城有东侧"九仙庙"沟，西侧"羊台子"沟，西北侧"小西沟"，东北侧"劈山沟"，西南侧"马神庙"沟连同南北城和南北水门共8条防御沟路。

居庸关的水关建在长城与河道交叉之处，是一座有双孔圆拱水门，水门上有闸楼，内设水闸，借此控制门内外水量，洪水季节打开闸口泄洪，枯水季节储备河水供关城使用。水门桥墩为南北尖状，以利于减少洪水对水门的作用力，起到了防止毁坏、延长使用时间的作用。

浩大工程的长城要塞

■ 居庸关国计坊牌楼

此外，居庸关的仓储包括永丰仓和丰裕仓等，都是明代囤积军用粮草的场所。

旧时关城与水路河流相连，军用粮草由水路漕运到关城，查收后，屯入仓储。最多时，仓储内要囤积1.4万兵马近一年的粮草。

以永丰、丰裕两仓为中心，山前峪中遍布粮仓、草场，借此防备敌军长时间围城，阻断粮路。

国计坊是由南关进入长城的第一座牌坊，取名"国计"是指国人大计所在。

古时建此牌坊，意在警示居庸关是北拒强敌、南卫都城的关口，是国事军务的重中之重，国家大计所在，同时也是关城重要性的象征建筑。

表忠祠位于居庸关关城内西南侧，建筑面积159平方米。有正殿3间，左右配殿各3间，大门一座，它们均为布瓦屋面起脊样式。

表忠祠是为纪念明朝副都御史罗通而建。

■ 居庸关庙宇一角

罗通，字学古，江西吉水人。1449年，奉命镇守居庸关。同年十月，元兵3万多人攻打居庸关，罗通身先士卒，冒死据守居庸关。

关城西南城墙被敌攻破，罗通命人用布帐围起来，用水浇注为冰，阻止敌人进入。敌人攻城7日未曾取胜。又转攻紫荆关，罗通率兵追击，敌人北逃。

因抗敌有功，罗通被升为右都御史加太子少保。后建表忠祠，春秋祭祀。

表忠祠正殿座是罗通和夫人像，两侧为侍卫。南配殿正中泥塑张钦像。

张钦，明代顺天府通州人。任贵州道监察御史。1517年巡查居庸关。当年农历八月，武宗皇帝欲出居庸关狩猎。张钦为保皇帝安全，关闭关门阻止皇帝出关北上，并3次进谏陈述理由。几经周折，武宗皇帝还是出了居庸关。

张钦对武宗皇帝忠爱，武宗皇帝听从忠谏，君仁臣直成为美谈，张钦后升为工部右侍郎。

迎恩坊位于关城南侧，四柱三楼。黑琉璃瓦面，柱子用花岗岩石制成，彩画成铁红色。

迎恩坊是建在关城南门外不远处的一座牌坊，在

浩大工程的长城要塞

副都御史 都御史为御史的一种。古代朝廷设有专门行使监督职权的机构都察院，都御史即为都察院的长官。都御史职专纠劾百司，辨明冤枉，提督各道，为天子耳目风纪的职务。为都察院左右都御史的副职，亦分左右，正三品。

其旁边还有一座凉亭，与牌坊成为一体。

取名"迎恩"是指：每一次守关将士作战胜利都会上报朝廷，皇帝会派遣使者，带着奖赏的圣旨和金钱酒肉到关城慰问战士，以示奖励。

守关大将要在此地摆香案供桌迎接圣旨和传圣旨官，牌坊因此得名迎恩。

城隍庙位于关城内，是我国城隍庙中地位较高的一座城隍庙宇，同时也是居庸关长城内规模最大的一座庙宇。

城隍庙建筑规制为：正殿3间，寝殿3间，庙门3间，戏台3间。以上建筑的屋面为黑琉璃瓦黄剪边。

东、西配殿各3间，建筑屋面为黑琉璃瓦绿剪边，城隍庙建筑为砖木结构，正殿为起脊歇山形式。配殿和庙门为硬山形式，墙体为小青转磨砖细砌，彩画为旋子大点金形式，建筑面积538平方米。

城隍庙殿内陈设：正殿正中主神台塑"居庸关都城隍"一尊，威武庄严，高达3米。城隍两侧各一尊仕女。身前两侧分别为文武大臣。

正殿两山神台塑坐姿判官4名。分别是掌刑判

241

重开天险

居庸关

■ 城隍庙武将雕塑

■ 长城远景

官署衙门 简称衙门。我国古代的官吏办理政务的地方。衙门是由"牙门"转化而来的。衙门的别称是六扇门。猛兽的利牙，古时常用来象征武力。"牙门"系古代军事用语，是军旅营门的别称。当时王者打天下，特别器重军事将领。军事长官以此为荣，往往将猛兽的爪、牙置于办公处。于是，营门也被形象地称作"牙门"。

官、掌生死判官、掌善判官、掌恶判官。

4个山墙角，塑有站姿"牛头""马面""黑无常""白无常"。正殿内墙壁绘有壁画，它们是"十善图""禹门图""十八司""双龙图""皂隶图"，正殿挂匾4块。

城隍头顶，为"浩然正气"匾。该匾长2.55米，门额挂"城隍殿"斗字匾。寝殿中房塑着便装城隍和城隍夫人。两侧分别为卧房和书房。

两配殿为"阎王殿"。配殿内墙壁绘有"龙图"和"十八层地狱图"。

山神庙塑有山神和山神夫人。土地庙塑有土地神和土地夫人。两庙内绘有"二十四孝"壁画和两幅山水壁画。

庙门内，塑马将军像一尊，白龙马一匹，轿夫像

两尊。庙门内安置轿子一顶。墙面绘"城隍出巡图"和"回銮图"两幅。庙门外安放石狮一对。

城隍发轫于古代水墉，早期是城墙护城河神化的产物，属自然神。随着城市的建立和发展，城隍神逐渐演化成社会神。

城隍神原型在我国出现可追溯至距今五六千年的新石器时代晚期。明代由于朱元璋封天下城隍和完善祭祀城隍制度，城隍信仰达到了鼎盛时期。

每月的初一、十五入庙进香；新官上任要向城隍报到；城隍、城隍夫人生日，演戏祝寿；清明、七月十五、十月初一抬城隍木像出巡。每次祭祀活动，参与人数众多，尤其是"三巡会""城隍诞会""求雨求晴"等。

明代以后城隍庙，仿人间官署衙门样式而建。庙

清明 我国民间传统节日，是重要的"八节"，即上元、清明、立夏、端午、中元、中秋、冬至、除夕之一，一般是在公历4月5号前后，节期很长，有10日前8日后及10日前10日后两种说法，这近20天内均属清明节。清明节的起源，据传始于古代帝王将相"墓祭"之补。后来民间亦仿效，于此日祭祖扫墓，历代沿袭成了中华民族一个固定的风俗。

则多神杂居，以满足不同人们的心理需求。

在城隍庙的庙门前，便是一座南朝北的戏台，前台正对庙门，是古时供香悦神的地方。

每年适逢大祭祀的时候，人们都会在庙前戏台上摆放香案。而后演出戏曲，取悦神仙，古时百姓希望通过这样的活动求得城隍对关城的保佑。

在明朝时，经过景泰年间的大规模修建以后，居庸关的范围还分为5道防线：北面有岔道城、八达岭、上关城，南面有南口，加之居庸关关城，合为5道防线。为此，居庸关在军事防御方面也达到了最完备的程度。

明朝中期以后，明朝的军事防御重点转移到山海关一带，居庸关的军事地位开始下降。清朝时期，尤其是晚清以后，居庸关的军事地位进一步下降，逐渐成为一个历史遗迹。

阅读链接

明代是我国古代大炮铸造和使用最兴盛时期。元朝末年，朱元璋起义，和州人焦立向他呈献十支新式武器火铳。用火药发射铁弹丸，当时称为"火龙枪"。明朝建立以后，专门设有兵仗军器局，研制铸造大炮。

当时，大炮被称为"神威大将军"。在军队中，设有使用大炮的军机营。京城卫戍，长城关口要冲，配备神机营。

明成祖时，下令在长城沿线安置大炮。还有"佛郎机""神枪""铁铳"等。到了明代中叶，大炮的铸造工业越来越精良，制造出的"红夷大炮"长可二丈有余，重3000斤。发之洞裂石城，声震数十里。这种大炮，有照门和准星用于瞄准。射程可达500多米。

新中国成立以后，在修复居庸关北关城时，考古学家发掘出土石炮弹23枚，最大直径为15厘米，铁炮弹6枚，最大直径5厘米。

紫荆关

紫荆关是万里长城历史悠久的雄关之一，也是著名的天下九塞之一。

紫荆关位于河北易县城西北45千米的紫荆岭上。关城东为万仞山，千岭耸立，峭壁悬崖；关城西有犀牛山，蜿蜒西去，与磐石口相接；关城北为拒马河，谷宽坡陡，浪高水急；关城南是黄土岭，千山万壑，层峦叠嶂。因此，紫荆关素有"畿南第一雄关"之称。

紫荆关城就建在这依坡傍水、两山相夹的盆地之内。它四周形成了天然屏障，是内长城重要的关隘之一。

历代王朝的难守易攻之关

　　1403年，明代的第三位皇帝朱棣下旨从南京迁都北平，也就是现在的北京。

　　此时，万里长城重要关隘居庸关正式作为明朝京城的北大门而存

■ 紫荆关长城

■ 紫荆关长城台阶

在。虽然这里的居庸关对抵御来自北方异族的入侵起到了重要的屏障作用，不过，事实证明，在居庸关附近的紫荆关在捍卫明都的京城方面，也同样处于居庸关不可替代的战略地位。

为此，明代兵部尚书于谦还曾亲自奏明明成祖说："险有轻重，则守有缓急，居庸、紫荆并为畿辅咽喉，论者尝先居庸、而后紫荆，不知寇窥居庸其得入者十之三，寇窥紫荆其得入者十之七。"

于谦的意思是说：紫荆关难守，一方面是与居庸关相比守方对紫荆关重视不够，另一方面就是地势原因。从西向东到紫荆关城下，关前开阔平坦，关后的山坡不高不陡，虽有拒马河如带但不足为凭，守方很被动。

同时，明清时期的思想家顾炎武也在他的著作

顾炎武（1613—1682），著名思想家、史学家、语言学家，与黄宗羲、王夫之并称为明末清初三大儒。他平生学风严谨，学识渊博，著作甚多；在地理学、历史学、哲学、经学、音韵学等各方面都有重要成就。他注重经世致用，凡社会风俗，民生利弊，必亲历体察；于地理考证，不完全依赖文字记载，而重视实地调查。

■ 紫荆关长城台阶

《天下郡国利病书》中说：

> 居庸则吾之背也，紫荆则吾之喉也，猝
> 有急则扼吾之喉而附吾之背。

在我国的历史上，有许多战例，都证明于谦和顾炎武的见解是非常正确的。

首先，在东汉的公元45年。当时，北方游牧民族乌桓入犯中原，汉朝曾派伏波将军马援出紫荆关，乘敌不备予以进袭。

其次，在1209年，元太祖成吉思汗在攻打居庸关时，因金兵凭险据守，久攻不下，他便抽出兵力南下，一举攻下紫荆关，在北京边上的河北易县境内的五回岭大败金兵，然后攻取涿、易二州，又由长城内侧向外反攻居庸关，内外夹击，居庸关被攻破。

伏波将军 古代对将军个人能力的一种封号，伏波其意为降伏波涛，我国历代中出现多位授予伏波将军的人物，最著名的便是东汉时的马援。战国时，各国多以卿、大夫领军。秦置将军，掌征伐战斗，往往事讫即罢。汉初承秦制，虽设将军，但不常置。

种种事例表明，紫荆关是一座易守难攻的关隘，它在捍卫古代华北平原的门户上，有着举足轻重的战略地位。

那么，这座紫荆关是什么时候存在的呢？它最初的样子又是怎样的呢？

据县志考证，紫荆关建于战国时期，"燕昭王20年，为燕赵分界"。由于史料的缺乏，现在我们已经无法了解到当时紫荆关的样子。但从地理位置上来分析，紫荆关作为一方险胜，又与当时的燕长城位置相近。为此，它应该是出现在燕赵之地的可能性最大。

秦始皇统一六国以后，秦王在这里设置"上谷郡"，并把此关称为"上谷关"。到了汉代，又改称"五阮关"。这时的紫荆关，还仅是一座土石混筑的小城。

公元45年，乌桓入犯中原时，马援将军便奉命坚

■ 紫荆关长城

守紫荆关这座小城。马援将军看到乌桓大军来势汹汹，便避其锋芒，大胆地放弃了紫荆关，做出弃城逃跑的假象，诱敌深入。

马援把军队埋伏在关南，乘敌方将士自鸣得意准备挥师南下之际，率3000将士突袭，最后取得了胜利。

隋唐时，人们称紫荆关为"白壁关"。同时，在这一时期，朝廷经常会受到北方民族的侵扰，这时，取名为"白壁关"的紫荆关也为保卫当时的燕京城起到了防护作用。

北宋初年，紫荆又被叫作"金坡关"，后来，由于紫荆关关城内外遍布紫荆树，盛夏荆花绽开，香飘万里，由此得名"紫荆关"，并一直保存到后来。

明朝建立后，明太祖朱元璋看到了紫荆关的军事地位，批准了著名将领华云龙的建议，改筑旧城，建紫荆关新城。

紫荆关的新、旧两城墙体皆为花岗岩条石砌筑，用青砖封顶并砌筑垛口。洪武年间之后，又经过了永乐、正统、景泰、弘治、嘉靖、万历，直至明代的最后一位皇帝崇祯，都在不断地修筑紫荆关。

紫荆关长城

■ 地势险要的长城

到明王朝灭亡前夕，紫荆关才建成了后来的规模，成为较为完整的军事防御体系。

从山海关出发，沿着长城先向西北，而后西南，途经慕田峪、居庸关，绵延数百千米，出北京，又到河北易县，这才到达紫荆关。

经过明代近200年的修建，紫荆关共有城门9座，水门4座，里外城相连，城门则环环相套，据说，不了解紫荆关城结构布局的敌兵，即便攻进关城，也像入了迷魂阵，最后只能被歼灭。

关城面积约3000平方米，以城内真武山为中心，城墙依山起伏，向四外延伸，形成4个不规则的城圈，大城套小城。若站在高空俯瞰关城，酷似一朵梅花。

这种顺山势而建城的布局，作战时可互为呼应，每个城圈又可独立作战，自成防御体系，具有很高的军事价值。

华云龙（1332—1374），安徽人，明朝开国大将。元末聚众起兵，后率众归附朱元璋。明朝建立后，朱元璋论功封他为淮安侯。建燕王府，增筑北平城，皆其经营。

据说，这座著名的关隘修建成功后，明代进士尹耕登上此关，并赋诗一首《紫荆关》：

汉家锁钥惟玄塞，隘地旌旗见紫荆。

斥堠直通沙碛外，戍楼高并朔云平。

峰峦百转真无路，草木千盘尽作兵。

谁识庙堂柔远意，戟门烟雨试春耕。

这座经历过众多朝代，为华北平原的防守起到重要作用的关隘，位于河北易县城西北45千米的紫荆岭上，四周形成天然屏障，其形势极为险要。被誉为"畿南第一雄关"。

阅读链接

紫荆关一带形势险要，狼牙山与紫荆关连脉，在其南约5千米处。地势峻峭，形如狼牙兀立，故俗称"狼牙山"。

在三高峰中，棋盘坨、姑姑坨最险峻。而棋盘坨的命名又是因为这坨上有一块棋盘。据说，这块棋盘的来历，还和一个古老的传说有关。

相传，人间的嫦娥因为偷吃了灵药，飞入月宫，但她不甘月宫的寂寞，便在一天晚上离开月宫，来到了人间。

嫦娥正好飘落在狼牙山下的一个小村子里，并和村里的一个年轻樵夫相遇。嫦娥便邀樵夫和自己一起走上狼牙山。

二人来到山顶，看见山顶荆棘遍地，怪石峥嵘，无法站稳脚跟。嫦娥便请土地公公将山削平。嫦娥又和樵夫在这山顶下起棋来。

不久，嫦娥下凡的事情被王母娘娘发现，嫦娥便匆匆返回月宫，棋盘则留在了狼牙山的山峰上。

后来，人们便把这里称作"棋盘坨"。

康熙帝亲临关门内三道门

紫荆关自明代重建以后，这座著名的关城便一直保存到后来。作为军事地位较高的重要关隘，这座关城内流传着许多有趣的故事。

话说，清朝的康熙皇帝曾两次驻跸紫荆关。一次，康熙出京微服

■ 紫荆关

紫荆关拱洞遗迹

私访曾夜至紫荆关，但紫荆关早已闭关落锁。于是，随从呼叫守将开关，守将申明夜里不准开关的禁令，情急之下，康熙的随从说出是当今皇帝康熙爷要进关。

守将大怒道，就是康熙爷真的来了，也绝对不能破坏夜里不准开关的律令。

无奈之下，这位大名鼎鼎、文功武治的大清皇帝康熙，便只好在紫荆关的关外度过了一个不平常的夜晚。

这天晚上，康熙皇帝的心里是非常复杂的，他想，自己是位居九五之尊的皇帝，天下都是自己的，竟叫不开一座关城，被拒之门外，露宿荒野，真是太不应该了！

但是，这位康熙帝毕竟是明君，他想到守关将士为了大清江山这般忠于职守，又颇感欣慰。

第二天一早，康熙帝终于可以进关，守关将士一看果然是康熙御驾亲临，心中有些担心。守将心想：自己把当今皇帝拒之关外，就是被砍上一千次头也不为过。

然而，康熙帝的态度却大出守关将士的意料。这位皇帝不仅没有追究他们的欺君大罪，反而对他们的忠于职守大加褒奖，并御笔亲书"天子阅武"4个大字送给将士。

后来，紫荆关守城的将士把康熙的题字珍藏了起来，并请人将这几个大字刻成石碑，放置在紫荆关第一道关门外的西坡上。

据说，当年，康熙帝从紫荆关过关时，除了亲自为守城将士题字褒奖，还观赏了一番紫荆关最著名的三道关门。

这三道关门始建于明代，一直保存下来，并在后来成为紫荆关最著名的建筑。

紫荆关的第一道关门，建在紫荆岭坡下村的峡谷中。边墙自关门向西两翼伸展，直达两山峰顶。门额上嵌石匾一方，横书"紫荆关"三字。

门前有营房、庙宇各一座。不过，由于年代久远，这些建筑到后来已经塌毁了，但遗址还是清晰可辨的。

关门内是通向关城的十八盘。全程10千米，纵深约2.5千米，均系

紫荆关拱洞

■ 长城排水设施特写

羊肠路。

据说，这条羊肠路是荆坡道人带领当地的乡亲，在1533年时修建。荆坡道人在《重修紫荆关盘道记》中记载：

> 南有石径十八盘，由底升巅，崎岖若羊肠之险，东倚于岩旁，后天之畔，西临乎洞壑，蟠地之绝崖。然则南城两都，北极边陲，迁客骚人多游于此。我朝所以设关……

由此可见，这"古十八盘"既是内地联系北方各族人民的必由之路，又是抵御外族南犯的自然天险。

这"十八盘"顶有一平展的山壁，上面刻有一个歪戴着乌纱帽，一脸哭相的人头像。

据说，明末一位官吏，以修缮紫荆关为名，欺压

乌纱帽 指古代官吏戴的一种帽子。原是民间常见的一种便帽，官员头戴乌纱帽起源于东晋，但作为正式"官服"的一个组成部分，却始于隋朝，兴盛于唐朝，到宋朝时加上了双翅，乌纱帽按照官阶在材质和式样上是有区别的。明朝以后，乌纱帽才正式成为做官为官的代名词。

百姓，贪赃受贿，被保定府砍去了头，老百姓在山壁上刻下了这幅图像。

盘道顶端是南天门，也建在两山间的峡谷中。城墙东起万仞之巅，经南天门至奇峰岭山顶。门券上嵌着"畿辅第一雄关"的石匾。门之东壁上镶嵌着石碑两块：一为荆坡道人所作《重修紫荆关盘道记》；二为明参将韩光所作的七律诗。

南天门西侧，有从内城通向黄土岭的关门一座，面南额题"阳和门"。

进入南天门便是紫荆关的第二道关门二重门，两侧有八字墙向左右伸展。

二重门的里面，就是紫荆关的第三道关门三重门，又称"南门"。

南门坐东朝南，券上嵌有"紫塞金城"四字。上款题"万历十七年岁次乙丑孟秋吉日立"，下款为

■ 晴空下的长城

"钦差分守紫荆关参将韩光"。

北门有瓮城，里面券上有"表里山河"匾额。北门面东，门额题字共两层，上层题"河山带砺"，上款为"万历丁亥夏"，下款为"聊城傅光宅书"，下层题"紫荆关"。

紫荆关主城分东西两部分，中间以墙相隔，东城设文武衙门，西城为屯兵之所。关城东、西、南，墙外有墙，形成环抱于主城外的3座小城池。

阳和门外有黄土岭城。拒马河北岸有小新城，与主城之西城隔河相望，有铁索相连，为关城的前哨。紫荆关的关墙总长约18千米，共有城门9座、水门4座、战台19处。

紫荆关雄关壮丽，地势险要。古代文人描述这里是"万里蜿蜒壁，千峰拥塞门。风雄秦上谷，气压赵楼烦"的"紫塞金城"。

紫荆关历史悠久，文物古迹较多。古代军用水井、碾盘，一直保存到后来；古栈道到后来也是清晰可辨；还有古印鉴、古货币、古代服装饰品等。

阅读链接

在紫荆关城西处，有一座犀牛山，蜿蜒向西。

据说，这座犀牛山上有一块很像犀牛的山石，身高丈余，身长两丈多，寒夜，人在山下就能听见石牛在北风中呜呜地吼叫；白天农民持锄、锨等工具，路经石牛行走十分困难。

为此，我国古人常把这块石牛当作神牛进行供奉。

娘子关

娘子关又名苇泽关，在河北、山西两省交界处，是两省的咽喉要地。山西人把娘子关内外作为省内外的标志，因此，它也有"三晋门户"的称号。

娘子关是长城的著名关隘，有"万里长城第九关"之称，为历代兵家必争之地。

娘子关后来的关城是明代嘉靖年间所建。古城堡依山傍水，居高临下。作为"三晋门户"，娘子关的地理位置、关名由来及历史沿革一直是人们关注的话题。

因"娘子军"而命名的关隘

隋朝末年，天下大乱，在太原地区当太守的李渊起兵，希望建立一个新的王朝。

这时，李渊的第三个女儿李三娘及女婿柴绍还在京城长安。李渊

娘子关牌楼

的第二个儿子李世民便写密信让柴绍速赴河东。

■ 阳泉娘子关平阳
公主塑像

　　临行前，柴绍对妻子说："岳父举兵，让我前去。我想同你一起去，怕途中多有不便。要是留你在这里，又怕有危险。怎么办呢？"

　　李三娘听罢答道："你只管快走，我这里自有办法，请你不要牵挂！"

　　柴绍赶赴太原以后，李三娘就悄悄离开长安，在长安附近丈夫的家乡户县住下。

　　当时，李三娘听说当地庄稼歉收，民众饥饿，她便将丈夫家的家产变卖，并买了粮食，救济百姓。

　　随后，李三娘便以护寨守院为名招募了一批兵丁，组成了一支队伍。她还嫌队伍弱小，又前往山中说服匪寇，组成了一支义军。因为这支部队是由李三娘组建的，所以人们称这支部队为"娘子军"。

　　不久，李三娘和自己的娘子军一起攻下户县，占

河东 指的是山西。因黄河流经山西省的西南境，则山西在黄河以东，故这块地方古称河东。秦汉时指河东郡地，在今山西运城、临汾一带。唐代以后泛指山西。河东地区是中华民族的发源地，是华夏文明的摇篮。传说中"尧都平阳，舜都蒲坂，禹都安邑"，都是在这块土地上。

■ 娘子关古城楼

太行山 又名五行山、王母山、女娲山。我国东部地区的重要山脉和地理分界线。等于北京、河北、山西、河南4省之间。太行山北起北京西山，南达豫北黄河北崖，西接山西高原，东临华北平原，绵延400余千米，为山西东部、东南部与河北、河南两省的天然界山。

领周至，进而沿渭河西进，又拿下了武功、始平等县。3个月后，李三娘手下的娘子军已经有了7万人。

617年，李渊主力渡过黄河，才知道女儿已在关中为他打下一大片地盘。李三娘挑选了1万多精兵与李世民会师渭河北岸，共同攻打长安。

会师后，柴绍终于和李三娘相见，从此，柴绍夫妇跟随李渊南征北战，为大唐开国立下汗马功劳。

唐朝建立后，因为夫君柴绍是平阳人，所以，李三娘被李渊封为平阳公主。

这时，大唐虽然建立，但是，李渊只是大致控制了半个关中，他的四周都是敌人。为此，他派出平阳公主防守李家的大本营山西，驻扎在山西省平定县东北的绵山上。

山西是中原和关中地区的屏障，无山西则中原和关中不稳，而定县东北的绵山便是出入山西的咽喉要道，平阳公主率军驻守在这里，目的就是防止敌人从这里进入山西。

平阳公主和她的娘子军驻守的这个关隘，原名为苇泽关，当娘子军到达后，又对这里进行了重建。因平阳公主率数万娘子军驻守于此，于是人们将此地重新命名为"娘子关"。

据说，平阳公主驻守在此地以后，雄关固若金汤，威慑敌人不敢跨越太行山一步。而山西的娘子关也因为有了平阳公主的娘子军的驻守而更加出名了。

娘子关城筑在绵山山腰，背依陡崖，下临峻谷，形势非常险要。

娘子关的重要性，同隔山相对的井陉关相似，在于控制太行第五陉井，但也有其独特性。滹沱河支流绵河从娘子关城西北流来，在关下穿过井陉，东流至河北平原中部。

井陉是晋中和冀中地区之间最便捷的通道，娘子关依山靠河，居于井陉西口，这种形势使它既成了三晋门户，又成为京畿藩屏，对保障山西和北京城的安全起着重要作用。

当然，在历史上，这座原名为苇泽关的关隘早就已经存在了，据说，它最早是战国时期中山国所建长城的关口之一，唐朝派娘子军驻

■ 娘子关古城楼

元好问 字裕之，号遗山，山西人。我国金末元初最有成就的作家和历史学家、文坛盟主，是宋金对峙时期北方文学的主要代表，又是金元之际在文学上承前启后的桥梁，被尊为"北方文雄""一代文宗"。其诗、文、词、曲各体皆工。诗作成就最高，"丧乱诗"尤为有名；其词为金代一朝之冠，可与两宋名家媲美；其散曲虽传世不多，但影响很大，有倡导之功。

■ 娘子关匾额

守这里以后，又在此地设立了承天军戍守处，从767年至779年，平阳公主又带领娘子军在此地修建了"承天军城"。

到宋代时，朝廷又在此地建"承天寨"。

不过，娘子关之名的最早文字记录却是在金朝末期的古籍中出现的，当时，著名诗人元好问在他的《游承天悬泉》诗句中写有"娘子关头更奇崛"之句。这是娘子关第一次出现在古籍中。

但尽管如此，在娘子关的附近，娘子关人始终以平阳公主为傲，并且，当地的人们也一直保留着许多与平阳公主有关的历史遗迹和动人传说。

这些动人的传说中，最著名的一个，当属"米汤退敌兵"。

据说，平阳公主率领娘子军驻扎娘子关之后，凭借天险，修筑工事，严密布防，不给敌人可乘之机。

有一次，自称汉东王的刘黑闼部大举进攻娘子关，平阳公主眼见敌人来势凶猛，一面向太原告急，一面开始指挥娘子军与居民严防死守。由于娘子关内军队兵力不足，娘子关的情况十分危急。

面对数倍于己的军队，平阳公主心急如焚，在城楼上焦急地踱着步子想主意，同时极目远眺，等待着援军到来。

■ 娘子关遗迹

忽然，她无意中看见远处田野上丰收在望的谷子，顿时急中生智，计上心来，于是，她下令城内军民立即收割、架锅、用新米熬制米汤，米汤熬好后，平阳公主又令部众乘夜色从关上全部倒入关前沟壑中。

第二天，娘子关前沟壑中米汤横溢，敌人哨兵发现后，疑为马尿，急忙报告主帅。刘黑闼部的主帅出帐观望，只见城楼上旌旗招展，军民喊声震天，战鼓擂动，便错误地判断援兵已到，由于害怕中了埋伏，最终不战而退。

当刘黑闼部得知此乃平阳公主的疑兵之计时，太原的援兵已到，他们只能望城兴叹了。

平阳公主的机智勇敢为她赢得了后人的尊敬和推

扬州八怪 清代活动于扬州地区的一批风格相近的书画家的总称，他们也称扬州画派。"扬州八怪"有8人，他们是金农、罗聘、李方膺、李鱓、黄慎、郑燮、高翔和汪士慎。扬州八怪多数出身于中下知识阶层，他们或生长于扬州，或为外省来此侨居，在扬州繁华的书画市场上出卖自己的书画作品。

崇。后来，人们为了纪念这位可敬的公主，便在娘子关城堡东门约300米处，修建了一座妒女祠。

不过，随着岁月的流逝，妒女祠早已经不复存在。但值得一提的是清代"扬州八怪"之一的金农，当年曾逍遥云游，来到娘子关的妒女祠，并为这座祠作了一首《平定道中》，诗写道：

雨后春流泻黛脂，李湮作颂托微辞。

行人饮马来偷见，一阵花飞妒女祠。

此外，在娘子关一带，除了这座妒女祠，还有另外一些和平阳公主以及她的娘子军相关的重要遗迹，包括宿将台、水帘洞和娘子关瀑布、石头水潭等。

其中，宿将台在娘子关东门里，是一处砖砌的高台，相传，这里

■娘子关城楼雄姿

是平阳公主的点将台。

据说，平阳公主在娘子关任元帅期间，表现非常勇敢，常常身不离鞍，手不离刀，是我国历史上有名的女中英豪。

登上宿将台，天地寥廓，顿觉心旷神怡。凭栏眺望，或远望苍山巍巍，或俯视大河滔滔，水光山色与古老的娘子关城堡相映成趣，有明有暗，若浓若淡，宛如进入一幅水粉描绘的山水风景画中。

长城烽火台

水帘洞瀑布位于娘子关城东门东南方向的500米处。飞瀑奔泻，悬流百尺，散缕似珠，山城沟谷中泉眼累累。当地人称为"海眼"的悬泉，是众泉眼中最大的一个。瀑布落差30余米，宽10多米，"海眼"泉水翻滚，激起层层白色浪花，响声震耳。

平地涌出的泉水，从"海眼"旁边的峭壁上直泻而下，汇入桃河，形成水帘洞瀑布。

娘子关瀑布也名飞泉，位于娘子关城堡东门附近约300米的妒女祠下，瀑布宽6.5米，落差40米。因临娘子关而得名。它是泽发水的源头，人称水帘洞，山坡谷中泉眼累累，形成悬泉。

明代文人乔宇有《瀑布泉诗》，这样咏此泉瀑景观：

回头形势接绵山，为看悬泉数往还。

石乳下通沧海底，浪花高叠翠峰闲。

娘子关遗迹上的石头水潭在娘子关后的大山上，是一个被人们称为"洗脸盆"的地方。

这个洗脸盆实际上是一个石头水潭，它位于光滑的青石板上，有一个直径10厘米、深30厘米的泉眼。石头水潭的泉水清澈，旱年不干涸，涝年不外溢，水位常年保持在小水潭的六分之五处。据说平阳公主当年常在这里洗脸梳头，所以后人称之为"洗脸盆"。

有人把泉眼里的水舀完后，清清的泉水又从底部神奇地自然冒出，直至水满为止。

阅读链接

很多人认为，娘子关这一名字的由来是和平阳公主的娘子军有关，但是，在娘子关附近，人们还有另一种说法，认为这座关隘的取名和春秋时晋国介子推的妹妹介山氏有关。

据说，在春秋时期，晋国发生内乱，晋献公之子重耳被迫出走。一次，重耳非常饿，他的随从介子推便把自己的肉割给重耳吃，使重耳活了下来。

后来，重耳终于成为晋国的国君。重耳想找介子推，好报答他。此时，介子推已经隐居到绵山。

重耳便来到绵山。但介子推只想在绵山上守护母亲，而不见重耳。重耳便下令烧山逼其出来。火灭后，重耳发现介子推和母亲已经死去。

重耳为了纪念介子推，便下令以后在这天全国禁烟以悼念这位忠臣孝子，我国寒食节就这样传了下来。

后来，介子推的妹妹介山氏认为，寒食节不准生火的习俗会殃及百姓。便在第二年的寒食节在绵山上用火自杀了。人们为了纪念介山氏，便把这里称为"娘子关"。

明嘉靖年间重建娘子关

历史上，著名的娘子关同其他关隘一样，也是屡毁屡建，最后一次重建是在明代的嘉靖年间。

当时，明朝的国都是北京城。此时，北方游牧民族骑兵屡入山西，时刻向东威胁着明朝京畿大门。这时，苦心经营的娘子关已不再是为了防东，而是为了防西，即防止敌人从山西经井陉侵入京畿。

为此，明代把宋朝命名的承天寨改为承天镇，并正式使用"娘子关"之名。

明嘉靖年间，正是大力修建"九边十三镇"防御体系的时期，到1542年时，正是修筑大军

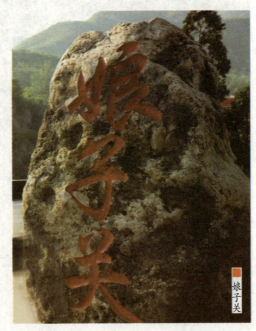

娘子关

九边十三镇

"九边"特指明代先后设置于北边地区的9个重要军镇，它们所组成的防线直面北方各少数民族，对保卫京畿及内陆地区起着重要作用。辽东、宣府、大同、延绥、宁夏、甘肃、蓟州、太原、固原，是为九边。加上密云、昌平、永平、易州4镇，共13镇。

修筑昌平镇防御的阶段，而娘子关城堡便也属于昌平镇管辖的内边防御之内，为此，在这一年，娘子关城堡便顺利地得以重建。

重建的娘子关城堡，背依高接云天的嵯峨绵山，面临洞壁如削的万丈深谷，桃河环绕其西北，曲折奔流。关隘依山傍水，居高临下，有"一夫当关，万夫莫开"的气势。

这座著名的娘子关城堡一直保存到后来，城堡有东、南关门两座以及长650米的城墙。

城堡的东城门是砖券城门，也就是门洞，又称"外城门"，雄伟坚固，门洞上方镌刻"直隶娘子关"五个大字。

东城门的上面有一个平台，是为检阅士兵、瞭望敌情而修建。后来，人们在平台上修起城楼。城楼蔚

■ 娘子关古城楼

为壮观。站在城楼上，关外著名的燕赵古道，蜿蜒起伏，尽收眼底。

城堡的南城门，也称内城门，下面是砖券，上面是门楼，门楼复檐悬有"天下第九关"匾额。

整座南城门雄伟高大，气势壮观。城楼建于门洞之上。城门上的"宿将楼"依然巍然屹立，这便是平阳公主聚将御敌之所。在门洞上方，刻着"京畿藩屏"四个大字，显示着娘子关在战略防御上的重要战略地位。

此外，关城内还有关帝庙、真武阁等古迹。街道、民宅仍保持着唐代风貌。居民多为明清时期的"军户"后裔。

在娘子关城堡的两翼，是雄伟的万里长城。这里的长城依山势蜿蜒，和娘子关浑然一体，甚是壮观。

当年，这座城堡修成后，明朝朝廷又专设守备力量，让娘子关易守难攻，使敌军不敢轻易向此处进犯，从而保持了明京畿南部的一时安定。

另外，在娘子关，除了这座著名的城堡和城墙，在娘子关的关下，还有一个依山而建的娘子关村庄，村民顺水而居，房舍多为石头垒砌，每间房屋都有百年以上的历史。

■ 娘子关长城古韵

直隶 指旧省名。宋制，地方行政机构以州令用劲，其直属京师者称直隶。元不属诸路及宣慰司或行省的府县，亦称直隶。明、清不属府而直属布政司的州称直隶州。特指今河北省。

■ 娘子关模型

浩大工程的长城要塞

石磨 用于把米、麦、豆等粮食加工成粉或浆的一种机械。在古代，我国古人对粮食加工，刚开始是用人力或畜力，到了晋代，发明了用水作动力的水磨。通常由两个圆石做成。磨是平面的两层，两层的接合处都有纹理，粮食从上方的孔进入两层中间，沿着纹理向外运移，在滚动过两层面时被磨碎，形成粉末。

在这个村落里，水网似的溪水沿着墙基穿房过户，村中的妇女在各自家门口洗衣洗菜。水从石槽流过，又淌进一个个阶梯式的圆形石臼，之后不知在什么地方消失了。

村里人打开院内的井盖，弯下腰就能从里面拎起一桶荡着水花的河水。有的村民在自家的院中修建小桥自娱自乐，让溪水沿着院子转。

在村里的普通人家，随处可见这样的情景：头顶上葡萄架，桥边石桌石凳，夜晚有流淌的水声相伴，观花赏月，世外桃源之感油然而生。

水给了村子灵气，形成了"人在水上走，水在屋下流"的人间美景。位于村东的葡萄院是最具代表性的水上人家之一，因院内种有一棵树龄超过70年的葡萄树而得名，苇泽关泉水从小院中流过。

每到盛夏，小院内上有浓浓的绿荫，下有清澈的泉水，再加上精制的石凳、假山、小桥，共同构成了一派宜人的江南水乡风光。

娘子关村中有24台大石磨，人们很远就能听到大石磨轰隆隆的响声。在河水的推动下，大石磨日夜不停地转动。周围十里八村的人都赶着牲口来村里磨米磨面。

同时，村中家家户户都有自制的水动石磨，加工粮食根本不用出户，更少了一份推碾转磨的辛苦。为了便于寻找，各家的大门上都刻有一号磨、二号磨……根据磨的编号寻找人，准能顺利找到。

穿过娘子关村的是一条古时称为"兴隆街"的明清古道。从古道那些依旧保持古风古韵的民居建筑和青石板路上的坑洼，仍能读出它久远的历史。

精明的娘子关村人靠着24台大磨加工粮食，沿

京畿　该词用于汉字文化国家中，大都受到汉化影响，其本来的意思是"国都和国都周围的地方"。"京畿"一词出现于我国唐朝，当时将唐长安城周边地区分为京县和畿县，京城所管辖的县为赤县，京城的旁邑为畿县，统称京畿。我国唐时有京畿道，宋时有京畿路。

273

三晋门户　娘子关

■ 娘子关城楼模型

街开店设铺，迎接四面八方的客人。买卖人家的门楣写有"招财进宝""财源茂盛"等吉祥话。词句通俗易懂，透着一份朴实，这正是晋中生意人的特点。

娘子关村的民居虽说都是石头垒砌，但从宽窄、大小、高低、先后上，还是能够分出各家的财力。

居住在这里的村民大多数是商贾后代，也有守关将士的后代，故此留下了胡、杨、马等几个大姓。

其中，胡家的祖宅远非相邻的民居可比。它门楼宽大，护墙石块上雕有各种吉祥图案，门前的一对石狮非常气派。这所宅院没有山西有钱人家民宅那样的宽阔，但照壁、耳房、厢房等一应俱全，尤其是砖雕更加精美、细腻。

阅读链接

娘子关作为战略要地，只要华北有战事，就为兵家所必争。在日本帝国主义侵华战争时期，娘子关曾再度发挥防守的作用。

1937年10月，日本侵略军占领了华北大片土地后，原来亟想从平型关侵入山西占领太原，不料受到八路军的沉重打击。

三年后，八路军进行了举世闻名的百团大战，娘子关也曾成为战场。当时，晋察冀军区派10个团兵力击破日军占领的正太线，破坏重点为娘子关至平定路段。八路军主力攻入娘子关，打击了日军的疯狂气焰。

新中国成立后，娘子关的军事意义退居其次，旅游价值开始突显。在当地人民政府及有关部门的关心和大力支持下，这座著名的军事要塞成为著名的旅游景点，给当地人民带来了丰厚的经济效益。

文人雅士为娘子关留下佳作

娘子关地处晋冀要路，这里历史悠久，古迹众多；上关旁太行苍莽，古关崔巍，绿水如带，飞瀑泻玉。

历代文人墨客至此，或伫立城头，看碧空闲云，听空山鸟语，凭吊烽烟历尽的古战场；或步入峡谷，嬉戏碧波，赏玩悬瀑，领略大自然的无限魅力。

娘子关秀丽的山水融雄浑的北疆风光与清秀的南国水韵为一体，激发了那些前来游览的雅士的创作灵感。于是，一篇篇千古华章就此而生。

首先，为娘子关留下佳作的是宋代的文学家李俊民，在他的《庄靖集》里曾经收了一首写娘

■ 娘子关城墙遗迹

■ 娘子关

子关瀑布的诗，诗名为《水帘洞》。诗中写道：

> 倾倒蛟室泻琼瑰，派落空岩雪浪催。
> 卷地风姨收不住，素娥垂下玉钩来。

在文人的笔下，娘子关瀑布更有韵味，它仿佛是倒悬于悬崖绝壁上，仿佛是素娥不小心垂下的玉钩。

之后，金代大诗人元好问在晚年游览娘子关时，也特别写下了一首赞美水帘洞瀑布的长诗《游天悬泉》。诗中写道：

> 诗人爱山爱澈骨，十月重来犯冰雪。
> 悬流百里行不前，但觉飞湍醒毛发。
> 闲闲老仙仙去久，石壁姓名苔藓滑。

素娥 古代对月亮的别称。在传说中亦是月中女神，即嫦娥。月亮夜行于天，明而有光，普照大地，时圆时缺，缺而复圆，盈亏更替，周而复始，于是，古人便对月亮有了以下一些别称：夜光、孤光、夜明、玄度、玄晖、玄烛、素晖、晖素、素影、霄晖、素皓、彩、圆光、圆景、圆影、圆缺、清晖等。

此翁可是六一翁，四十三年如电抹。

并州之山水所㳇，骇浪几轰山石裂。

只知晋阳城西天下稀，娘子关头更奇崛。

在这首《游天悬泉》长诗里，作为一个"六一翁"，元好问极力歌颂了娘子关水帘洞瀑布的声势浩大，他感到并州之山为水所㳇，奔流而下的瀑布似乎可以轰裂山石。

当然，娘子关之美，不仅仅在娘子关的瀑布，娘子关关隘本身也是一道亮丽的风景。为此，明朝著名文学家、史学家王世贞为这座关隘写了一首名为《娘子关》的诗。诗中写道：

夫人城北走降氏，娘子关前高义旗。

今日关头成独笑，可无巾帼赠男儿。

平阳公主与娘子关联系是紧密的，她驻守娘子关期间表现的勇敢为她赢得了后人的尊敬和推崇。

长城鸟瞰图

作为史学家，王世贞看到娘子关，自然就联想到娘子关历史上那位赫赫有名的平阳公主。在诗中，王世贞表达了对平阳公主的敬意，并发出古关虽在，巾帼已无的感慨。

到了清代，著名清代官员王祖庚游览过娘子关之后，也为这座关隘写下了一首《娘子关》。诗中这样写道：

娘子军容讲武台，雄关嵘屼倚山隈。

城临苇泽湍流急，寨望承天曙色开。

寻到源头飞瀑雨，坐来树底绝尘埃。

圣朝休养干戈息，郑国渠边沃草莱。

浩大工程的长城要塞

王祖庚是一个爱民如子的清官，他看到气势磅礴的娘子关瀑布，首先想到的是灌溉，想到的是养干戈息，人民幸福。

悠悠娘子关，有写不尽的诗。这些作品，不仅可作为了解娘子关历史的参考资料，还可为观赏娘子关大好风光的游客增添雅兴。

阅读链接

话说，为娘子关写诗的王世贞生活在一个动荡的年代。一次偶然的机会，王世贞应邀到娘子关游览，拜谒了妒女祠。

同时，他还读了唐大历年间，由上柱国、游击将军李谭撰写的《妒女颂并序》碑文，读完后，王世贞觉得妒女是一位超凡脱俗的人间美神。

后来，王世贞又联想到金代文学家元好问的《游天悬泉》诗中"风雨不忧惊妒女"等名句，他伫立娘子关城头，看到内忧外患的大明王朝，思绪万千，期盼出现一个像妒女一样的人，一改社会之沉闷，于是偶感而发，用史学家的眼光写下了《娘子关》这首诗。

雁门关

在我国山西忻州代县县城以北约20千米处，有一座海拔约1千米的山峰，横亘在雁北高原与南屏忻定盆地之间。相传古时因有一只神雁落于此山，因而得名"雁门山"。

峻拔的雁门山上，内长城蜿蜒于山巅之间，犹如玉带联珠，将雁门山、馒头山、草垛山联成一体。长城东走平型关、紫荆关、倒马关，直抵幽燕，连接瀚海；西去轩岗口、宁武关、偏头关，直至黄河边。

雁门雄关，"天下九塞"属第一，从战国时期开始，这里就是战略要地。从唐代开始，人们将它称为"雁门关"。

赵王为建长城而始建勾注塞

雁门关城墙

公元前7世纪前后，正是我国历史上的春秋战国时代，在这个时期，我们国家形成了很多个诸侯国，其中，以楚国、齐国、中山国、魏国、韩国、秦国、燕国和赵国等最为著名。

在这一时期，各个诸侯国为了防止自己国界周围诸侯国的入侵，便开始在自己的诸侯国边界修建起了保卫自己国家的长城。

公元前333年，赵国的君主赵肃侯命人以赵国南

■ 赵长城遗址

部、魏国北部的漳水、滏水的堤防为基础，筑建起了第一段赵国长城，以防御周围的魏国和齐国的攻击。

这条长城建成30多年后，赵肃的儿子赵武灵王为了防御位于赵国北面的胡人和匈奴，又命人在内蒙古云中、雁门、代郡一带修筑了赵国的第二座长城。

为了巩固第二座长城的防御力量，在修建这座长城时，赵武灵王又专门命人在雁门山一带修建了一座防御关塞，并因山而名为"勾注塞"。这便是最早的长城关隘雁门关。

不过，虽然这座关隘是在赵武灵王时期始建的，但是，雁门山这个地方却在很早以前就存在了。

据说，雁门山在古代被称为勾注山、勾注陉、陉岭，或称西隃、西陉。我国古籍《穆天子传》卷一道："甲午，天子西征，乃绝隃之关隥。"

这时雁门山被称作"西隃"之名，第一次出现在

漳水 位于湖北省荆门市京山县境内，是京山县4条主要河流之一，其名始见《水经注》。漳水从湖北省随州市入京山县境，东南流经坪坝、晏店、小寨子，流入安陆市境，注入涢水。漳水在京山县境内，河道纵穿坪坝镇全境，横贯罗店镇北部边缘，全长40余千米。

■ 雁门关匾额

古籍中。

后来，西晋文学家郭璞曾经加注："隄，阪也。疑此谓北陵西隃。隃，雁门山也。"《尔雅》上也说："北陵西隃，雁门是也。"

这些古籍上的资料证明，雁门山最初的名字是叫"西隃"的。

勾注山是北岳恒山的其中一支，横亘100余千米。据《山西通志》记载：

> 山西起分水岭，得漯水源，为宁武之天池；东讫平刑关，连枚回岭，及浑源之恒岳，横亘二百余里，介滹沱、桑乾两川之间。
>
> 关道北出，通大、朔、宁三府地。古曰西隃，亦曰西陉，又曰陉岭。

雁门山又是勾注山的其中一段，当时勾注山名气大，所以笼统地称为勾注山。

《尔雅》最早的一部解释词义的专著，也是第一部按照词义系统和事物分类来编纂的词典。作为书名，"尔"是"近"的意思，"雅"是"正"的意思，在这里专指"雅言"，即在语音、词汇和语法等方面都合乎规范的标准语。《尔雅》的意思是接近、符合雅言，即以雅正之言解释古语词、方言词，使之近于规范。

战国时，因此处地势险要，塞外又是戎狄之区，也就是林胡、楼烦、襜褴等民族所居之地，所以赵国便在这里"筑城守道谓之塞"。

后来，在《吕氏春秋·有始览》中记载："何谓九塞？太汾、冥阨、荆阮、方城、殽、井陉、令疵、勾注、居庸。"

而这里的"勾注"便是后来雁门关的关隘。

这座关隘位于山西代州古城北20千米处，北岳恒山主峰雁门山中。

雁门山因两山东西对峙，其形如门，飞雁出于其间而得名。勾注塞高踞雁门山上，切断了塞北高原通向华北的一条重要通道。

它的东面连接紫荆关和倒马关，西面连接宁武关和偏关，均为后来的万里长城上的重要关隘。

■ 雁门关古建筑

浩大工程的长城要塞

雁门关城墙

廉颇（约前327—前243），嬴姓，廉氏，名颇，山西太原人。战国末期赵国的名将，他与白起、王翦、李牧并称"战国四大名将"。曾率兵讨伐齐国，取得大胜，夺取了晋阳，赵王封他为上卿。廉颇因为勇猛果敢而闻名于诸侯各国。

当年，赵国命人修成这座关隘以后，又在此地设置了雁门郡，并命赵国名将李牧常驻此地以防匈奴的进攻。

历史上，李牧是与白起、廉颇、王翦并称"战国四大名将"，《千字文》上就有"起翦颇牧，用军最精。宣威沙漠，驰誉丹青"的说法。

在雁门关一带，一直流传着关于李牧的传说。据说，李牧小时候家境贫寒，父亲早丧，与母亲相依为命。十几岁就每日上山砍柴，母亲为他人帮工做针线活，母子二人过着凄惨的日子。

成年后，李牧的母亲去世，李牧偶然得到了一把宝剑，便决定把宝剑献给赵王。

可是，当李牧带着宝剑见到赵王时，宝剑却又变成一条青龙飞走了。

赵王激动万分，对着满朝文武大臣说："这是宝剑荐英才，李牧你就是我的宝剑，当今雁门郡外，匈奴经常犯我边境，命你为大将军去抵御匈奴吧。"就这样，李牧被派到了雁门郡，驻守着赵国北大门。

李牧来到雁门后，励精图治，一改以前和匈奴交战的方法：

以便宜置吏，市租皆输入莫府，为士卒费。日击数牛飨士，习射骑，谨烽火，多间谍，厚遇战士。为约曰："匈奴即入盗。急入收保，有敢捕虏者斩。"匈奴每入，烽火谨，辄入收保，不敢战。如是数岁，亦不亡失。

《千字文》 即由1000字组成的韵文。南朝梁武帝时期，员外散骑侍郎周兴嗣奉皇命从王羲之书法中选取1000个字，编纂成文，是为我国历史上第一篇《千字文》。文中1000字本来不得有所重复，但周兴嗣在编纂文章时，却重复了一个"洁"字。因此，此篇《千字文》实际只运用了999字。

285

九塞尊崇

雁门关

这段话是《李牧传》里的记载，大致意思是这样：李牧有权根据实际需要任命官吏，城市的税收都

■ 地势险要的雁门关

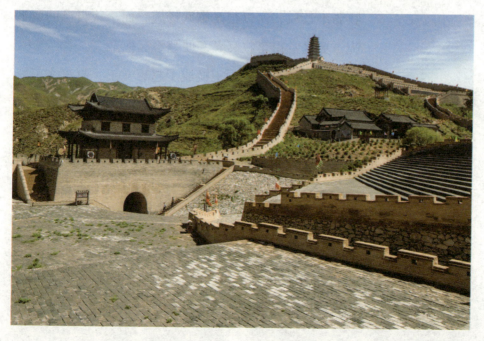

■ 雁门关长城雪景

送进将军幕府中，作为士兵的费用。他下令每天杀几头牛犒劳士兵，教士兵射箭、骑马。谨慎地把守烽火台，多派侦察人员，优待战士。

制定规章说："匈奴如果侵入边境来抢掠，应立即进入营垒坚守，有胆敢擅自捕捉俘虏的处斩刑。"

这样一来，匈奴每次入侵，烽火台就严谨地举烽火报警，战士们随即进入营垒防守，不敢应战。这样过了好几年，也没有什么伤亡和损失。

李牧这样的做法当然让人很怀疑。匈奴认为，李牧弱不禁风，所以很是耀武扬威，而李牧自己的属下呢，更是觉得李牧窝囊，便瞧不起他。

这时，赵国的国王换成了赵惠文王，赵惠文王知道了李牧的事情后，便让李牧赶紧出战，但李牧不听，依然如故，愤怒的赵王罢了李牧的官，并找别人代替李牧。李牧便只好回家去了。

但是，赵王换将的结果总是打败仗，同时证明李牧的战略是无比正确的。

赵王一看不行，只好重新请李牧出山，而这时的李牧和赵王讲开了条件，"复请李牧，牧杜门不出，固称疾。赵王乃复强起使将兵，牧曰：'王必用臣，

赵惠文王（前308—前266），又称文王，嬴姓，赵氏，名何，战国时期赵国君主，赵武灵王的第二个儿子。赵惠文王在位时有蔺相如、廉颇、李牧、赵奢等文武大臣，政治清明，武力强大。

臣如前，乃敢奉令。' 王许之"。

李牧如约出山，继续来到雁门做守将，还是坚持原来的战略思想，"李牧至，如故约。匈奴数岁无所得，终以为怯"。

又过了几年，士兵们每日在雁门郡操练，而且又得到了很多赏赐，所以士气高昂，皆欲死战，李牧看到形势向有利方向转化，于是选了1000多辆马车，近万匹快马，以及数十万士兵，并亲自领兵进入匈奴的地盘，将匈奴打败。

之后，李牧又带领大军灭襜褴，破东胡，降林胡，单于奔走，其后十多年，匈奴再也不敢靠近赵国边城。

后来，勾注塞附近的人为了纪念李牧对此关隘的守护，在此关隘的附近建成了李牧祠。

这座李牧祠一直保存到后来，位于关城天险门外

林胡 "胡"是北语"人"的意思。在战国时代，北方游牧民族统称"胡"，其中主要为"林胡"和"楼烦"。林胡，又称林人、儋林，为林中胡人之简称，生活于森林中。据说，"林胡"活动地区正是鄂尔多斯高原东部，包括今伊金霍洛旗、东胜区和准格尔旗及东越黄河到晋北山地森林区。

■ 雁门关武安祠

雁门关雄姿

东侧，亦称武安君祠、靖边祠、镇边祠。

祠宇建筑规模宏大，山门前有石砌平台，上竖石制旗杆一副，配设石狮一对。正中左右各筑踏朵台阶，并配以石雕、石栏柱、石栏板。

山门两旁建有钟鼓二楼，祠院分前后两院，前院两侧为厢房，正面过殿供奉李牧塑像，背面供有韦陀像。过殿两侧留过道，设东西库房。后院正殿为大雄宝殿，供有一佛二菩萨。

正殿左为方丈，右为祖师堂，东西配房为师房。在主殿东边，顺台阶而下有窑屋多孔，名"九窑十八洞"，石基砖券曾为兵堡。祠内悬挂朱衣道人傅山亲笔对联：

重台唱法祥云遍覆菩提树；
莲台传经瑞口光临极乐天。

此外，在祠堂内，还有古代的残碑13通。

当年，自从李牧在雁门郡命兵操练，并打败匈奴、襜褴等军以后，勾注塞便成为历代王朝的作战要地。

不过，勾注塞正式被称为雁门关却是在唐朝初年，当时，因北方突厥崛起，屡有内犯，唐驻军于雁门山，于制高点铁裹门设关城，戍卒防守。

在古籍《唐书·地理志》中描述这里：

东西山岩峭拔，中有路，盘旋崎岖，绝顶置关，谓立西
径关，亦曰雁门关。

这是勾注塞第一次被人们称为"雁门关"。

后来，五代十国、宋、辽、金、元等朝代在雁门关设置关城四百余载，到元朝时，还设又千户所，不过，到元朝末年以后，雁门关的关城均被毁掉，不复存在了。

阅读链接

在历史上，雁门关一直是中原抵御北方游牧民族南下的前线要塞，许多名将在这里建立了不朽的功业。

除了赵国的李牧在这里大破匈奴之外，汉朝名将卫青、霍去病、李广等都曾驰骋在雁门古塞内外，多次大败匈奴，立下汗马功劳。

"猿臂将军"李广在做代郡、雁门、云中太守时，先后与匈奴交战数十次，被匈奴称为"飞将军"。

一次，他出雁门，兵败被俘。在敌军两马之间的网兜里，他表面佯死躺下，心里却在等待机会。突然，他腾跃而起，将一胡兵推下马去，立即夺马取弓策马南驰数十里，复收余军，杀退追兵，安全脱险。

正是由于汉武帝时期创建了强悍的骑兵抵住了匈奴的南犯，才得以使中原的经济、文化获得了持续的发展，保卫了大汉江山。

明朝时为防敌重建雁门关

　　1368年，明太祖朱元璋平定天下，建立了明朝，但是，元朝的残余势力仍有很多，他们时刻想着重新建立元朝。

　　当时，元将扩廓帖木儿拥兵数十万屯驻山西，李思齐、张思道等盘踞陕西等地，辽阳、云南等地都有元朝势力，但实力最强的当然是山西扩廓帖木儿，明廷亦视其为头号劲敌。

　　为此，位于山西门户的雁门关的守御便又变得非常重要起来。

雁门关遗址

　　这时，雁门关由于种种原因已经破败不堪，为此，1369年，朱元璋便命人在雁门关的原址上，分别在西陉修缮旧建筑，在其北口构筑城堡、望

■ 雁门关高耸的城楼

楼、烽火台、墙障等，而在东陉则筑路修垣，大建关城。

关于这段历史，在《明史·兵志》上有非常清楚的记载：

> 洪武六年，命大将军徐达等备山西、北平边……又诏山西都卫于雁门关、太和岭并武、朔诸山谷间，凡七十三隘，俱设戍兵。

由此可见，在洪武初年时，明朝对雁门关的守御是相当重视的。

到了1372年，明朝在山西代州设"振武卫"，明代大致5600人称卫，当时一郡设所，连郡设卫，而且在各地要害之处设置卫所，并在雁门关设千户所。

两年后，朱元璋继续命代州的吉安侯将雁门关的

代州 即现在的忻州市代县，位于山西省东北部，北踞北岳恒山余脉，南跨佛教圣地五台山麓。代县文物古迹遍布，雁门关居九塞之首，天下闻名。春秋时晋地。战国时赵地。秦为太原、雁门二郡之境。两汉、魏、晋因之。后魏亦为雁门郡地。后周移肆州至此。隋改为代州。

■ 雁门关夏日景色

关城北移数里，重新建立关城。

这段历史，在我国古籍《代州志》中记载：

关城洪武七年筑，周二里有奇。关外大
石墙三道，小石墙二十五道。

在明代，自从朱元璋几次下令重建雁门关以后，
后来的几位皇帝在位期间一直没有停止对明长城和各
个关隘的修建，当然，雁门关也在修建之内。

据史书上记载，雁门关最后一次修护是在1605
年，经过这次修护以后，雁门关才终于形成了后来的
规模。

这座著名的雁门关由关城、瓮城、东城和西城，
以及围城等几部分组成。

其中，关城城墙高10米，周长约1千米。墙体以

石座为底，内填夯土，外包砖身，墙垣上筑有垛口。

关城的东西北三面开辟了城门。门洞用砖石叠砌，青石板铺路，门额位置上均镶嵌了石匾。

关城东门又称"天险门"，石座砖券，额匾篆体书刻"天险"两字。墙垣设垛口，门洞板一道，青石板铺路。天险门上建有"雁门楼"，坐西朝东，面阔5间，进深4间，四周有走廊。

建筑为重檐歇山顶，正面明间为隔门，两顶间为砖砌墙，背面除两圆形窗户外，其余用砖砌成。平板枋上施以斗拱，有昂有翘，屋顶交以青灰瓦，正脊两端安大吻，四角悬挂风铃。楼内空畅，供兵丁巡察、瞭望。

关城西门又称"地利门"，石座砖身，门匾上刻篆体"地利"两字。此门坐向南北，所建门楼为"杨六郎祠"，两侧塑孟良、焦赞像，供设杨六郎铁刀一

■ 雁门关风景

浩大工程的长城要塞

角楼 古代历来建筑物中常见的一种辅助建筑。这种建筑主要设于防守式建筑物的棱角转弯之处，故名"角楼"。角楼多为防御设施，结合墙、台、塔、堡垒等其他的防御设施，起到了防守作用。角楼是一种用于城市防御的特殊建筑，它分布在城墙四隅，可供防御者登临瞭望敌情。

■ 雁门关北门

把，城楼上供设大炮两门。雁门关的瓮城位于关城北侧地利门外，城高及关城之半，设有暗门。

瓮城门俗称"小北门"，石券门顶，额匾书刻"雁门关"3个大字。两侧的镶嵌砖上还镌刻着一副对联：

三边冲要无双地；
九塞尊崇第一关。

这些字，一砖一字，相传为朱衣道人傅山先生所书。城门上有楼，砖木结构，谓瓮城门楼。不过，随着时间的推移，关城的东西门楼都已经被毁，北门也坍塌成了一处豁口。

雁门关的东城位于关城城郭内古关道东侧制高点，明洪武时兴建，正德年间翻修。东城为大砖城，

据《雁门关地理总考》中记载：

　　周围二里三百五十步，
据山，无壕堑，垛口六百。东
西城门二，曰雁门，曰雁塞。

　　东城南部与关城天险门延伸城
墙连为一体，西与关城地利门延伸
城墙连为一体，北顺山脊至谷底与
围城关门宁边楼连为一体，筑有营
房、马厩，为守关屯兵之所。

　　雁门关的西城位于关城城郭内
古关道西侧高台，跟东城同时兴建并重，为石城。据《雁门关地理总
考》中记载：

　　石城高一丈五，周围二里三百四十余九步，垛口五百，
城门一。城内为千户所，仓场一，草场一。

　　西城的南部顺山脊延伸到西城制高点，与兵堡连为一体，北折至
西城角楼、天险门城墙，东经角楼到地利门与城墙连为一体，城内设
营盘，为守关将士操练守御之所。

　　西城与东城中有城墙间隔，城墙南角和北角各配建角楼一座，正
中建有城门和城门楼一座。城顶建威远楼一座，俗称"雁月楼"，为
明嘉靖年间建筑。西城门外东侧设校场，校场设点将台。

　　雁门关的围城随山势而建，周长约为5千米。城墙的南端分别与关
城的东西两翼相连，向北则沿着山脊延伸到谷底合围，合围处建有城

雁门关关楼

门。城门坐南向北，上筑有宁边楼，俗称"明月楼"，为明代嘉靖年间所建。

围城以外还筑有3道大石墙和25道小石墙，起到屏障的作用，为守关御敌第一道防线。

雁门关两侧群峰挺拔，山势陡峭，中间夹一小路盘旋曲折，穿城而过。关城正北的山冈上有明清驻军的营房旧址，东南有练兵的校场，西门外有关帝庙，东门外有祭祀战国名将李牧的靖边祠。

关城以西是明代洪武年间第一次修建的雁门关关城，这座旧关城俗称"铁裹门"。

旧关城位于勾注山顶铁裹门外。铁裹门因石峡呈黑褐色而得名，为人工开凿关隘。关口呈"V"字形，顶宽30米，底宽3米，谷深200米，长50米。所建关城形势险要，壁垒森严，东西宽约20米，南北长约200米。

不过，由于修建时代的久远，到后来，这座旧关城上，仅存周围墙基，南有屋基四处，北有烽火台一座。

在历史上，自铁裹门设关后，"勾注塞"之名便正式由"雁门关"之名取代。铁裹门和关城两关之间用石砌长城相连，并建造了敌楼、烽火台等，形成一组完整的防御体系。

在铁裹门附近，还有一段明代建造的白草口长城，是后来保存最完好的长城段之一，该段长城全长约5千米，墙高6米至8米，底宽5米，顶宽3米。每隔120米左右，便建烽火台和敌楼各一座，在险要的地段，还设置了堡寨、壕沟和暗门等。它的东西两端向北延伸后，最终与外长城相连。

除此之外，在雁门关的关城周围和山下还有古关道、隘口、常胜堡、西陉寨、雁门渠、新广武城、旧广武城等60多处明代遗址和遗迹，这些也都是雁门关防御体系的重要组成部分。

其中，古关道亦为勾注塞古道，全长30多千米。南起太和岭口，经富拉沟、城上、石墙沟、吴家窑、黑石关沟，越制高点铁裹门，下赵庄到白草口，再出柳林、油房为止。

这条古盘关道一直保存，铺石成路，百步九折，左右峭壁如削。有古诗称赞它：

遥望雁门关，山高不可攀。

鸟飞青嶂低，人在白云间。

■雁门关点将台

浩大工程的长城要塞

■ 雁门关远景

虎豹千群壮，貔貅万灶闲。
中原如此险，保障独惭颜。

貔貅 传说中的
瑞兽。相传貔貅
是一种凶猛的瑞
兽，而这种猛
兽分为雌性及
雄性，雄性名
"貔"，雌性名
为"貅"。但流
传下来的都没有
分为雌雄了。在
古时这种瑞兽是
分一角和两角
的，一角的称为
"天禄"，两
角的称为"辟
邪"。在北方，
一般人喜欢称这
种瑞兽为"貔
貅"，在南方依
然称"辟邪"。

隘口即是古雁门关北口，俗称"白草口"，是雁
门十八隘之一。一隘两堡，南为太和堡，北为常胜
堡，中隔连绵山脉。据说，春秋战国时，白草口为南
北要冲，沿雁门古关道，过往商旅不断。

隘关跨河而建，设3道隘墙，6座隘门，6座堡
台，东西与长城连为一体。

随着时代的变迁，这隘口到后来仅存隘门一座，
额匾上书刻着"容民畜众"，堡台一座，额匾书刻
"猴岭"。

雁门关附近的常胜堡位于白草口隘关西高地，为
古西陉镇旧址。南接雁门关古道，与太和堡遥相呼
应，北望关外漠原，与旧广武古城对垒。周长500多
米，以石基砖砌围墙，东北隅建有武庙，堡门额匾书

刻"常胜堡"三字。上款竖书"万历甲寅都御史吴仁庆"，下款为"布政使阎士选立"。

雁门关西陉寨位于太和岭口北城顶上，因太和岭口曾名"神仙隘"，故又叫"神仙横城"，是山西代州著名三寨之一，立于北宋时期，为隘口军事戍守屯兵之地。

雁门渠位于勾注古道东侧，古广武城北面。据说《寰宇记》引《图经》中云：

魏牵招为郡守，凿源为渠，注水城内，民赖其益。

也就是说，在北魏时期，雁门关城内井水咸苦，居民汲水往返需要3.5千米左右，于是，人们便牵招开渠引北山水进入城内。

这雁门渠是古代州著名水利工程之一，不过，随着

布政使　我国古代官名，明初沿元朝官制，在各地置行中书省，明洪武年间撤销行中书省，分为13个承宣布政使司，全国府、州、县分别隶属它。宣德以后专设总督、巡抚等官，都较布政使职位高。清代正式定为督、抚的属官，专管一省的财赋和人事，与按察使并称两司。

■ 雁门关驿站

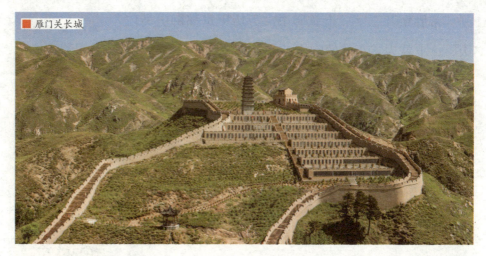
雁门关长城

浩大工程的长城要塞

历史的变迁，这座河渠早已经失去了它原本的作用，仅存一条河渠遗址。

历史上，自雁门关修成以后，它便与宁武关、偏头关为我国万里长城内长城的"外三关"，这里峰峦叠嶂、山崖陡峭，关墙雉堞密集，烽堠遥相呼应，东西两面将老营口坷申池口、阳方口、东隆口、西烃口、匕楼口、大石口、石口、马兰口、茹越口、胡峪口等十八隘口连为一体，地势十分险要，为千古兵家征战之地。

为此，雁门关是珍贵的古代军事文化遗迹，为我国的古代物质文化增添了风采。

阅读链接

关于雁门关旁白草口的来历，据说还和一个动人的历史故事有关。

相传，在北宋时，朝廷以奸臣潘美为帅，北宋名将杨继业为先锋镇守北地，三军来到雁门关安营扎寨。潘美让杨继业到关口外驻扎，也就是后来的白草口。

当时，这道关口并无名称，潘美想羊怕吃败草，就把这里叫"败草口"好了，试图把杨继业困死关外。

后来，杨继业遭潘美陷害。老百姓为了纪念杨家报国忠心，憎恨潘美之奸，便将"败草口"改为"白草口"，因为羊怕吃败草喜吃白草。

嘉峪关

嘉峪关位于甘肃嘉峪关市向西5千米处，是明长城西端的第一个重要关口，也是古代"丝绸之路"的交通要冲。

嘉峪关始建于明洪武五年，即1372年，先后经过168年时间的修建，成为万里长城沿线最为壮观的关城。嘉峪关关城，位于嘉峪关最狭窄的山谷中部，地势最高的嘉峪山上，城关两翼的城墙横穿沙漠戈壁。

嘉峪关以地势险要，巍峨壮观著称于世。它与万里之外的"天下第一关"——山海关遥相呼应，闻名天下。

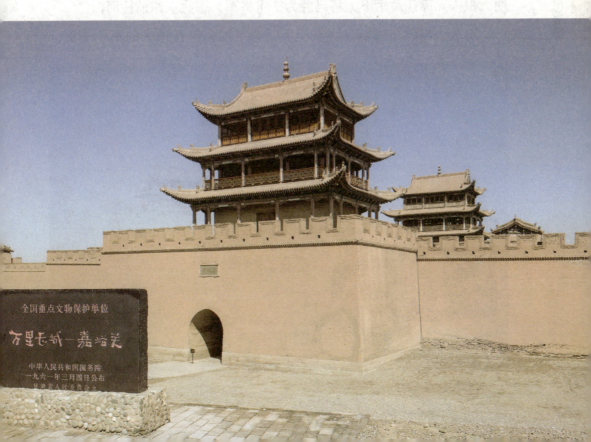

明朝用百年时间建成嘉峪关

　　明朝初年，河西地区还在元朝残军的手里，为了收复这片土地，明太祖朱元璋任命手下大将冯胜为征虏将军，率兵三路前往河西。

　　不久，冯胜带领部队大获全胜。为了加强河西地区的军事防御，

■ 嘉峪关城楼

■ 嘉峪关城楼

一次，冯胜和其随从从甘肃酒泉骑马向西2千米，涉水过"九眼泉"登上古代"丝绸之路"的交通要道嘉峪塬。

登上嘉峪塬，冯胜将军向四周一看，见南面贺兰山斜刺长空，西面戈壁如海，北面黑山威严，东面清泉绿洲，而嘉峪塬仿佛河西走廊这条连通东西的大河的中流砥柱。

于是，冯胜将军暗下决心，想要在此建立一道重要的关隘。

回到京城以后，征虏将军冯胜立即入宫，上奏明太祖，称嘉峪塬"此咽喉要地，令关踞其中，当固若金汤"。

朱元璋很信任冯胜，立即派人去嘉峪塬修筑关城，以控制西去的交通要道。这座关城于1372年建成，朱元璋亲自以此关旁的山命名为"嘉峪关"。

据史书记载，嘉峪关"初有水而后置关，有关而后建楼，有楼而后筑长城，长城筑而后关可守也"。

征虏将军 古代统兵将领名称。汉代始置，祭遵曾任此职。魏晋南朝沿置，是重要的统兵将领之一。如南朝宋征虏将军位第三品，下设长史、司马、记室掾、中兵参军、咨议参军、行参军和主簿等。明代于战时由总兵挂印称征虏大将军或副将军，统兵出征作战。

历史上，嘉峪关从建关到成为坚固的防御工程，经历了160多年的时间，共有4次大规模的扩建。

在1372年第一次筑成土城，周长约733米，高约6.7米，就是后来的内城夯筑部分，当时只是有关无楼。

到1495年，肃州兵备道李端澄主持在西罗城嘉峪关正门项修建嘉峪关关楼，也就是说，嘉峪关关楼是关城建成100多年之后方修建的。

关于这件事，史书上记载说："李端澄构大楼以壮观，望之四达。"

又过了11年，也就是1506年，李端澄又按照先年所建关的样式、规格修建了内城光化楼和柔远楼，同时，还修建了官厅、仓库等附属建筑物。

经过这次修建，嘉峪关的城楼虽然修好了，却依然是孤城一座，河西边境的番兵在而后的十几年里两度围困攻破嘉峪关，或是干脆绕过它去劫掠附近地

浩大工程的长城要塞

■ 第一雄关嘉峪关

区。这让嘉峪关附近的人们很是烦恼。

1539年，兵部尚书翟銮巡视西北，看到"孤苦伶仃"的嘉峪关，认为这里必须加强防务，便上疏皇帝恳请加固嘉峪关的关城，修缮边墙，于是，嘉峪关便有了明代时期的最后一次扩建。

之后，嘉庆帝命人大兴土木加固关城，在关城上增修敌楼、角楼等，并在关南关北修筑两翼长城和烽火台等。

至此，一座规模浩大、建筑宏伟的古雄关挺立在戈壁岩岗之上。这座古老的关隘一直保存到后来，整座关城布局合理，建筑得法。关城有三重城郭，多道防线，城内有城，城外有壕，形成重城并守之势。

嘉峪关关城由内城、瓮城、罗城、城壕及三座三层三檐歇山顶式高台楼阁建筑和城壕、长城峰台等组成。

内城是关城的主体和中心，其周长640米，面积

榫卯 也称斗榫，指在两个木构件上所采用的一种凹凸结合的连接方式。凸出部分叫榫或榫头；凹进部分叫卯或榫眼、榫槽，这是我国古代建筑、家具及其他木制器械的主要结构方式。榫卯结构就是指在两个木构件上所采用的一种凹凸结合的连接方式。

2.5万平方米。墙高9米，加垛墙1.7米，总高10.7米。6米以下为黄土夯筑，6米以上用土坯加筑。历经600多年，墙体虽有剥落，但大部分仍然完整牢固。

据说，当年，修筑这座城墙用的黄土，都是经过认真筛选和加工制作的，首先将选好的黄土放在青石板上，让烈日烤晒，将草籽晒死。

在后来的嘉峪北段长城下出土的"长城工牌"，上面详细记载了当时修长城和修筑内城城墙的分工情况。

上面清楚地记载着，修筑工程结束后，人们要进行严格的验收：在距城墙一定距离内，用箭射墙，如果箭头射不进去，则证明城墙坚固合格；如若箭头射入墙体，则证明工程不合格，要进行返工重建。如此严格的长城工程管理制度，保证了长城和内城城墙工程的质量。

内城开东西两门。其中，内城东门也称"光化门"，门额上刻"光化门"三字，面向东方，表示旭日

■ 嘉峪关古城

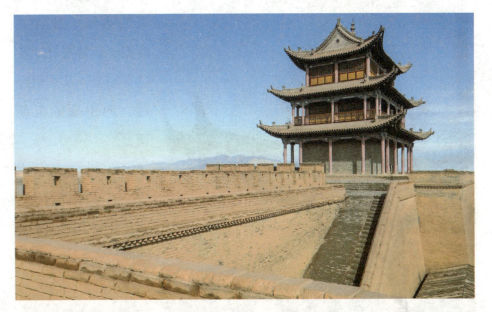

■ 嘉峪关关楼

东升，瑞气普照大地。门洞由自黑山开采的石条铺成。

在光化门的城楼上，便是由时任肃州兵备副宪李端澄主持修建的光化楼。

光化楼为三层三檐歇山顶式结构，楼高17米。精雕细刻，五彩装成。楼阁第一层为砖木结构，第二、第三层是木结构榫卯咬合而成的。虽然经历了近500年的风风雨雨及地震等自然灾害，但它仍巍然屹立于关城之上，尽显中国古代建筑艺术的高超和精妙。

内城西门也称"柔远门"，门额刻"柔远"两字，意思是明王朝对边陲各游牧民族实行"怀柔"政策，安抚边远地区，以实现长治久安的治国方略。

在内城东西二门外，还有瓮城回护，面积各有500余平方米，布局森严。

东瓮城门楼眉额刻"朝宗"两字，表示过往的朝廷官员虽远行"极边"，但仍不忘朝廷和君王。与此相对的西瓮城，门额刻"会极"两字。意思是从西域

诸侯　古代中央政权所分封的各国国君的统称。周朝分公、侯、伯、子、男五等，汉朝分王、侯二等。在周朝，诸侯名义上须服从王室的政令，向王室朝贡、述职、服役，以及出兵勤王等。汉时诸侯国由皇帝派相或长吏治理，王、侯仅食赋税。

■ 嘉峪关城楼飞檐

浩大工程的长城要塞

来的诸侯、仕官、商旅，亲善友好地在这里相会，从这里经过，向中原的王朝朝贡。

西瓮城也劈门南向，不与内城门直通，使关城更加肃穆幽深，成为内城的一道防线。

除了东西瓮城，在内城西门外，还有当年由肃州兵备道李端澄主持修建的罗城。

罗城是应敌的正面，"凸"字形城墙全部用砖包砌，非常坚固。罗城城墙正中面西设关门，门楣上题"嘉峪关"三字，上面建有嘉峪关楼。

"罗城"南北两端建有"箭楼"，是观望关西、关南、关北烽火的设施。

罗城两端与外城墙相接，外城墙又与关城南北的长城相连。

在嘉峪关的内城墙上，还建有箭楼、敌楼、角楼、阁楼、闸门楼共14座，关城内建有游击将军府、井亭、文昌阁，东门外建有关帝庙、牌楼、戏楼等。

其中，角楼建在内城的四角，也叫"戍楼"，形如碉堡，是守城士兵值勤放哨的地方。南北城墙建有敌楼，是放置兵器的地方。一层三间式带前廊。两门

阁楼 就是楼房的空间比较高，在中间再从新制作一层阁楼楼板。即指位于房屋坡屋顶下部的房间。我国的文化精神，特别重视人与自然的融洽相亲，阁楼就很能体现这种特色。楼内楼外空间流通渗透，环绕各层有走廊，供人登临眺望。

内北侧有马道直达城顶，由于时代的变迁，这条马道已经不复存在。

站在角楼上回望，"光化楼""柔远楼"及"嘉峪关楼"三座高大的建筑，同在一条中轴线上。这种过洞式城门及高台楼阁建筑形式，是我国几千年建筑历史及建筑形式的延续发展。

关城内西面城垣凸出，中间开门。这里原有城楼，与东西二楼形制相同，三楼东西成一线，西有砖砌罗城，东、南、北三面土筑围墙，连接长城。由此形成城外有城，重关重城，成并守之势。

据说，当年，明代将士们建关时，匠师计算用料十分精确，竣工只剩一砖。

那是明正德年间的事了，当时，有一位名叫易开占的修关工匠，精通九九算法，所有建筑，只要经他计算，用工用料十分准确和节省。

监督修关的监事官不信，要他计算嘉峪关用砖数

牌楼 又名牌坊，是我国古代建筑中极为重要的一种类型，其建筑布局细腻，结构紧凑，形式多样，远看巍峨壮观，近看玲珑剔透，已成为我国一个独特的文化现象。牌楼象征着威严、荣誉、表彰。

正德 明朝武宗朱厚照的年号，他是明朝的第十位皇帝。父亲明孝宗朱祐樘，母亲张皇后，1505年至公元1521年在位，死后葬于北京十三陵之康陵，庙号"武宗"。

■ 嘉峪关建筑一角

量，易开占经过详细计算后说："需要九万九千九百九十九块砖。"

监事官依言发砖，并说："如果多出一块或少一块，都要砍掉你的头，罚众工匠劳役三年。"

竣工后，只剩下一块砖，放置在西瓮城门楼后檐台上。监事官发觉后大喜，正想借此克扣易开占和众工匠的工钱。

哪知易开占不慌不忙地说："那块砖是神仙所放，是定城砖，如果搬动，城楼便会塌掉。"

监事官一听，不敢再追究。从此，这块砖就一直放在原地，谁也不敢搬动。直到后来，此砖仍一直保留在嘉峪关西瓮城门楼的后楼台上，供人观摩。

当年，在修建嘉峪关城时，需要成千上万块长2米、宽0.5米、厚0.3米的石条，工匠们在黑山将石条凿好后，人却抬不起，车拉不动，且山高路远，无法运输。

大伙儿边凿石条边发愁，眼看隆冬季节就要到了，石条还没有从山里运出一块，若要耽误工期，没有工钱是小，这脑袋可就难保了。

大家正在长吁短叹。这时，忽然山顶一声闷雷，从白云中飘下一幅锦绸，众工匠赶紧接住，只见上面若隐若现有几行字，大家看后恍然大悟，遂按其行事。

等到冬季到来后，众人从山上往关城修了一条路，在路面上泼水，让其结成一条冰道。

然后把石条放在冰道上滑行运输，结果非常顺利地把石条运到了嘉峪关城下，不但没有延误工期，反而节省了不少工期。

众工匠为了感谢上苍的护佑，在关城附近修建庙宇，供奉神位，并成为工匠出师后必须参拜的地方。

嘉峪关关城依山傍水，扼守南北宽约15千米的峡谷地带，该峡谷南部的讨赖河谷，又构成关防的天然屏障。

当年，是这座关隘修成后，再修建的附近的长城，为此，这座古老的关隘，是明代万里长城的西端起点。

嘉峪关是明代长城沿线建造规模最为壮观，保存程度最为完好的一座古代军事城堡，是明朝及其后期各代长城沿线的重要军事要塞，素有"中外巨防""河西第一隘口"之称。

阅读链接

据说，当时修嘉峪关关城所用的砖，都是在2千米以外的地方烧制而成的。

砖烧好后，用牛车拉到关城之下，再用人工往上背。由于城高，唯一能上下的马道坡度大，上下很困难。

尽管派了许多人往城墙上背砖，个个累得要死，但背上去的砖却仍然供不应求，工程进展受到了严重影响。

有一天，一个放羊的孩子来到这里放羊玩耍。他看到这个情景后，灵机一动，解下腰带，在腰带的两头各捆上一块砖，搭在山羊身上。

然后，用手拍一下羊背，身子轻巧的山羊，驮着砖一溜小跑就爬上了城墙。

人们看了又惊又喜，纷纷仿效，大量的砖头很快就运上了城墙。

民族英雄林则徐留诗古关隘

　　嘉峪关自从正式建关之后，风风雨雨过了几百年，它像一队威武雄壮的战士，屹立在两山之间，伸出双臂，牢牢地守卫着丝绸之路的咽喉要道。

■ 嘉峪关城楼

因为这道关隘是明长城西端的起点，又是明代最雄伟的长城关隘，为此，自从它修成以后，便引来了众多名人为它吟诗、作赋，名扬一时。

其中，第一位为这座古老的关隘作诗的名人是清代民族英雄林则徐。

林则徐生于1785年，福建侯官人，自幼聪明好学。1811年，林则徐会试中选，赐进士，选翰林院庶吉士，开始进入官场。

1838年，林则徐受命为钦差大臣，前往广东禁烟，并节制广东水师，查办海口。

■ 林则徐雕像

1839年，林则徐在虎门海滩上当众销毁鸦片近20000箱，约118万余千克。

1842年，由于种种原因，林则徐被贬职。被贬新疆的林则徐经过嘉峪关。当林则徐乘坐的马车吱吱呀呀刚出关口，厚重的城门就在他身后砰然关闭。

林则徐沿着戈壁荒滩向新疆伊犁默默地行进。此时，心情沉重的林则徐看到此情此景，写下了《出嘉峪关感赋》四首。

第一首为：

翰林院 在历史上曾经长期存在的一个带有浓厚学术色彩的官署。尽管它的地位在不同朝代有所波动，但性质却没有太大变化，直到伴随着传统时代的结束而寿终正寝。在院任职与曾经任职者，被称为翰林官，简称翰林，是传统社会中层次最高的士人群体。

严关百尺界天西，万里征人驻马蹄。
飞阁遥连秦树直，缭垣斜压陇云低。

浩大工程的长城要塞

敦煌 甘肃省酒泉市辖的一个县级市，是我国的国家历史文化名城。敦，大也；煌，盛也。敦煌位于古代通往西域、中亚和欧洲的交通要道——丝绸之路上，曾经拥有繁荣的商贸活动。以"敦煌石窟""敦煌壁画"而闻名天下，是世界遗产莫高窟和汉长城边陲玉门关、阳关的所在地。

■ 嘉峪关

天山巉削摩肩立，瀚海苍茫入望迷。

谁道崤函千古险，回看只见一丸泥。

第二首为：

东西尉侯往来通，博望星槎笑凿空。

塞下传笳歌敕勒，楼头倚剑接崆峒。

长城饮马寒宵月，古戍盘雕大漠风。

除是卢龙山海险，东南谁比此关雄！

第三首为：

敦煌旧塞委荒烟，今日阳关古酒泉。

不比鸿沟分汉地，全收雁碛入尧天。

威宣贰负陈尸后，疆拓匈奴断臂前。

西域若非神武定，何时此地罢防边。

第四首为：

一骑才过即闭关，中原回首泪痕潸。

弃繻人去谁能识，投笔功成老亦还。

夺得胭脂颜色淡，唱残杨柳鬓毛斑。

我来别有征途感，不为衰龄盼赐环。

林则徐怀着对祖国美好河山的无限热爱，淋漓尽致地描述了嘉峪关的雄姿。

《出嘉峪关感赋》四首，其中以第三首最为传神，运用的典故也最多，但却不感晦涩拗口。楚汉相争，以鸿沟为界对峙，汉武帝派遣骠骑将军霍去病断匈奴右臂，李广利伐大宛等典故，增加了诗歌的容量，让历史题材为现实服务，在曲折变化中深刻地表达出自己难以直言的隐旨。

在清代，除了名人林则徐写诗对嘉峪关进行称赞，左宗棠也曾亲笔题写匾额称赞此关。

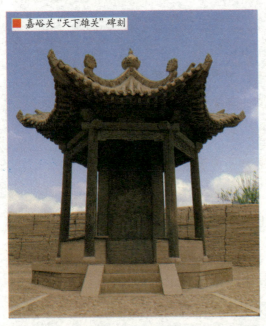
嘉峪关"天下雄关"碑刻

1873年，当时的陕西直隶总督左宗棠在收复新疆伊犁时途经嘉峪关，面对雄伟壮观、气势磅礴的关城，左宗棠感慨之余，亲笔提笔写下"天下第一雄关"的巨匾悬挂于嘉峪关楼上，为雄关又添了几分威严、几分雄壮。

随着历史的变迁，这块巨匾在后来已经再也找不到了，但它却为嘉峪关留下了"第一雄关"的别称。

不过，早在左宗棠称赞这座雄关之前，便已经有了一块写有"天下雄关"4个大字的石碑。

这块石碑位于嘉峪关关城西门外百余米处，据说，它是安肃镇总兵李廷臣，在1809年视察嘉峪关防务时，见这里南有祁连雪山，北有黑山，关势雄伟，便写下"天下雄关"四字并勒石为碑，给后人留下了永恒的纪念。

另一方面，在清代，除了人们对嘉峪关的称赞，当朝政府还对嘉峪关的部分建筑进行了重修和加固。

其中，嘉峪关内城墙上的戏台是1792年，由嘉峪关游击将军袋什衣主持修建的。

这里当时是守城官兵、城内居民及过往商旅的娱乐场所。其形制为典型的我国传统古典戏台。由木制屏风把前后台分隔开，屏风正中央绘制八幅人物图，是人们熟知的八仙内容。

戏台顶部为我国传统图案"八卦图"。"八卦图"是我国古代思

浩大工程的长城要塞

想文化与科学的综合反映。图的两侧是一组风情壁画，内容是寺庙的和尚与尼姑庵的尼姑及尼姑豢养的宠物。这些绘画内容在其他戏台上是非常少见的。

戏台两侧书写有一副对联：

离合悲欢演往事；

愚贤忠佞认当场。

这副对联高度概括了古往今来人间世事的演义变化及戏曲演出场所的功能作用。

清代重建的建筑还有嘉峪关城墙上的文昌阁，它重建于1822年。

楼阁为两层两檐歇山顶式建筑，底层两边为单间铺房，四周立红漆明柱18根，形成回廊。内为面宽三间、进深两间的官厅。四面装有花格门窗，上部绘制山水人物彩画80余幅。

据说，此阁在明清时为文人墨客会友、吟诗作画、读书的场所。到了清代末年成为文官办公的地方。

嘉峪关戏台

除了这些建筑，在嘉峪关，还有一座嘉峪关游击将军府，也称"游击衙门"。此建筑初建于明隆庆年间，后来成为明清两代镇守嘉峪关的游击将军处理军机政务的场所。

后来的嘉峪关游击将军府是在原建筑的基础上恢复修建的，为两院三厅四合院式，占地面积为1755平方米，建筑面积808平方米。

在嘉峪关古代军事史上，游击将军府不但是嘉峪关长城防御体系的指挥中心，而且是朝廷统治地方、检查商旅使者往来、联系西域和中亚及各少数民族的枢纽机关。

游击将军府复原陈列深入细致地展现了嘉峪关游击将军的生活史迹。嘉峪关游击将军府分为两个部分。前院以议事厅为中心，着重展示古代游击将军及文武官员指挥御敌、签发关文等情景。后院是游击将军及家眷生活的场所，生动形象地表现了游击将军及其家眷的生活场面，使人有身临其境之感。陈列形式既朴实又具有一定的观赏性、趣味性，使其成为参观、游览嘉峪关的一处亮点。

阅读链接

嘉峪关建关600多年以来，由于风雨剥蚀，到新中国成立后，曾进行过大规模的修缮。

尤其是在1986年，嘉峪关市委、市政府响应邓小平同志"爱我中华、修我长城"的伟大号召，倡导各界人士捐款集资，恢复关城。

嘉峪关按照"修旧如旧、恢复原貌"的原则修复，经过多方努力，嘉峪关楼终于又屹立于雄伟的关城之上。

两大名关

慕田峪关位于北京市怀柔区渤海镇慕田峪村北，是我国万里长城中较为雄伟壮观秀美的一段。它修建于明朝，坐落在燕山山脉之上，长城横亘，依山就势，以险制胜，陡缓相间，此关堪称长城关隘中的经典之作。

平型关位于山西大同灵丘县白崖台乡的平型岭上，是灵丘和繁峙的分界线，是内长城的一个关口。此关隘始建于1511年，是明朝的重要关口。

明朝为军事防御建慕田峪关

1402年，明太祖的第四个儿子朱棣当上了明朝的皇帝。这时候，明朝虽然处于强盛阶段，但是，漠北草原的蒙古贵族鞑靼、瓦剌诸部仍然不断南下骚扰抢掠。

慕田峪长城

■ 慕田峪长城风景

为此，在朱棣当上皇帝以前，他的父亲朱元璋为了加强北京西北和山西等地的军事防御，早在1368年至1390年之间，便对北京西北至山西省大同的外边长城和河北省山海关至居庸关的沿边关隘和长城进行了修筑。

到朱棣当上皇帝时，为了继续加强北京西北地区的军事防御，在1404年，朱棣命人在位于北京东北地区的怀柔渤海镇慕田峪村北处，修建了一座关隘。

这座关隘西接北京昌平县的居庸关，东连北京密云县的古北口长城，因在沟谷抬头仰望，仿佛上可接天，故名"摩天峪"关。后来，由于"摩天"与"慕田"近音，且"峪"和"谷"是通假字，于是，人们便把此关叫作"慕田峪"关了。

此关坐落在燕山山脉之上，据说，当年，明朝在修建此关时，从1404年开始，直至1571年的秋天才修

古北口长城 位于密云县古北口镇东南。是我国长城史上最完整的长城体系。由北齐长城和明长城共同组成，包括卧虎山、蟠龙山、金山岭和司马台4个城段。古北口是山海关、居庸关两关之间的长城要塞，为辽东平原和内蒙古通往中原地区的咽喉，历来是兵家必争之地。

■ 慕田峪长城

建完成。

这道关隘属昌镇黄花路所辖最东隘口，是明代护卫京师和皇陵的重要关口之一。

此关隘自明朝修建完成以后，一直保留到后来，它与其他长城关隘相比，有很多不同点。

首先，其他长城关隘一般都是先建立的关隘，再修建的长城，而这座关隘则是先修周围的长城，再修建的关隘。

据说，慕田峪长城为明代初期开国大元帅徐达指挥所建。关于这件事情的真实性，在古籍《同治十二年迁安县志》中有清楚的记载：

明初，徐中山筑边城墙，自山海关西抵慕田峪，一千七百余里，边防可云密矣。

同时，在《日下旧闻考·边障·卷一百五十三》中也记载着：

慕田峪关，永乐二年建。

如此种种说明，这里是先建立的慕田峪长城，再修建的关隘。

其次，其他长城关隘的主体都是关城，而慕田峪关的主体建筑则是由三座空心敌楼构成的正关台。

这座正关台长40米，宽30米，高20米，三座敌楼通连并矗，两侧楼较小，中间楼较大，三座敌楼之上有三座望亭，关门不设正中，而是在关东侧，进出关台也是在两侧敌楼设门，这种独特的关台建筑为万里长城所罕见。

慕田峪关扼守着慕田峪地区北通塞外高原、南通京师与皇陵的捷径要道。1404年，在这座关隘始建时，明朝朝廷便派兵驻守此地。

作为关台，这里是三座敌楼并矗，连成一体，居高临下，四周箭窗，上建楼橹，环以雉堞，边城射孔，滚木礌石，弓箭射敌，八方观望，左右相救，火力交叉，两侧垛口，外设挡马坑，内外设支城。如此格局，可称为最完整的军事防御系统工程。

为此，当这座关台修建完成后，它便成为北方民族南下融合的前哨阵地，在当时，它不仅是防御的重要关口，更是京师军事要地，也是兵家必争之地。

在明朝，慕田峪关口设有重兵驻守。明皇室为加强对边防务的督

楼橹 守城或攻城用的高台战具。楼橹顶端设望楼，以瞭望瞰制敌城。在攻城时，同土山配合使用。楼橹上的兵士侦察和报告城中敌情动静，土山上的射手根据其指示发射箭矢。三国时，在官渡之战中，袁绍作高橹，起土山，射曹营中。在司马懿围攻襄平之战中，起土山，修橹。

■ 慕田峪长城烽火台

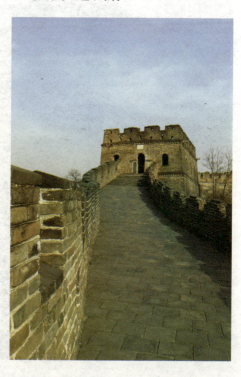

察，1403年至1456年的50多年里，都会派大臣经略边务，数年一遣。1506年以后，改派大臣为专设巡边御史，改数年一遣为巡边御史每年年终把边防情况绘图具册，上报中央。

巡边御史出巡时，带有皇帝签发的玺书，到各关隘巡视的任务是"军戒之调发、城堡之缮修、烽堠之严明、尺籍之稽搜、器械之治具，咸听断而仰成焉"。

不仅如此，到1522年，明朝廷在慕田峪关置守备一员，千总一员，把总两员。

为了便于巡边御使检查慕田峪关隘等处的防务，1556年，新任巡边御史杨右泉重新修建了供巡边御史用的官署，这个官署后来定名为"察院"。

1644年，清廷沿用明制，在怀柔境内的慕田峪关、石塘路等19个关隘均设有重兵驻守。清代定都北京后，仍视慕田峪关为京师屏障，设防城使、把总，统领重兵驻守各军事要地和关隘。

由于地理位置十分重要，慕田峪关自古以来就是拱卫北京的军事要冲，被称为"危岭雄关"。当然，让这道关隘成为军事要冲的另一原因是慕田峪关旁边的长城。

这段长城西接居庸关，东连古北口，为京师北门黄花镇的东段，自古被称为拱卫京师、皇陵的北方屏障，

崇山峻岭间的长城

■ 长城烽火台

而慕田峪关更是明代拥护京师和保护北方皇陵的重要关口之一。

据《长安客话·卷七·关镇杂志》记载：

> 居庸关、黄花镇、边城、慕田峪、灰岭口具系冲地，虽宣、蓟为之屏障，紫荆藉以身援，然外而扼控要害，内而拥护京陵，干系至重。

据说，慕田峪长城最早修建是在南北朝时，当时，由于北齐国始建，到隋唐时，当时的朝廷又曾多次派兵修葺。

到明代，虽然明朝大将徐达在慕田峪长城遗址上重新督建此段长城，但是到了明中期，此段长城又有所毁坏。

为此，到1568年，明穆宗朱载垕又特命抗倭名将

都督同知 指明代军事职官名称。明初于中央设大都督府，在大都督和左、右都督之下设同知都督，位从二品。后改定官制，同知都督升为从一品。1380年，为分散大将事权，便于皇帝集中控制兵权，改大都督府为五军都督府，从一品，协助左右都督管理本府所辖都司、卫所。南北两京各都督府同。

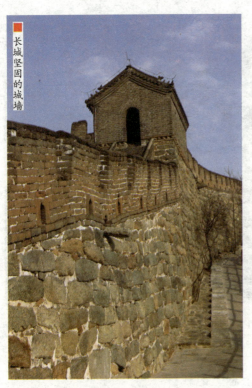
长城坚固的城墙

戚继光以都督同知总理蓟镇、昌镇、保定三镇练兵事，率军对慕田峪段在内的2千米长城进行了整修。经过此次修整后，这段长城便一直保存到了后来。

慕田峪长城多建在外侧陡峭的崖边，依山就势，以险制厄。墙体高七八米，墙顶宽四五米，墙顶上两边都建有雉堞垛口，可两面拒敌，外侧还挖掘有挡马坑，使防御功能更加完善，建筑材料以花岗条石为主。

慕田峪长城的垛口不是开口的长方形，而是呈锯齿状。射洞筑在垛口的下方，它不是圆形孔，而是顶部呈弧状的方形孔。险要之处还修有炮台。

慕田峪长城敌楼密集，从慕字一台，即大角楼至慕字四台正关台不到500米，就设敌楼4座；从慕字一台至慕字二十台，长度仅3千米，敌楼、敌台、墙台、铺房就25座，这种百米左右就有一座敌楼的长城段也是不多见的。

慕田峪长城拥有双面垛口。其他段长城多为长城外侧一面建垛口墙，而慕田峪段长城却两面都为垛口墙。垛口墙即守城将士对敌作战的掩体。两面垛口墙即意味着两侧同敌作战，可见慕田峪段长城在历史上的重要战略地位。

慕田峪长城内外支城并存。支城，即在主长城之外根据战事需要顺山势又节外生枝修出的长城。慕田峪的外支城即连接慕字十一台的长城，内支城即"秃尾巴边"。

据说，明代在重修慕田峪长城时，在墙顶的两侧都加修了垛口，还同时新设置了滚木石雷石孔，可攻可守。而修筑"刀把楼"，可控制制高点，减少对主城的威胁。

慕田峪长城从正关台左侧起，随山势翻转，奔向远方。长城由山腰直伸山顶，在山顶立一敌楼后，又突然下降，翻身向下返回山腰，又骤然升起，直到海拔940多米的地方，绕了一个大弯，其形状酷似牛犄角，苍劲雄浑，人们把它称为"牛犄角边"。

长城从"牛犄角边"继续往前延伸，经过一个名叫"箭扣"的地方，这里是已达海拔约1千米的山峰，两侧陡峭如削。在修筑长城时，必须从山头的外侧断崖绝壁上通过，又不能把这个制高点留在外面，使用砖石、木材显然都不行。

箭扣　位于京郊怀柔县西北八道河乡境内，距怀柔县城约30千米，箭扣长城在怀柔县渤海镇，往东走就是慕田峪，往西走就是大榛峪。山势非常富于变化，险峰断崖之上的长城也显得更加雄奇险要。箭扣长城因整段长城蜿蜒呈W状，形如满弓扣箭而得名。

经典关隘

两大名关

■ 慕田峪关楼

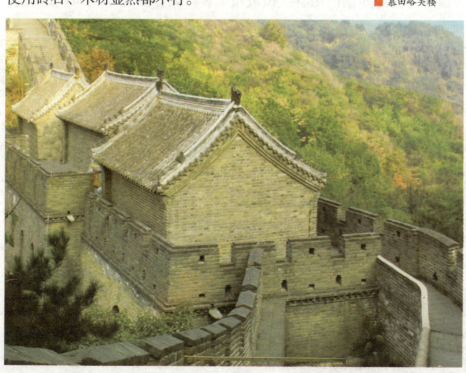

于是，聪明的能工巧匠们，用了两根大铁梁担在断崖之上，上面再垒砌砖石，这种方法在整个长城修建史上极为罕见。

在慕田峪长城东侧，长城本来是顺山势伸向东北。可是到一敌楼处突然分出约1000多米的地段，另辟蹊径摆向东南方向，山势尽处，突然终止，在尽头处修了一个甚是坚固雄伟的敌楼。这段千余米的长城被人们称为"秃尾巴边"。

这样一来，长城在此处就形成了三道长城汇于一楼，"三面极目观巨龙"的景观。在慕田峪长城"牛犄角边"的两侧，有一段长城被称为"箭扣"及"鹰飞倒仰"。

慕田峪关山水秀丽，风景如画，与此段长城组成了独具秀色的景区，富有诗一般的风光画卷。慕田峪关是此段长城的精品亮点，它魅力四射，让人流连忘返。

慕田峪关以其独特的构造，坐落在险峻山峰之间，扼守着关口内外通道，曲径通幽的山谷，山坡植被茂密繁盛，花草交织，绿荫浓郁，蜂飞蝶舞，鸟语花香的景致，令人心旷神怡。

慕田峪关是长城各关隘中高超技艺劳动的结晶，它不仅是我国古代建筑的骄傲作品，更为我国古代文化留下了重要的实物资料。

阅读链接

慕田峪原是一个小山村，坐落在怀柔县北辛营乡，这里山峦起伏，林木葱郁，万里长城自东南而西北在崇山峻岭之巅蜿蜒。

由于山势缓陡，曲直相间，所以极富立体感。为此，美国前总统克林顿访问我国时，曾携手夫人、女儿专门观赏这段锦绣的长城风貌，特意在慕田峪关留影拍照。

慕田峪关丰富的自然资源与浓厚的历史文化韵味吸引着世界各地的游客。同时，它也属于世界级文化遗产，是国家重点风景名胜区。

明代修内长城时建成平型关

明代是万里长城修建的高潮时期，当时，明朝不仅建起了外边长城，还修筑了内边长城和内三关长城。

明代在修筑内边长城时，其中有一段长城是以北齐所修筑的北齐

■ 平型关模型

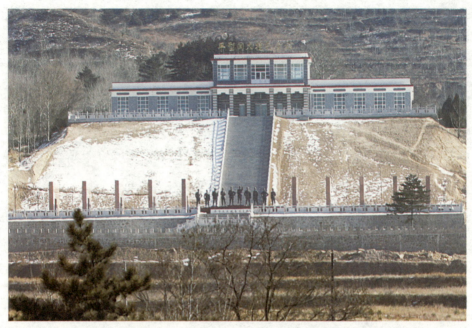

浩大工程的长城要塞

■ 平型关战役纪念馆

长城为基础，起自内蒙古与山西交界处的偏关以西，东行经雁门关、平型岭等地进入河北，然后向东北，经来源、房山、昌平诸县，直达居庸关，然后又由北向东，至怀柔的四海关，与外边长城相接，以紫荆关为中心，大致呈南北走向。

1511年，这段长城的修筑工程经过了山西灵丘县西南方的平型岭，这时，明武宗朱厚照听说这里很适合建立关隘，便派人在平型岭山修建了一个关楼，这座关楼便是后来平型关的主要建筑之一。

据说，平型关的名字来源于它的瓶形。由于北齐在这里修筑的长城类似瓶形，因此该地得名瓶形寨，金朝时称瓶形镇，明朝时，当关楼建成后，便改称为"瓶形岭关"，后来，因为"瓶"字和"平"字的读音相同，人们便改称为"平型关"了。

历史上，平型关自修成后，便成为明代内长城的

北齐　我国南北朝时的北方王朝之一。550年，由文宣帝高洋取代东魏建立，国号大齐，建元天保，建都邺城，也就是河北省临漳县西，河南安阳市北，史称后齐。北齐历经文宣帝高洋、废帝高殷、孝昭帝高演、武成帝高湛、后主高纬、幼主高恒，共经历了六帝。

重要关口。后来，在1545年和1581年时，明代朝廷又派人对这座关隘进行了增修，形成了后来的平型关关城。

这座平型关关城一直保存下来，整座关城虎踞于平型岭南麓，呈正方形，关城周长约为1千米，后来的残存城高约有6米。

关门坐西朝东，南北东各置一门，门洞用券栱相间的方法筑成，高4米，宽2.7米，墙厚2.7米。城内匾额上书"平型岭"三字，两侧还有明长城的遗迹。

不过，随着历史的变迁，平型关上于明朝时建成的关楼早已经不在，只能看到仅有的一点废墟而已。

平型关地势险要，北依恒山，南有五台，两座山峰巍然耸立，陡峭险峻，海拔都在1.5千米以上。两山之间有一条不宽的地堑式低地，平型关所在的平型岭是这条带状低地中隆起的部分。两山之间的带状低地成为河北平原北部与山西相通的最便捷孔道。

经典关隘

两大名关

恒山 又名元岳或常山，位于山西省浑源县，为"五岳"之中的北岳。恒山主峰天峰岭海拔2016.1米，主庙北岳庙，供奉着恒山神，即北岳大帝。恒山风景以地险、山雄、寺奇、泉绝称著。恒山的美景，被明代徐霞客录入《徐霞客游记》中。古有恒山十八胜景，今尚存朝殿、会仙府、九天宫等十多处。

■ 古长城

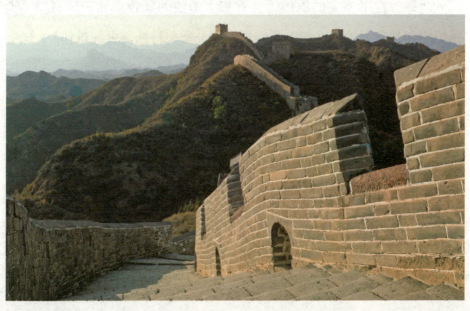

■ 起伏连绵的长城

　　平型关城依险而建，扼守着东连紫荆关、西接雁门关的一条东西向古道，使平型关与这两关彼此相连，结成一条严固的防线，是北京西面的重要藩屏。

　　此外，在平型关的周围，还有很多美丽的景致，如云冈石窟、北岳恒山和悬空寺等。这些美丽的景致把平型关衬托得更加雄伟。

阅读链接

　　平型关又因发生了震惊中处的平型关战役而闻名。

　　1937年9月25日，日本最精锐的板垣师团在此遭到了八路军115师的埋伏战袭击，经过6个小时激战，日军有1000多人被击毙，100多辆汽车和大量军用物资被击毁和缴获。平型关大捷粉碎了日军不可战胜的神话，大长了我国抗日军民的志气。

　　平型关是我国抗日战争第一个大胜仗的遗址，具有重要的历史价值，是具有自然意义和历史意义的军事博物馆。

雄关漫道

古代的著名关隘

甘肃玉门关

玉门关始置于汉武帝开通西域道路并设置河西四郡之时，因西域输入玉石时取道于此而得名。玉门关在汉代时是通往西域各地的门户。

公元前116年至公元前105年修筑酒泉至玉门之间的长城时，玉门关随之设立了。在当时，玉门关与另一重要关隘阳关都是都尉治所和重要的屯兵之地。

多少年来，玉门关早已不再是存活在西北苍凉地域上的一座城池或关隘了，而是边塞情怀里绵延千年的一个符号或一座丰碑。

丝绸之路的重要关口

汉武帝刘彻画像

汉武帝刘彻是我国西汉时期的第七位皇帝，他奠定了中华疆域版图，首开了丝绸之路。

丝绸之路将我国的丝绸、漆器、铁器、桃、杏、梨、冶金术、凿井技术等传到了外国，而来自外国的是汗血宝马、胡萝卜、葡萄、核桃、大葱、芝麻、黄瓜、蚕豆等。

在我国丝绸之路上，来往着无数的商队。为了确保丝绸之路的安全与畅通，在大约公元前121年至公元前107年间，汉武帝下令在甘肃敦煌的小方盘城，也就是丝绸之路通往西域北道咽喉的要隘处，修建了一个关

■ 丝绸之路示意图

卡，这里是西域输入玉石的主要道路，因此就取名为"玉门关"了。

玉门关的关城为正方形，黄土垒就的城墙，高10米，上宽3米，下宽5米，东西长24米，南北宽26.4米，面积633平方米，西北各开一道门。

关于玉门关名称的来历，还有另外一个传说呢。

在古时候，玉门关附近的地形十分复杂，沼泽遍布、沟壑纵横、森林蔽日、杂草丛生。每当丝绸之路上运玉石的商队赶上酷热天气时，为避免白天人、畜中暑，总是会在凉爽的夜晚赶路。

但是，夜晚驿站附近的道路总是被黑暗笼罩着，导致商队辨不清方向，就连经常往返于此路的老马匹也会晕头转向，难以识途，因此这段路途便叫"马迷途"。

冶金术 又称"金丹术""炼金术""点金术"或"黄白术"，是炼制"神丹"的方法。我国古时流传着"成仙"的说法，古人认为人的肉体可借助某种神奇的药物而获得永生，而冶金术被古人认为是制作这种"神丹"的唯一方法。

■ 玉门关遗址

在往返于马迷途的众多商队之中，有一支专贩玉石和丝绸的商队，常年奔波于这条道路上，也常常在马迷途这里迷失方向。

有一次，这个商队刚进入马迷途就迷了路。正在人们焦急万分之际，不远处落下一只孤雁。商队中一个心地善良的小伙子发现了这只孤雁，就悄悄地把它抓住抱在怀里，准备走出马迷途后再放走它。

不一会儿，只见大雁流着眼泪对小伙子"咕噜咕噜"地叫着说："咕噜咕噜，给我食，咕噜咕噜，能出迷途。"

小伙子听后恍然大悟，知道大雁是因为饿得飞不动了才掉队的，就立即拿出自己的干粮和水喂这只大雁。大雁吃饱以后，就飞上天空，不断飞翔，领着商队走出了马迷途，顺利地到达了目的地的小方盘城。

过了一段时间，这支商队又在马迷途迷失了方向，那只大雁又飞来了，又在空中叫着："咕噜咕噜，商队迷路。咕噜咕噜，方盘镶玉。"

大雁边叫边飞，又一次引着商队走出了马迷途。大雁飞走时所说的话，只有救那只大雁的小伙子才能听得懂。

这个小伙子就把大雁的意思转告给领队的头领说："大雁叫我们在小方盘城上镶上一块夜光墨绿的玉石，以后商队有了目标，就再也不会迷路了。"

头领听后，心里一盘算，一块夜光墨绿玉要值几千两银子，实在舍不得，就没有答应。

没想到后来商队又一次在马迷途迷了路，导致数天找不到水源，人人嘴干舌燥，口渴得寸步难行，连骆驼都干渴地喘着粗气，生命危在旦夕。

正在此时，那只大雁又飞来了，并在上空叫道："商队迷路，方盘镶玉，不舍墨玉，绝不引路。"

小伙子听后急忙转告头领说："大雁说，如果舍不得镶嵌墨玉的话，它就不会再为咱们引路了。"

头领慌了手脚，连忙和小伙子商量对策。小伙子说："你赶快跪下向大雁起誓'一定镶玉，绝不食言'，否则，咱们真有危险了。"

头领马上按照小伙子所说，跪下向大雁起誓说，如果大雁肯为他

■ 小方盘城遗址

■ 小方盘城

们引路，那么走出迷途之后，他们一定会镶嵌墨玉的。

大雁听后，在空中旋转片刻，把商队又一次引出了马迷途，使商队又一次得救了。

走出马迷途以后，商队的头领没有食言，立刻在自己的商队里挑了一块最大最好的夜光墨玉镶在当地关楼的顶端。每当夜幕降临之际，这块墨玉便发出耀眼的光芒，连方圆数十千米之外都能看得清清楚楚。

后来，自从有了夜光墨玉作为路标后，过往商队就再也没有迷过路了。

那个关楼上有了一块玉，从此这里就改名为"玉门关"了。

神秘的大方盘城河仓城

汉玉门关是最早的玉门关，这里有多处古迹名胜，包括关城遗址、河仓古城、汉长城、雅丹魔鬼城等。人们来到玉门关更多的是凭吊历史，而玉门关周围众多古迹名胜的存在，使玉门关不再单调，大

■玉门关复原模型

■ 玉门关城遗址

大丰富了玉门关的内涵。

这里的玉门关遗迹是一座四方形小城堡，因此，这座遗址又被人们形象地称为"小方盘城"。

玉门关遗址耸立在东西走向戈壁滩狭长地带中的砂石岗上，南边有盐碱沼泽地，北边不远处是哈拉湖，再往北是长城，长城以北是疏勒河故道。

玉门关的关城全部用黄土夯筑而成，面积约600平方米。西、北两面各开一门，城垣东西长24.5米，南北宽26.4米，残垣高9.7米，上宽3.7米，下宽4米，南北墙下宽4.9米。

在玉门关关城的城顶四周，有一条宽1.3米的走道，设有内外女儿墙，即房屋外高出屋面的矮墙。在关城城内东南角，有一条宽不足1米的马道，靠东墙向南转上可直达顶部。

玉门关遗址四周沼泽遍布，沟壑纵横，长城蜿蜒，烽燧空立，胡杨挺拔，泉水碧绿，柳绿花红，芦

城垣 古代围绕城市的城墙，其广义还包括城门、城楼、角楼、马面和瓮城。城门和城墙转角处加厚的墙体称为"城台"和"角台"，其上的建筑称"城楼"和"角楼"。马面是城外附城而筑的一座座墩台，战时便于夹击攻城敌人，有时在城门外三面包筑小城，以加强城门处的防卫，称为"瓮城"。

苇摇曳，美景与古关雄姿交相辉映，使人心驰神往，百感交集，怀古之情油然而生。

在玉门关遗址小方盘城东北10多千米处，有一个遗址叫河仓城，俗称"大方盘城"。据说河仓城建于西汉时期，是玉门关守军的军需仓库。

河仓城位于东西走向的疏勒河古道旁的凹地上，西面约50米处是一个大湖泊。湖泊水平如镜，蔚蓝透明，岸边长满芦苇、红柳、甘草。

河仓城的东面是深不可测的沼泽地。河仓城建在高出湖滩3米左右的土台地上。因临疏勒河，故称"河仓城"。河仓城是古代我国西北长城边防至今存留下来的古老的、规模较大的、罕见的军需仓库。

河仓城的南北均有高出城堡数丈的大戈壁，戈壁高高耸立，好像是要把河仓城怀抱起来，这使河仓城

西汉（前202—9），又称"前汉"，与东汉合称"汉朝"。是我国古代秦朝之后的大一统封建王朝。西汉是我国古代文化发展的一个高峰，社会经济、文化全面发展，对外交往日益频繁，成为当时世界上最强盛的国家。共有12帝，历经211年。

343

边塞丰碑

甘肃玉门关

■ 玉门关遗址

极为隐蔽。从河仓城经过时，如果不是走到近旁，是很难发现这座仓城的。

河仓城坐南向北，夯土版筑，呈长方形。东西长约132米，南北宽约17米，残垣最高处6.7米，城内有南北方向的两堵墙，将其隔为相等并排的3座仓库，每库向南开一门。

由于历史久远，河仓城的四壁多已颓塌，只有北壁较为完整。墙壁上下置有三角形小洞，上三下五，间隔距离相等。

在河仓城外围的东、西、北三面，加筑有两重围墙。第一重围墙尚有断墙，四角有土墩建筑痕迹，第二重围墙仅存北面的土墩痕迹。

河仓城自汉代至魏晋一直是长城边防储备粮秣的重要军需仓库。当时，把守玉门关、阳关、长城、烽燧，以及西进东归的官兵将士全部从此库中领取粮食、衣物、草料，以保证他们旺盛的战斗力。

344

浩大工程的长城要塞

阅读链接

班超是东汉著名的军事家和外交家，更是一位非常有名的英雄人物，而班超晚年在病中等待下诏进入玉门关回故国的寂寞，更是让人感叹不已。

班超的一生是辉煌的一生，但令班超流传千古的还是他西出玉门关，成功经营西域。当年已入中年的班超，带着国家先后配发的几千名囚犯和热血青年，西出玉门关，经营西域20多年，有力地加强了汉朝对西域的统治，也为西域的发展做出了重要贡献。

正是班超几十年的西域寂寞生活，才有了"但愿生入玉门关"的千古名句。后来，班超的这句诗成了玉门关边塞情结的象征，许多文人在诗中都曾提到这个典故。

天井关建于公元前22年，也叫"雄定关""太行关"，是豫晋边境第一雄关，位于晋城南20多千米处，泽州县南部晋庙铺镇太行山最南麓天井关村，因关南有深不可测的天井泉3处而得名。天井关南延25千米，分大小两个关隘口，沿途有很多关城、古道和堡寨。

太行关古为豫晋边界，位于太行山的最南部，是通往河南沁阳的关隘，史称"太行八陉之一"。古为南北要冲，从春秋战国时期至明清时期，干戈迭起，为兵家必争之地。

山西太行关

太行道的古代建筑

太行道

太行道又称"丹陉"，陉阔3米，长20千米，雄踞太行山南端，是太行八陉最为重要的一条古代通道。

周围峰峦叠嶂，沟壑纵横，古隘耸峙，是豫北通往泽州的一条重要交通孔道，历史上为南控中原、北抵泽州的重要军事要道。形势雄峻，素称"天险"。由此陉南下可直抵虎牢关，是逐鹿中原的要陉之一。

据史书记载，此起泽州县天井关，南至河南沁阳常

■ 太行山古建

平村之间的太行道，山路盘绕似羊肠，关隘林立若星辰，地理位置十分重要。特别是天井关，更是天下名关，古人称其"形胜名天下，危关压太行"。

从西汉时期设立天井关后，历朝历代这里纷争不断，兵戈迭起，大小战争数百起，给这里留下了丰厚的文化积淀。

这一带关隘共包括羊肠坂、磐石长城、碗子城、古长城、孟良寨、焦赞营、大口、小口、关爷岭、斑鸠岭、揽车村、天井关等多处要塞。

星轺驿和天井关有着密切的联系，并与古道共存亡。星轺驿以南的横望隘、小口隘、碗子城，则是天井关所辖的重要关隘，从春秋战国时期至明清时期，这里干戈迭起，硝烟不散，为历代兵家必争之地。

横望隘和小口隘，位于天井关村以南12千米处的太行绝顶，是晋豫古道上的重要关口。

中原 为中华民族、中华文明、中原文化的发源地，万里母亲河黄河两岸，千里太行山脉、千里伏牛山脉东麓，在古代被华夏民族视为天下中心。广义的中原是以中原洛阳、开封、商丘、安阳、郑州、南阳、许昌七大古都群为中心，辐射黄河中下游的广大平原地区。狭义的中原即指天地之中、中州河南。

■ 碗子城的城门

横望隘也叫"大口隘"，因唐代宰相狄仁杰自汴州北上路经此地时，登山遥望，白云孤飞，他便想起留在河阳的父母而怀情吟诗，泽州太守为之刻石纪念，横望隘因此得名。

相传北宋大将孟良曾在此筑寨，把守关口，因此叫作"孟良寨"。

小口隘位于小口村南的山梁上，两边山岭高峻，崖悬沟深。607年的时候，隋炀帝南上太行，想到河南沁阳的御史张衡家中，为此专门开道45千米，由此通过。

北宋时期大将焦赞在此修筑城寨，防守关口，叫作"焦赞城"。时隔千年，焦赞城已不存在，而孟良寨由于修筑坚固，寨墙仍屹立在太行山的高岗上。

因为战争需要，太行道沿途建筑了不少古寨和墩台。他们因山势而建，形制各异，古寨有碗子城、磨

知县　也叫"知县事"，我国古代的一个官职，是一县的主官，主要管理一县的行政。如果所在县城驻有戍兵，也要兼管军事，兼任兵马都监或监押。元代时县的主官改称县尹，因为官衔在正七品，俗称"七品芝麻官"。

盘寨、焦赞城、孟良寨、韦铨寨、寨河寨、清风寨、大寨、小寨等。

寨栅之外，因为传递讯息的需要，仍有墩台10余个，分别为万善墩、碗子城左右双墩、大口墩、油坊墩、小口墩、黑石岭墩、水奎墩、天井关墩、道口墩。

其建设修缮状况，有据可查的仅在《凤台县志》里记载碗子城道：

碗子城，县南四十五里。唐初置此，以控怀泽之冲。其城甚小，故名。

至1861年，为防获嘉李占标起义兵北上太行，泽州知府派兵在太行布防，凤台知县阮棻调四乡团练1万人防守，并"置墩台以塞城外之路，高与城齐，筑牛马墙数10余丈属于台，以护城"。又在碗子城中"修建兵房六间"，以使守关吏卒在风雨寒雪时能够避居。

与此同时，重修小口城墙，并在城外用土堆成数个烽火台，在台下修筑关门。又在门内修建几间房子，"规制略如碗子而杀之"，于

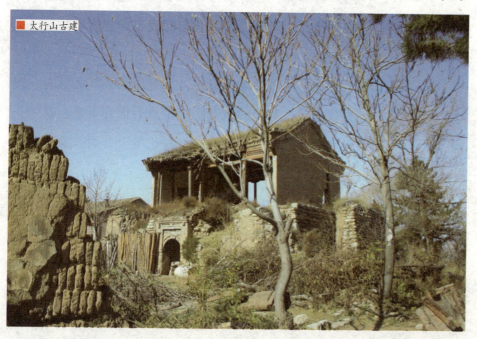
太行山古建

浩大工程的长城要塞

■ 太行上山上的古
寨遗迹

是"守备大固，人心悉定。山下烽火照关门，卒无有
一人一骑草山而近址者"。这次修造共历时两个月。

因为历史的发展演变，这些建筑越来越失去其作
用。古寨保存完好的只有碗子城、孟良寨、磨盘寨、
韦铨寨、清风寨遗迹，其余的或有部分遗迹，或已夷
为平地。

除了黑石岭墩有遗迹，水奎墩和天井关墩有一馒
头状土包，其余的墩台则全都没有保存下来。其中，
天井关墩已被村人称为"沿村圪堆"，后来又被命名
为"擎关顶"。

太行道上的宗教建筑，见于记载的有普照寺，也
就是后来的小月寺，还有大月寺、天井关文庙、天井
关关帝庙、天井关玉皇庙、拦车孔庙、拦车关帝庙、
冶底岱庙等。

大月寺位于三教河西岸，寺院四面环山，三教

河流经其下。寺院东西37米，南北22米，全寺面积为814平方米。坐北朝南，背靠笔架山，东临骆驼崖，南接皇箭垴，环境幽雅。

据寺内碑文记载，寺院创建于1516年。大月寺在1648年和1750年的时候进行了重修。

寺为一进院，北有正殿5间，左右耳殿各3间，东西配殿各3间，正殿对南殿5间，右耳殿对南敞棚3间。左耳殿对倒座戏台3间，南殿与戏台间开山门1个，面阔1间。

后来，当地又在西边增设北大殿1院3间，左右耳殿各1间，西、南两面为院墙。正殿硬山顶，面阔5间，四椽栿。殿前辟3门，门阔1间，均设6扇隔扇门。寺内后存明清重修碑碣20余通。

小月寺位于窑掌村北2千米的玉柱峰北，山环水绕，是泽州古代一大禅林。初名"普照寺"，始建于

■ 太行山古寨遗迹

太行山古建遗迹

金代。在1516年的时候，更名"小月院寺"。

清代星轺人张瑞祥在《月院山普照寺纪胜碑》里记述了当时小月寺环境的清幽："石壁嵯峨，飞流喷薄，乔林丹壑，兽怪禽奇。"

清代康熙文渊阁大学士陈廷敬游此后也写道：

树杪水溅溅，群峰矗碧天。
松门留晓月，板屋过流泉。
谷口山城远，窗中鸟道悬。
前林少人迹，寒磬下溪烟。

冶底岱庙建于冶底村西阳坡之上。1512年，松月野叟在亮月庵所撰写的《重修东岳庙碑》记载冶底岱庙时说道：

斗栱 又称"斗科""榫栌"，是木构架建筑结构的关键性部件。斗栱用来在横梁和立柱之间挑出以承重，将屋檐的荷载经斗栱传递到立柱。同时，斗栱也有一定的装饰作用，是我国古典建筑的显著特征之一。

其庙圣境者，龙泉水满，竹木森然；殿宇廊庑，次第行列，诚无浪说也。

冶底岱庙依地势而建，分为上下两院。上院正殿为天齐殿，是1080年重修而建的。这间正殿面阔3间，进深3间，是单檐歇山顶，出檐2.5米，斗栱构架循宋、金营造法式。

大殿正门外的方形覆莲石柱础、方形抹角石柱与分列4根石柱顶端的题名。1187年，古人为其雕刻了石刻门框、对狮石雕门礅，工艺精湛，铭记明确。

正殿殿内有精美的砖雕神台和木雕神龛花罩，殿顶是高2.3米的琉璃龙吻，活灵活现的工艺使两盘四爪蛟龙从天而降，腾临殿脊。

阅读链接

一天，魏将司马懿率一支轻骑到封地巡察，行至半山腰一开阔地，战马突然裹步不前。两随从也扬鞭催马，岂料战马竟然跪卧不起。

司马懿正在疑惑，见路旁有一怪石似乎在嘲笑他，不禁大怒，拔出随身佩剑向怪石刺去，剑身竟刺入石中不能拔出。这时，一随从禀报说，民间传说此山有一白龙神马，因此凡马不敢上山。

司马懿听罢，祈祷说，我乃魏将司马懿，请神马放行。说来也怪，司马懿祈祷完毕，战马便一溜烟似的向山顶奔去。后来，司马懿的孙子司马炎称帝后，便迫不及待地北上太行，为追思其先祖司马懿，就叫人在山上修了一座晋庙。后来人们就把这座山叫作"司马山"。

天井关的历史沿革

　　公元前17世纪初，是夏代的后期，商汤讨伐夏桀，迫使夏桀把都城安邑迁移到高都，就是后来的泽州高都。夏桀居住在镇南垂棘山的山洞里，而太行陉是安邑到高都的必经之地。在此时，晋东南豫西北一带附近就成了夏桀迁都后的主要活动地方。

太行山风光

■ 天井关城门

后来清代地理学家和学者顾祖禹编撰的巨型历史地理著作《读史方舆纪要》记载："汤归，自伐夏，至于太行。"《泽州县志》也记载："夏桀居天门……桀始迁于垂。"这里的天门是指天井关。

天井关雄踞太行山的最南部，故又名"太行关"，地处晋豫交界的泽州晋庙铺境内。天井关因关前有三口深不可测的天井泉而得名，为山西的六大雄关之一，是利用太行天险而修筑的重要关隘，是晋豫穿越太行的交通要道。

天井关分别由天井关城、星轺驿和多处险隘要塞所组成。天井关周围峰峦叠嶂，沟壑纵横，古隘丛峙，地势险峻。历史上为南控中原，北扼上党的军事要塞。

天井关在古史中被称为"河东屏翰""冀南雄镇"。后来东汉时期历史学家班固编撰的我国第一部

《读史方舆纪要》 原名《二十一史方舆纪要》，是清代初期顾祖禹独撰的一部巨型历史地理著作。具有浓厚的历史军事地理学特色，其核心在于阐明地理形势在军事上的战略价值。

■ 太行山天梯

纪传体断代史《汉书·地理志》记载："上党高都有天井关，即天门也。"这是有关天井关的最早记载。

天井关地处太行南北，豫晋两省之交通要道，形势险峻，是历代兵家必争要地。

我国第一部记述水系的著作《水经》记载说：

天井溪出天井关，北流注白水，世谓之北流泉。

公元前11世纪，西伯侯文王姬昌带领大军，包围了商朝西南的田猎区及军事基地鄂国的都城，并占领了太行陉南端的大片领地，为攻伐商纣扫清了障碍。

公元前922年，周穆王姬满西巡时，走到翟道时没有道路了，只有从天井关经过。传说周穆王从天井关出发，驰驱千里，最后才到达昆仑山，与西王母相会了。

传说春秋末期儒家创始人孔子在鲁国设坛讲学，他门下有很多弟子。孔子听说太行关所在的太行山那里有一个村庄，居住在那里的人都十分博学，就想带着弟子去那里游览一下，传播自己的学术。

孔子与弟子们来到太行关后，一边乘车一边游览

儒家 又称"儒学""儒家学说"，或称为"儒教"，是我国古代最有影响的学派。作为华夏固有价值系统的一种表现的儒家，并非通常意义上的学术或学派，是中华法系的法理基础。儒家最初指的是冠婚丧祭时的司仪，自春秋起指由孔子创立的逐步发展以仁为核心的思想体系。

当地的风景。这时，前面道路上几个玩闹的孩童看见有车马过来，纷纷躲避让行，只有一个孩子站在路中央纹丝不动，脚边还有一圈泥土。

孔子弟子子路马上停下车，让孩子走开，但那孩子还是没有避让。孔子见状，问那个孩子说："你看见马车为什么不躲开呀？"

那个小孩笑着说："这里有一座城池在路中间，车马怎么可能过得去呢？自古以来都是车马避让城池，哪有城池躲避车马的道理呢？"

孔子又问："城池在哪呢？"

那个孩子说："就在您的脚下。"

孔子下车查看，发现那个孩子站在一个用石子和泥土摆成的土圈的"城池"里面。孔子感到非常惊奇，就问那孩子的名字，那孩子说他的名字叫项橐。

孔子上下打量了项橐，他想这地方的人果真聪

坛 古代主要用于祭祀天、地、社稷等活动的台型建筑。最初的祭祀活动在林中空地的土丘上进行，逐渐发展为用土筑坛。坛早期除用于祭祀外，也用于举行会盟、誓师、封禅、拜相、拜师等重大仪式，规模由简而繁，体型随天、地等祭祀对象的特征而有圆有方，做法由土台演变为砖石包砌。

■ 孔子与弟子周游列国塑像

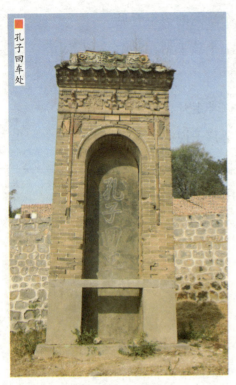

孔子回车处

慧，连小孩都如此伶俐，只不过有些恃才傲慢罢了，他就想出了一连串问题。

孔子问项橐："你的口才很厉害，但是我想考考你。什么山上没有石头？什么水里没有鱼儿？什么门没有门闩？什么车没有轮子？什么牛不生犊儿？什么天太长？什么树没有树枝？什么城里没有官员？什么人没有别名？"

孔子问完，笑着看着项橐。项橐想了想说："您听着。土山上没有石头，井水中没有鱼儿，无门扇的门没有门闩，用人抬的轿子没有轮子，泥牛不生犊儿，冬天白日里短，夏天白日里长，枯死的树木没有树枝，空城里没有官员，小孩子没有别名。"

孔子大惊，这孩子竟智慧过人！

项橐这时不容孔子多想，反问孔子说："现在轮到我考您了。鹅和鸭为什么能浮在水面上呢？"

孔子答："因为鸭子有毛，可以浮于水面之上啊！"

项橐接着问："可是葫芦没毛，为什么也能浮在水面上呢？"

孔子又答："因为葫芦是圆形的，里面又是空心的，所以能浮而不沉。"

项橐又问："钟也是圆形，里面也是空的，为何不能浮着呢？"

孔子无言以对，但是项橐又接二连三地发问："鸿雁和仙鹤为什么善于鸣叫？松柏为什么冬夏常青？"

孔子答道："鸿雁和仙鹤善于鸣叫，是因为它们的脖子长。松柏冬夏常青，是因为它们的树心坚实。"

"不对！"项橐大声说，"青蛙也善于鸣叫，难道是因为它们的脖子长吗？胡竹也是冬夏常青，难道是因为它们的茎心坚实吗？"

孔子觉得这孩子知识渊博，连自己也辩不过他，想到自己本来还想为当地人传播学识，就觉得十分惭愧，于是便打消了东游的念头，不再前进了。

这就是孔子东游太行关的故事。后来，这村子里还有回车辙、石碑和孔庙等。

公元前260年，秦赵两国在韩国的长平地区进行决战，秦昭襄王亲自来到河内郡的野王督战增援，并赐给所有的郡民爵位一级，征募15岁以上男子，通过太行陉的丹河谷地带调往长平前线。

公元前204年，在楚汉战争时期，汉高祖刘邦接受了谋士郦食其的建议，"据敖仓之粟，塞成皋之险，杜太行之道"，在太行陉及丹河谷地增派重兵。后人把刘邦当年屯兵城池称为汉高城，以作纪念。

楚汉战争蜡像

隋炀帝铜雕壁画

公元前23年秋天至公元25年，东汉开国大将冯异北攻天井关，并占领了此关。东汉将军王梁任野王，曾被派往镇守天井关。

后来，天井关为更始帝王莽部将田邑所占据，汉光武刘秀派部将刘延攻打天井关，久攻不下，直至王莽死后，田邑才献关请降。

在530年，北魏孝文帝斩了大将尔朱荣，尔朱荣的儿子尔朱世引兵进犯洛阳，没有攻下，又向北直奔潞州，直至建州，也就是后来的泽州，先攻破了天井关，建州于是宣告沦陷。

隋炀帝杨广在607年5月，由洛阳出发，在仪仗、车队等大量随行人员簇拥下，经太行陉，北巡突厥牙帐。两个月后，炀帝返回南下，途经济源回到洛阳。

根据我国第一部编年体通史《资治通鉴》记载，"帝上太行，开直道九十里，九月，至济源"。

唐玄宗李隆基在723年的正月从东都洛阳出发，经太行陉北上，巡幸潞州、并州，在星轺驿写下了《早登太行山中言志》一诗。同年冬十月，玄宗皇帝再次沿前次路线北巡。

843年，昭义节度使刘从谏病卒。唐代右骁卫将军刘从素的儿子刘稹，也就是刘从谏的侄子，早期为牙内都知兵马使，他采用了昭义兵马使郭谊的建议，秘不发丧，自领军务，拒不听从朝廷调遣，并占据泽州和潞州。

908年3月，梁太祖朱全忠由都城河南开封出发，经太行道天井关前往泽州，安抚督导与晋王交战的将士。4月，朱全忠经星轺驿顺原路返回大梁。

960年4月，宋太祖赵匡胤北上太行讨伐原后周昭义节度使李筠叛乱。在常平和碗子城，因道路险窄，宋太祖亲自下马负石，带领全体将士铺平山道，然后北上星轺驿、天井关并抵达泽州。

1126年，天井关改称"雄定关"，至元代末年，又改称"平阳关"。关内的羊肠坂道十分险要，又称"丹道""丹径"或"太行坂道"。

阅读链接

太行山本来在冀州的南边，但是一位住在附近的叫愚公的老人因为觉得太行山阻碍了自己的出行，就对家人说："我跟你们尽全力铲除险峻的大山，可以吗？"

大家纷纷表示赞成。

于是，愚公率领子孙中的3个人上了山，凿石开垦土地，用箕畚装土石运到渤海的边上。有人讥讽他愚笨，愚公却说："即使我死了，我有儿子在，儿子又生孙子，子子孙孙没有穷尽，然而山却不会增加高度，何愁挖不平？"

山神听说了这件事，就禀告了天帝。天帝被他的诚心所感动，命令大力神夸娥氏的两个儿子背负着两座山，一座放在朔东，一座放在雍南。从此，太行山就在朔东了。

太行关见证千古名句

自古以来，许多文人骚客都经天井关，并留下了诗词名篇。西汉时期的著名经学家和数学家刘歆曾作了我国文学史上第一篇纪实性纪行赋叫《遂初赋》，其中描述太行关：

太行山风光

驰太行之严防兮，入天井之乔关。

历冈岑以升降兮，马龙腾以超摅。

无双驷以优游兮，济黎侯之旧居。

心涤荡以慕远兮，回高都而北征。

■ 曹操雕塑

206年，曹操率兵亲征高干，途中经过太行山著名的羊肠坂道，写下了汉乐府诗《苦寒行》，其格调古直悲凉，回荡着一股沉郁之气。诗写道：

北上太行山，艰哉何巍巍！

羊肠坂诘屈，车轮为之摧。

树木何萧瑟，北风声正悲。

熊罴对我蹲，虎豹夹路啼。

溪谷少人民，雪落何霏霏！

延颈长叹息，远行多所怀。

纪行赋 也就是通过记叙旅途所见而抒发自己感慨的赋作。纪行赋以纪行为线索，兼有抒情抒怀，写景叙事，一般篇幅不太长，是两汉时期汉赋作家在抒情言志上另寻新法的一种大胆尝试，也是后代游记文学的先声。

太行山上的羊肠坂道

浩大工程的长城要塞

诗的大意是：向北登上太行山，多艰难呀，这山势多么高峻。山坡上的羊肠小道弯曲不平，车轮都因此而摧毁。树木萧条冷清，北风传来悲伤的声音。

大熊盘踞在我们的前方，虎豹在路的两旁咆哮着。山谷中少有人居住，而且正下着大雪。伸长脖子眺望时，不禁深深叹气，这次远征，内心感触很多。

诗以"艰哉何巍巍"总领全篇，通过征途所见突出一个"艰"字。"树木何萧瑟，北风声正悲"两句为全诗奠定了萧瑟悲凉的基调，使诗笼罩在一片凄哀险恶的气氛中。

这首诗感情真挚，直抒胸臆，毫不矫情作态。曹操在诗中用质朴无华的笔触描述了委曲如肠的坂道、风雪交加的征途和食宿无依的困境。

对于艰难的军旅生活所引起的厌倦思乡情绪，曹操也做了如实记录。更感人的是，尽管作为东汉晚期的军事统帅，曹操在诗里却没有强做英豪之态，而是赤裸裸地写出了当时在那种环境下的内心波动，直露的笔触把自己的内心世界呈现了出来。

整首诗写出了诗人同情长期征战的战士，渴望战争结束、实现统一的心情，整个诗歌弥漫着悲凉之气，抒情真挚感人。后来，盛唐时代的帝王唐玄宗李

禁卫军　古代皇帝的直属卫队或宫殿卫兵的俗称，分为御林军和锦衣卫。在商代、周代、春秋战国时期、唐代等朝代都有这种军事机构。禁卫军是皇帝身边的贴身护卫，是皇上在受刺杀时的保卫人员，通常是精锐中的精锐部队，是从军队中精挑细选出来的。

隆基也曾为太行关作诗，名为《早登太行山中言志》：

清跸度河阳，凝旌上太行。

火龙明鸟道，铁骑绕羊肠；

白雾埋阴壑，丹霞助晓光。

涧泉含宿冻，山木带余霜。

野老茅为屋，樵人薜作裳。

宣风问耆艾，敦俗劝耕桑。

凉德惭先哲，徽猷慕昔皇。

不因今展义，何以冒垂堂。

  仪仗队鸣锣开道，禁卫军神色威严，灯火成龙地行进在羊肠鸟道上，真龙天子端坐大轿之中，度河阳、上太行。

  清晨的白雾缓缓升腾在太行山的山谷沟壑之间，天边的朝霞伴着阳光一同出现在天边，绚烂美丽。山间中的清泉还未从寒夜中完全解冻，山上的草木还有未融的余霜。

  老人们住的是茅草屋，打柴人穿的是麻布粗衣，老辈人传播好的风尚，催促后人以农桑为本，树立淳

■ 唐玄宗　即李隆基，也称"唐明皇"。于712年至756年在位。他重视地方官的选拔，曾亲自考核县令，把不称职的人斥退，任用姚崇、宋璟等贤相，励精图治，因此社会安定，生产发展，经济繁荣，唐代进入全盛时期，史称"开元盛世"。

■ 元好问塑像

浩大工程的长城要塞

厚风俗。我要仿效先皇的贤明盛德，若不是为了宣抚百姓，伸张正义，我何苦到这艰险的大山上来呢？

这是一首排律，采用4句一转的方式，开头4句描写皇帝出行的威严，并且设问说，堂堂大唐皇帝为什么不在宫中安享清福，而一大清早便上太行山呢？

下面4句则描写太行山的清晨美景，"野老"4句进一步描写山乡民俗民风。最后4句抒怀言志，从而回答了开篇时的疑问。这样，起承转合，层层递进，格律严谨，读来朗朗上口，颇有气势。

在经历过盛唐几百年后的金代，既是著名文学家，又是诗人的金代学者元好问也同样对太行关发出了感慨，他作诗《天井关》道：

格律 我国古代诗歌所独有的，并在创作时的格式、音律等方面所应遵守的准则。诗词格律一般有四大要素，用韵、平仄、对仗、字数。其中律诗最为严格，必须满足全部要素。格律诗包括律诗和绝句，被称为近体诗或今体诗。

石磴盘盘积如铁，牛领成创马蹄穴。
老天与世不相关，玄圣栖栖此回辙。
二十年前走大梁，当时尘土困名场。
山头千尺枯松树，又见单车下太行。
自笑道涂头白了，依然直北有羊肠。

明代著名贤臣于谦，为官廉洁、性情刚直，曾平反冤狱，救灾赈荒，深受百姓爱戴。他在1421年考中进士，1430年担任监察御史，因才华出众，调任兵部右侍郎巡抚河南，总督税粮，在任19年。

于谦可谓文武兼备，抱有远大的志向，正如他的字"廷益"那样，有益于朝廷和百姓。他任河南、山西巡抚期间，往来于河南、山西，太行陉、白陉，这几个地方都是他常常经过的道路。

于谦曾多次饱览太行山的雄姿景色，体会到了高山的深沉底蕴、无穷力量和崎岖难行，饱览太行山雄姿。因此有感而发作诗《夏日过太行》道：

信马行行过太行，一川野色共苍茫。
云蒸雨气千峰暗，树带溪声五月凉。
世事无端成蝶梦，畏途随处转羊肠。
解鞍盘礴星轺驿，却上高楼望故乡。

■ 于谦雕像

战马不停地行走在太行山中寂静的小路上，整个山谷包括花草，都被苍茫的、灰蒙蒙的暑气笼罩着。

云中好像吸附了许多水气，天空变得阴暗，无数的山峰也显得灰暗下来，树枝摇摆着、树叶晃动着并发出"哗啦哗啦"的声音，像是溪水流动的声音。已经是五月，但在太行山中却满是凉意。

经历的世事像是亦真亦幻的

梦境，又像是庄周梦蝶一样，使人茫然分不清楚。路途很长，多是高高下下、转弯抹角的羊肠道，似乎迷失在了途中，又似乎永远望不到尽头。

停下马来在郐乡气派壮观的驿站休息，登上高楼眺望着心中思念的故乡的方向。自己常年在外地为官，为国事操心、为百姓解难，很少有机会回家探望，早已不知故乡的亲人状况怎么样。

"信马行行过太行，一川野色共苍茫。"于谦开门见山地绘出了一幅图画，苍茫、炎热的夏季天气里，太行山的大谷深沟边，一行人马在赶路，这样空荡惆怅的情怀似乎也感染了山中的一切生命。

炎热的天气环境，苍茫凉爽的太行山中，看不穿亦喜亦悲的世事，反映出于谦心中的些许迷茫。由景色的苍茫、迷离，引申到人内心的迷茫、困惑。

诗中提到的"庄周梦蝶"的故事，因其深刻的意蕴、浪漫的情怀和开阔的审美想象空间而备受后世文人喜爱，同时也成为于谦借以表达离愁别绪、人生慨叹、思乡忧国、恬淡闲适等多种人生感悟和体验的一个重要意象。

于谦的这首《夏日过太行》诗作朴实贴切、生动形象、由景及情、有感而发，没有无病呻吟之状，堪称佳品。

阅读链接

太行陉的形成，促进了沿线居民经商观念的形成、商品转运业的发达、大批城镇的崛起，繁荣兴起了覃怀与泽潞商业文明，为两地创造出领先于邻近区域的古代文明奠定了基础。

至明清时期，太行道连通的河南沁阳、博爱等地的万善镇、邘邰镇、许良镇以及泽州地区凤台县、大阳、阳城等地已"店铺栉比，烟火万家"，成为当地的工商贸易中心。

陕西潼关

潼关位于陕西渭南，北临黄河，南踞山腰，与崤函古道东口的函谷关遥遥相对，守卫着这条古道要津的西口。潼关设于东汉晚期，当时关城建在黄土塬上，隋代南移数千米，唐代武则天时期又北迁塬下，形成后来的潼关城旧址。

潼关地处黄河渡口，位居晋、陕、豫三省的交集点，是汉代末期以来东入中原和西出关中、西域的必经之地及关防要隘，历来为兵家必争之地，素有"畿内首险""四镇咽喉""百二重关"之誉。

历代迁移的潼关城

潼关城作为戍守要地，先后有3个关城，即东汉时期、隋唐时期及其以后的潼关城。

东汉时期作为守备要塞的潼关城，最早建于东汉晚期，建城的具体年代虽已无考，但是在211年的时候，有古籍记载"超等屯潼关"，便有了潼关之称，此后为世人所称。

关于东汉潼关城的具体位置，根据《水经注》记载：

郦道元画像

河水自潼关东北流，水侧有长坂，谓之黄巷坂，傍绝涧涉此坂以升潼关，所谓溯黄巷以济潼关也。

《水经注》的作者郦道元看到的潼

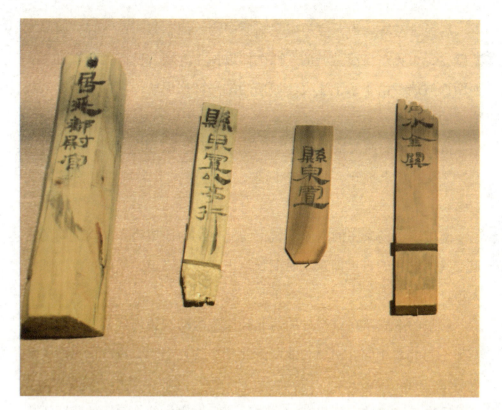

■ 西汉关检

关城，必然就是东汉时期的潼关城。按照郦道元的说法，自函谷关东来的大道到潼关城东，由于黄河紧切塬下，河边无路可通，只能经过一个黄巷坂，才能到潼关城，可见这个关城位于高埠之上。

据后来清代向准所修的《续潼关县志》记载：

潼关古城在上南门外塬上……今其遗址尚存。

向准所说的上南门是潼关东南半塬上的南门。潼关县南迁至吴村后，原潼关县城后来改称"港口"。

后来东汉时期的潼关城只有南墙和北墙，根本没有东墙和西墙，但是，没人知道为什么。

《水经注》是古代较完整的一部以记载河道水系为主的综合性地理著作，由北魏时郦道元所著，全书30多万字，详细介绍了我国境内1000多条河流以及与这些河流相关的郡县、城市、物产、风俗、传说、历史等。《水经注》文笔雄健俊美，既是古代地理名著，又是优秀的文学作品。

后经过考察认为，潼关城东临原望沟，西临禁沟及潼谷，两沟深堑壁立，可见东汉潼关城的东西两侧以深堑为墙，所以就没有筑东、西两面城墙。由于水土流失，城墙两端局部崩塌于沟内，从两端可见崩塌的残迹。

　　留在地面的潼关城的北城墙在陶家庄的北侧，其东西长约1千米，高约7米，黄土板筑，城门略偏东，与港口潼关老城的上南门南北对峙。

　　南城墙在杨家庄的南侧，城根的北侧，与原望沟和禁沟之间的古道交叉。这里的古道即东汉时期长洛大道必经之道，从而可控制长洛大道。

　　后来的南城墙在城根村的西北和原望沟的沟边仍残留部分城墙，其形态与北墙相同。南墙和北墙南北相距约15千米，由此可见潼关城也是很大的。

　　后来，潼关城在隋代有过一次迁移，据唐代杜佑编撰的我国历史

浩大工程的长城要塞

陕西汉中石门栈道

上第一部体例完备的政书《通典》记载：

隋炀帝：大业七年移于南北镇城间，坑兽槛谷置。

大业七年，也就是611年。《通典》的作者杜佑说，隋朝时所移的潼关城在"坑兽槛谷"。

根据后来清代向准的《续潼关县志》的说法，坑兽槛谷的位置是"在城南四里，南北镇城间，隋大业七年，徙潼关于南北镇城间即此"。向准说的"在城南四里"，是指在后来的潼关港口乡南2千米处。

又据后来清代饶应祺所修的《同州府续志》记载："中咀坡古为连城关，隋大业七年所迁关城也。"这里说的"连城关"就是南北镇城。

据清代末期的潼关人赵鹏超所修的《潼关县新志》记载，隋"大业七年，徙南北连城关，去今地四里"。赵鹏超说的"去今地四里"，也在潼关港口乡南2千米处。

根据《潼关县新志》记载："隋大业七年迁关城于禁沟口。""禁沟口"就在中咀坡下方。

由于以上资料讲的都是同一地址，可见隋代潼关城只有一个地址，因为东汉时期潼关城以南地势平坦

■ 陕西汉中石门栈道

四镇咽喉
陕西潼关

《通典》 古代历史上第一部体例完备的政书，由唐代杜佑撰写，共有200卷。《通典》记述了唐代天宝年间以前历代的经济、政治、礼法、兵刑等典章制度及地志、民族的专书。《通典》内分9门，子目1500余条，约190万字。

开阔，没有设关的条件，因而，隋城不可能向南迁移。

在港口南2千米的中咀坡下，是潼水与禁沟的汇合口，也是一片谷地，位于东汉时期潼关城南城墙的西南坡下，长洛大道从汉潼关城西行时必经这里。

潼关城设在这里既可以有效地控制长洛大道，又可控制禁沟和潼水南北通道，避免了东汉时期潼关城不能控制南北的弊病，这也是隋代迁移潼关城的原因之所在。

隋代潼关城地处禁沟和潼水河谷交汇之处，又处交通要道，所以城墙后来没有得到保存。

隋城遗址内仅有烽火台一座，在隋城南侧中咀坡塬头上有一高大烽火台清晰可见。这个台居高临下，可能是隋代潼关城军事要塞的讯号台。

后来，潼关城至唐代有过一次迁移，这次迁移是在691年进行的。当时，黄河南岸与塬之间可以东西通行，长洛大道沿河边行进更为方便，所以不再绕道塬上。

为了控制大道，因此，武则天下令将潼关城北移到黄河岸边。据《元和郡县志》中记载唐代潼关城时说："关西一里有潼水。"

这就是说，唐代潼关城的西门距潼水500米，北墙紧挨黄河岸边，南墙应在南塬半坡，东门应是原望沟口东侧的黄巷坡内的金陡关。这样，唐代潼关城既可控制东西大道，又可控制绕道塬上的古道。

唐代潼关城设立后，隋城的防卫作用仍然存在，唐代末期黄巢起义军进攻潼关时，唐军忘守禁沟，义军踏破禁沟，进而攻破潼关城。

而唐代以后的宋、元、明、清时期的潼关城，其位置没有多大变化，都是在唐代潼关城的基础上维修、拓展和加固的。

后来残留在港口的城郭是明代所修，该城的西门紧靠黄河，北墙立于黄河岸边，东门接近原望沟口，南墙蜿蜒于南塬半腰，潼水穿城而过注入黄河。

这个关城既可控制长洛大道，又可控制南北通道，比东汉时期的潼关城和隋代的潼关城更为适用。

阅读链接

当年，三国时期军事家曹操命令曹洪和徐晃在潼关作战，并说："你们两人先带一万人马守住潼关。如10天内失掉了潼关，就按军法处决你们。"

曹洪、徐晃到了潼关，并不出战。西凉将军马超领兵来到关下痛骂曹操三代人，激怒了曹洪。曹洪想出战，却被徐晃劝住了。到了第九天，西凉军故意装出懈怠的样子，诱使曹洪和徐晃中了圈套，被打得措手不及。

曹洪丢失了潼关，奔来拜见曹操。曹操说："给你10天期限，为什么9天就丢了潼关？"

曹洪说："西凉军士，百般辱骂，实在令人难以忍受。后来又看见西凉军懈怠，便乘机袭击，不想中了奸计。"

曹操大怒，亲自率军直逼潼关，但仍然战败了。后人有诗说：潼关战败望风逃，孟德仓皇脱锦袍。剑割髭髯应丧胆，马超声价盖天高。

天堑天成的潼关要塞

那是东汉末期，魏王曹操为了预防陕西、甘肃方面的兵乱，便在南依秦岭、北临黄河的狭窄地带，筑起了"一夫当关、万夫莫开"的关城，并同时废弃了东边的函谷关。

由于潼关所处的咽喉要冲地位，曹操与蜀汉骠骑将军马超激战潼

■ 马超渭水败曹操图画

■ 马超墓

关，曹操以沙筑墙用水浇灌，一夜之间就冻成了冰墙，马超进而不得只好西走。

在潼关，冷兵器的撞击、亡灵的哀号，鼓角争鸣、烽火狼烟，这里凝聚了太多太多的故事。

潼关始建于东汉末期，历史悠久，闻名遐迩。由于黄河水在关内南流潼激关山，所以叫"潼关"。

古潼关是我国著名的十大名关之一，历史文化源远流长。马超刺槐、十二连城、仰韶文化遗址等名胜古迹星罗棋布，风陵晓渡、谯楼晚照、秦岭云屏等潼关八景，引人入胜。

作为兵家自古必争之地的潼关，地形非常险要，南有秦岭，东南有禁谷，谷南又有十二连城。北有渭、洛二川会黄河抱关而下，西近华岳。

潼关的周围山连山，峰连峰，谷深崖绝，山高路狭，中间通一条狭窄的羊肠小道，往来的空间只够容纳一车一马。

兵家　古代对军事家或用兵者的通称，也指研究军事的学派。兵家分为兵权谋家、兵形势家、兵阴阳家和兵技巧家四大类，代表人物有春秋时期的孙武、司马穰苴，战国时期的孙膑、吴起、尉缭、公孙鞅、赵奢、白起，汉代初期的张良、韩信等。

过去的人们常以"细路险与猿猴争""人间路止潼关险"来比拟这里地形的重要。

唐代著名诗人杜甫游览潼关后也有诗句说道：

丈人视要处，狭窄容单车。艰难奋长戟，万古用一夫。

潼关要塞的险要构成，潼关城是其要隘，加之黄巷坂、禁沟和十二连城、秦岭、黄河等，构成了一个立体戍守的要塞。

黄巷坂处于潼关城东，自函谷关东来的大道必须经过黄巷坂，别无他道可寻。

黄巷坂的南侧紧临高原，悬崖陡壁，北侧夹河之间有一高岸隆起，这就形成了南依高原、北临绝涧、中通一径的孤道，这个孤道"邃岸天高，空谷幽深，涧道之峡，车不方轨"。

浩大工程的长城要塞

古代关隘

在"车不方轨"的谷道里，士兵们难以行动，所以，黄巷坂成为潼关要塞的第一个天然屏障。自唐代潼关城移至黄河岸边后，它的东门就设在黄巷坂内，所设的"金陡关"是潼关城的第一门，又称"潼关第一关"。

丝绸之路烽火台遗址

由于黄巷坂地处原望沟入黄河口的东侧，当地人称黄巷坂为"五里岸门坡"，可见黄巷坂有2.5千米长。

其实原来的黄巷坂还会更长一些，但是由于黄河向南切蚀，黄巷坂北侧的高岸崩塌于黄河之中，至后来，能看到的黄巷坂也就仅有数百米长了。

潼关守备，离不开禁沟，禁沟也称"禁谷""谷势壁立，望者禁足"，深达数百米，是难以逾越的天堑。禁沟南北横断潼关塬区，成为天然屏障，自潼关城南直通秦岭，可与武关连通。

像禁沟这样的南北大沟向西有潼谷等数条，由于这些南北沟道横断潼关塬区，所以，古来潼关塬无东西大道可通。但是，翻越这些沟道，仍然可以进入关中。

禁沟与潼关城地处南北一线，戍守潼关，就要防守禁沟。防守禁沟的具体情形，据古籍记载：

故守关而不守禁沟者，守犹弗守也，守禁沟不建十二连城者，守犹未善也。是由一室之内，杜门塞窦，以防鸟雀之

烽火台 又称"烽燧""烽堠""烟墩"或"墩台"，古代重要的军事防御设施，是古时用于点燃烟火传递重要消息的高台，可以防止敌人的入侵。遇有敌情发生时，烽火台则白天施烟，夜间点火，台台相连，传递消息。

入，而忘闭其牖也，是以关于敌也，非所以固吾圉也。

后世之守关者，察地理之形势，课封疆之万全，周历山川，旷览古今，鉴观成败，其于建连城以控禁沟，控禁沟以固关。

这段资料就是禁沟和十二连城位置、作用的真实写照。由此可见，禁沟天堑和十二连城是潼关要塞的天然屏障之一。唐代在禁沟西沿设置十二连城，唐代还设禁谷关，足见禁沟防御体系的形成。

后来的禁沟虽然因为长期的雨水冲刷而谷岸崩塌了，但仍然是悬崖绝壁，难以翻越。十二连城的城墙后来都没有保存下来，但城内存有一个夯土台。

夯土台每个底边长约1千米，宽11米，高716米，黄土板筑，层面清晰可见，有通到台顶的台阶。土台

■ 陕西秦岭界碑

■ 隋代建筑用砖

既是连城的瞭望哨，又是烽火台。这些土台大部分得到了保存，只有少数崩塌于禁沟内。

在十二连城的中部有一自然村，名称"中军帐"。这就是《潼关志》所说的"中城"。在这个村的东南侧有一个较小的土台，而在村的西北角有一个高大的烽火台。这个中军帐村就是古代的指挥中心。

每当十二连城中的士兵发现敌情，就会在城内土台点燃烽火，通报中军帐，再由中军帐点燃烽火通报潼关城，这就起到了防卫作用。

秦岭是潼关要塞的天然屏障，但是禁沟、潼谷等都直通秦岭，由此可翻越秦岭。

为了防止军事行动穿越秦岭，进而攻破潼关，所以古人在秦岭北麓潼关地界，自东而西设置了西峪关、善车关、蒿岔峪关、潼谷关、水门关等关塞。

这些关塞均有驻军把守，成为潼关城的南部前沿

十二连城 十二连城是由12座城连接而成的古城，位于鄂尔多斯高原东部，准格尔旗北端的黄河南岸。十二连城地处战略要点，可北凭黄河天险，控制蒙古草原，南临中原大地，进退两易。

哨卡，和潼关要塞浑然一体。所以，潼关城既有秦岭这个天然屏障，又有关塞防卫，这就保证了潼关要塞的南部安全。

黄河出秦晋峡谷南流到潼关北，折转而东。在这里，洛水、渭河会黄河"抱关而下"，黄河紧切潼关城下流过，形成天堑，无途可通，也隔断了北来之路，在潼关城北侧形成自然防卫带，因而成守潼关无须考虑城北安全，黄河天堑形成了天然屏障。

潼关城的守备是非常严密的，因为潼关城设在潼关塬头上，长洛大道到原望沟，黄河边无路可通，只好绕道塬上，通过东汉潼关城，从它的西侧下到禁沟底部，再北行才能进入关内。

因而关闭潼关城门，就能横断长洛大道。而且城东是原望沟，所以，素有"一夫当关，万夫莫开"之势。

而隋代潼关城位于坑兽槛谷，东、南、西三面环山，北为潼河谷地。东来的长洛大道仍经过汉城，所以汉城成为隋城的第一道防线。

出了汉城西行，经过一个只能容单车的狭窄坡形谷道，才能下到隋代潼关城。

城东是悬崖绝壁，城南临禁沟、潼谷出口，城西是高岸，所以隋

■ 隋代碑文

代潼关城也是山环水绕，天堑天成。

关闭隋代潼关城门能横断东西大道和南北通道，因而具有"一夫当关，万夫莫开"之势。

唐代及其以后的潼关城夹在黄河与塬之

■ 隋代青石函

间，又处于黄河进入晋豫峡谷的入口处，潼关城的东面，据古代巨型历史地理著作《读史方舆纪要》记载：

河山之险迤逦相接；自此西望，川途旷然。

由此可见，潼关城的东侧是峡谷地带，易守难攻。东来的长洛大道和南北通道都要进入潼关城，然后再出西门才能进入关内。

城东有黄巷坂，"车不得方轨，马不得成列"。东门外黄河紧切门下，攻关之势难以形成。

阅读链接

641年春天，唐太宗李世民从长安起身去泰山封禅，李世民的车队到达洛阳时，一天夜晚，有彗星划过天空，太宗以为这是不祥的预兆，马上下达命令，停止去泰山封禅，留在东京洛阳，李世民在洛阳停留的时间比较长，从3月初至9月底才回驾长安。

李世民经过函谷关时，在皇帝的专车上，他命爱妃徐惠作诗一首，徐惠奉命只写了一首《秋风函谷应诏》，第二天到达潼关。在潼关，唐太宗有感而发写下了气势磅礴的《入潼关》，也是对徐惠所写《秋风函谷应诏》的应和。

雄奇壮观的潼关八景

　　"潼关八景"包括雄关虎踞、禁沟龙湫、秦岭云屏、中条雪案、风陵晓渡、黄河春涨、谯楼晚照、道观神钟。

　　雄关虎踞，是指潼关故城东门的关楼。踞是蹲或坐的意思。虎

陕西秦岭石刻

■ 城墙上的建筑

踞，是指东门外麒麟山角形似一只猛虎蹲在关口。

东门城楼北临黄河，面依麒麟山角，东有远望天堑，是从东面进关的唯一大门，峻险异常，大有"一夫当关，万夫莫开"之势。

关楼和巍峨的麒麟山，恰如一只眈眈雄视的猛虎，守卫着陕西的东大门，它以威严雄险而著称。

清代诗人淡文远曾写诗胜赞《雄关虎踞》说道：

秦山洪水一关横，雄视中天障帝京。
但得一夫当关隘，丸泥莫漫觑严城。

诗的第一、二两句是说，秦岭和黄河之间横踞着一个潼关，它虎视中原保护长安。第三、四两句是说，只要派一员将守住东门，关隘指东门，什么丸泥

麒麟 雄性称"麒"，雌性称"麟"，是我国古籍中记载的一种动物，与凤、龟、龙共称为"四灵"，古人把麒麟当作仁兽、瑞兽，常用来比喻杰出的人。传说麒麟是神的坐骑，是吉祥神兽，代表着太平、长寿、聪慧和祥瑞。

"东封函谷"，只不过是狂妄者的谰言。

东封函谷指的是东汉王元将军曾夸口说用少数兵力就可东封函谷关，这只不过是对潼关的傲慢态度。

龙湫上有悬瀑，下有深潭。禁沟龙湫景致在禁沟口石门关北面禁沟水与潼河相汇处，北距潼关故城约2千米。

禁沟既长且深，下有流水，水源出自秦岭嵩岔峪，汇合沿途泉水流至沟口石门关。沟床突变，湍流直下，飞沫四溅。

沟水下落与潼河相溶，汇为深潭。碧波荡漾，鱼跃兴波，绿树成荫，花香鸟语，颇有江南水乡风韵。

明代诗人林云翰咏《禁沟龙湫》写道：

浩大工程的长城要塞

禁沟山下有灵源，一脉渊深透海门。

龙仰镜天嘘雾气，鱼穿石瓮动苔痕。

四时霖雨资农望，千里风云斡化云。

乘兴登临怀胜迹，载将春酒醉芳尊。

秦岭风光

城墙上的建筑

　　诗的第一、二句是说，禁沟口有瀑布深潭，直通海门。形容潭深水碧看不见底。灵源，在这里喻指龙湫水景。古人说道"水不在深，有龙则灵"。

　　诗的第三、四句是说，神龙仰望天空吐着雾气。鱼儿穿梭，触动苔藓。第五、六句是说，一年四季霖雨满足了农人的愿望，千里风云调和着大自然的变化。第七、八句是说，乘着兴致来此饱览胜景，带着春酒在芳草地上喝醉。

　　秦岭云屏，是说秦岭云雾缭绕的自然风光像是潼关的屏风。

　　潼关南面的秦岭峰峦起伏，苍翠清新，每当雨雪前后，景象更为佳妙，峰峦中游云片片，若飘若定，似嵌似浮，来之突然，去之无踪。一会儿若龙腾跃，一会儿若马奔驰。

　　有时如丝如缕，有时铺天盖地，或如高山戴帽，或如素带缠腰，或如绵团乱丝。千姿百态，变化无穷。迨旭日初露，锦幛乍开，五光十色，山为画，画为山，画山融为一体。

千总 古代的官职名。千总是正六品的武官，职权比较小。千总主要负责管理驻守在京师的各个兵营，清代增加了绿营兵编制，营以下为汛，也由千总负责，称为“营千总”。主要负责为统率漕运军队，领运漕粮的称为“卫千总”或“守御所千总”。

清代著名诗人王士禛所著的《秦蜀驿程记》写道：

河南连山，绵绵不绝……时见白云逢逢，自半山出，惝恍无定姿，心目为之清旷。

清代诗人淡文远写《秦岭云屏》的诗称赞说：

屏峙青山翠色新，晴岚一带横斜曛。
寻幽远出潼川上，几处烟村锁白云。

诗的第一、二句是说，彩云像屏障一样直竖着，秦岭更加苍翠清新，天气放晴，云气如带，横抹着夕阳的彩霞。第三、四句是说，寻求美景，不辞奔波，来到潼洛川上，但见村落烟雾缥缈，处在白云之中。

秦岭风光

中条雪案的中条指中条山，在其西面端与潼关隔黄河相望，明代时为蒲州所辖。中条雪案，指中条山清幽的雪景。

在当时，潼关是军事重镇，设防范围北跨黄河，在蒲州境内筑守御城，设千总，管辖蒲州一些关津渡口。潼关

故城处正是欣赏中条雪案的最好位置。

大雪纷飞时的中条山银装素裹，银为树，玉作峰，粉塑栏杆，素裹山川。倘若雪后新晴，则银光四射，琼瑶失色，云游雾荡，观者仿佛置身于仙境之中。

■ 秦岭风光

淡文远在《中条雪案》中写道：

迢遥北望俯群山，满眼平铺霜雪环。
疑是蓬莱山上石，移来一片拱岩关。

诗的第一、二句是说，站在潼关城头向北瞭望中条山，到处都被冰雪覆盖。第三、四句问道，是谁把蓬莱仙岛上的琼瑶白玉搬来了呢？

风陵晓渡中的风陵，是神话传说中女娲氏之墓。位于潼关故城东门外黄河岸河滩。风陵处的渡口叫"风陵渡"。

潼关城地处黄、渭两河交汇处，早在春秋时期，就是交通枢纽，水路要冲。在1728年，风陵渡就有"官船11只，船夫84人"，还有私人和上下游经常过往的客商船只。

黄河上下，烟雾茫茫，桅灯闪烁。船只南北横

女娲 又称女娲氏、娲皇，是我国传说中的上古氏族首领，后逐渐成为我国神话中的人类始祖。根据神话记载，女娲人首蛇身。女娲的主要功绩为抟土造人，以及炼石补天。其他的功绩包括发明笙簧和规矩，以及创设婚姻。后世女娲成为民间信仰的神祇，被作为人类始祖和婚姻之神来崇拜。

驰，彩帆东西争扬，侧耳倾听，哗哗的水声，吱吱的橹声，高亢的号子声，顾客的呼喊声，鸟声，钟声汇成一片。

明代诗人林云翰在《黄河春涨》中写道：

冰泮黄河柳作烟，忽看新涨浩无边。
飞涛汹涌警千里，卷浪弥漫沸百川。
两岸晓迷红杏雨，一篙春棹白鸥天。
临流会忆登仙事，好借星槎拟泛骞。

诗的第一、二句是说，黄河冰解，两岸绿柳如烟，忽然看见河水猛涨浩渺无边。第三、四句是说，洪流奔腾，一泻千里，巨浪澎湃，百川汇流。

诗的第五、六句是说，伫立岸边醉迷着杏花时节的清晨春雨，挥篙驱舟游荡在白鸥群中。第七、八句是说，撑船在黄河中随波逐流，遐想着登仙之事，最好还是效法张骞寻找源头。

《荆楚岁时记》说张骞乘坐筏子寻找黄河源头，结果泛流到了天河，见到了织女和牛郎。

谯楼指的是古代建筑在城门上的楼，楼上驻兵，用以瞭望，报警报时。谯楼晚照，指日落时候潼关谯楼的景致。夕阳西下的时候，高大巍峨的谯楼中的雕柱斗角，飞檐钩心，光芒四射，谯楼暗亮分明，边沿折光，五光十色。

织女 我国著名神话传说中的女主角，相传织女是天上的仙女，偶然留在人间后，却与牛郎结为夫妻，而最后被天庭召回，一年里只能与牛郎见一次面。

牛郎 我国著名神话传说中的男主角，相传牛郎偶然撞见天上的仙女洗澡后认识了织女，他与织女结为夫妻后，由于天庭的原因被迫分开。

■ 西安出土的商代龙纹刀

西安古城楼上的云梯

栏杆空处，红霞道道如束。谯楼四周"归鸿默默争先集，落雁翩翩入望中"。

清代诗人潘耀祖在《谯楼晚照》中写道：

> 画楼突兀映麒麟，斗角钩心满眼春。
> 待得夕阳横雁背，鼓声初动少行人。

诗的第一、二句是说，谯楼高耸同麒麟山交互辉映，飞檐雕柱错综精密，光彩普照，满眼争春。第三、四句是说等到夕阳横照雁背之时，谯楼上响起戍鼓声，街上的行人渐渐少了。

道观指道教的庙宇。道观神钟，因道观里的异于一般的"神钟"而驰名。

相传在1590年左右，潼关附近洪水泛滥，黄河汹涌澎湃，流有雌雄两钟，摩荡有声，雌钟止于潼关，"出，扣拓阴晴"，而雄钟则流于陕州。

西安古城第一门

1596年，这口奇异的雌钟，被悬挂在麒麟山顶的钟亭上。钟亭周围绿树参天，白云缭绕，晨昏扣之，钟声抑扬顿挫。"宫商递变，律吕相生，声扬远闻"，清脆悦耳，山川生色。

雄奇壮观的潼关八景和潼关一样，流传着许多传说。

在潼关附近有一座高约百米，宽约数千亩的土山，名叫"东山"，就是传说中的"女娲山"。传说女娲云游曾经来到这里，看到这里风光秀美、土地肥沃，便产生了眷恋之意。

女娲寂寞之余，望着滔滔的河水和两岸的土地，她随手挖起一把河边的泥土，掺和着河水，按照自己的模样捏出了一个个活蹦乱跳的小生灵。

日复一日，年复一年，女娲创造的千千万万个新生命汇聚在东山上下、黄河沿岸，使得整个黄河流域万物复苏、生机盎然。为了防止水患，她带着那些小生灵，来到了紧靠黄河南岸不远处的一座树木茂盛、遮天蔽日的小山上，依树搭建了一座座棚庵作为宿居之地，这便是最初的人类部落。

河南函谷关

　　函谷关位于河南省灵宝北15千米处的王垛村，距三门峡市区约75千米，地处长安古道，紧靠黄河岸边，因关在峡谷中，深险如函而得名。

　　函谷关扼守崤函咽喉，西接衡岭，东临绝涧，南依秦岭，北濒黄河，地势险要，素有"车不方轨，马不并辔"之称。

　　无论是逐鹿中原，抑或进取关中，函谷关历来都是兵家必争的战略要地，围绕着这座重关名城流传有"紫气东来""老子过关""公孙白马"等历史故事，李白、杜甫等历史名人志士临关吟诗作赋百余篇。

经历过三次变迁的古老关隘

公元前1000年前后，在西周康王时期，康王为了保卫国都镐京的安全，在后来的河南省灵宝市北15千米处的王垛村，距三门峡75千米，地处长安古道，紧靠黄河岸边，修建了一座关隘。

这座关隘西据高原，东临绝涧，南接秦岭，北塞黄河，是我国建筑设置最早的雄关要塞之一。

函谷关城楼

■ 函谷关遗址

　　同时，这座关隘还是东去洛阳、西达长安的咽喉，有"天开函谷壮关中，万古惊尘向此空"之说，为此，人们为它取名"函谷关"。

　　函谷关修成后，便有"双峰高耸大河旁，自古函谷一战场"的说法，并成为兵家的必争之地。

　　到春秋战国时期，这座关隘更是发挥着非常重要的作用。在当时，各诸侯国为了据地自保，都纷纷在自己的边防要地设立关塞。函谷关在这一大背景下，作用更加显现出来。

　　函谷关既是秦国固守关中的根基，也是向东扩张的出发地，还是都城咸阳的东大门。因此，当时秦国派重兵把守，可见函谷关对于秦国的重要性。

　　凭借此关，后来秦国打败了诸侯各国统一了六国，所以，这个函谷关后来又被称为"秦函谷关"。

诸侯国 指历史上秦朝以前分封制下，由中原王朝的最高统治者天子对封地的称呼，也被称为"诸侯列国""列国"；封地的最高统治者被赐予"诸侯"的封号。现代多数情况，"诸侯"和"诸侯国"混淆使用。诸侯名义上须服从王室的政令，向王室朝贡、述职、服役，以及出兵勤王等。

汉武帝时，楼船大将军杨仆是新安县铁门镇南湾人。因平息叛乱有功，被汉武帝封为"关外侯"。

当时，西汉政权的中心在后来的西安，秦函谷关以西被视为京畿之地，其他地方自然也被视作偏远的、不发达的地区。因此，在当时的观念里，人们都不愿做关外人。

于是，杨仆上奏汉武帝，请求以自己的家产作为费用，将位于灵宝市的秦函谷关搬迁到后来的河南省新安县城的东边，这样，封地就全部在"关内"了。

很快，汉武帝接受了杨仆的要求。由杨仆主持，在公元前114年，把函谷关迁建到新安，史称"汉函谷关"，简称"汉关"，而秦函谷关也就叫"秦关"了。

汉函谷关距洛阳市20千米，南靠青龙山，北托邙山，抵黄河，坐西向东，前临涧水，建筑非常壮观。

相传，到三国时，曹操西讨张鲁、马超，为了迅速转运兵马粮草，命许褚在距秦函谷关北几千米的黄河边开凿隧道，筑起关楼，因为这座关楼距秦关不远，人们称它为"新关"，也叫"魏函谷关"。

也就是说，在我国，函谷关一共有3座，便是秦函谷关、汉函谷关和魏函谷关。

不过，到后来，函谷关仅保存了汉函谷关和魏函谷关两处遗址。

阅读链接

据史书记载，211年，曹操西征张鲁、马超，经过弘农，看见函谷关古道崎岖难行，粮草转运困难，便命大将许褚在黄河岸边另辟新道，即当年的"曹操运粮道"。

240年，弘农太守孟康在运粮道的入口处新建关城，号"大崤关"，又名"金陡关"，后来人称"魏函谷关"。此处后来成为东达洛阳、西接长安的重要交通干线。

历代王朝的易守难攻之地

在我国古代成型的三座关隘中，尤其以汉函谷关最为有名，此处关隘十分险要，历来被认为是天下险关，这与它独特的地形有关。

在汉语中，"函"本意是指盛物的匣子或套子，引申用来形容幽

■ 新安县汉代函谷关遗址

■ 新安县汉代函谷
关内景

春秋时期 简称
"春秋"，指公
元前770年至前
476年，是属于东
周的一个时期。
春秋时代，周王
的势力减弱，诸
侯群雄纷争，齐
桓公、晋文公、
宋襄公、秦穆
公、楚庄王相继
称霸，史称"春
秋五霸"。春秋
时期的得名，是
因孔子修订《春
秋》而得名。

深、封闭。单从这个"函"字上人们就可以想象出函谷关的险要。而关于函谷关的险要，史料上这样描述：

西据高原，东临绝涧，南接秦岭，北塞黄河……马不并辔，车不方轨，道在深谷，两壁陡峭，树木遮天蔽日。

关在谷中，深险如函而得名。东自崤山，西至潼津，通名函谷，号称"天险"。

因此，这个狭长而陡峭的环境，造就了函谷关的险要，函谷关的"一夫当关，万夫莫开"之誉也由此而来。

函谷关不仅险要，而且十分重要，它是当时秦国固守关中的根基，是都城咸阳的东大门，也是关中大平原的东面出口。这也是后来汉朝、唐朝定都长安的主要因素。把守函谷关，保卫京师，意义十分重大。也正因为这样，函谷关的地位十分重要。

有了非常重要的战略位置，又占据了天下奇险，这两大因素铸就了函谷关无比辉煌的历史。

函谷关已有2000多年的历史，其间曾有10多次大的战役在这里发生，不少战役可以说影响了历史的进程。作为天下险关，函谷关辉煌的历史主要表现在它的易守难攻上。

函谷关最早的战事是在商朝，也就是公元前17世纪。当时，周武王伐纣时经过函谷关，那时的函谷关叫"桃林塞"，守塞的官员为武王替天行道之举所感动，将这一天险拱手相让。于是，武王率军出塞与诸侯在孟津召开大会。

两年之后，天下归周，武王又在这里解散军队，遣散战马，刀枪入库，向天下表示太平，不再动兵。但是到了春秋战国时期，函谷关又一次出现刀光剑影、烽火连天。

函谷关之险，不仅仅是关险，主要还是路险。春秋时期，函谷关一带地区属于虢国。虢国当时的国都在上阳。虢公丑是虢国的最后一

新安县汉代函谷关遗址

浩大工程的长城要塞

■ 新安县汉代函谷关题刻

虢国　西周初期的重要诸侯封国。周武王灭商后，周文王的两个弟弟分别被封为虢国国君，虢仲封东虢，虢叔封西虢。虢国位于陕西省宝鸡附近，后随周平王东迁至河南省陕县东南，地跨黄河两岸，河北称为北虢，河南称为南虢，实为一国，于公元前655年被晋国所灭。

位国君，他倚仗优越的地域条件、雄厚的军事实力、发达的经济文化，骄横好战，多次侵扰北部的晋国。

至晋献公时，晋国开始强大起来，晋献公就起兵反抗虢国。公元前658年，晋国从虞国借道，攻占了虢国的下阳，并准备继续进攻虢国的都城上阳。

上阳和下阳虽然都属于虢国，但相隔一条黄河。渡口茅津渡两岸高峰耸立，易守难攻，晋国损失了不少人马、船只，也没能打过黄河，只好暂时退兵。

晋献公见难以攻克上阳，就派人贿赂游说犬戎部族从西面攻打虢国。犬戎部族对富饶的中原早已垂涎三尺，又有了晋国的唆使，更加狂妄，很快集中兵力浩浩荡荡地向虢国攻来。

虢公丑听说犬戎部族西犯，便调集所有精锐，在函谷关镇稠桑村的旧址桑田布置重兵，全力拒敌。

函谷故道，两边山高林密，殆不见日。虢公丑让士兵在两面山坡上的树林中埋伏，又派一队精兵快骑出桑田袭击犬戎的营地，斩杀了很多犬戎兵，点燃了多处帐篷。

犬戎部族的士兵们慌忙吹起号角，率兵围歼。虢兵也不恋战，边打边退。犬戎部族士兵不知是计，紧追不舍。当他们进入函谷故道时，两边山上埋伏的虢兵立即弓弩齐发，乱箭像雨点般地朝着犬戎部族的士兵射来。

犬戎部族首领大惊，知道中了埋伏，急忙率队后撤。这时，虢国兵从山上扑杀下来，犬戎兵乱作一团，争相逃命，犬戎主左肩中了一箭，被亲兵护驾着逃回营地。

战国时期，秦国任用法家深入改革，对内建立法规制度，奖励农耕，加强军事，对外实行连横扩张，"远交近攻"，不断强大起来。

公元前325年，秦国已完全据有关中，并在河东占有汾阴、皮氏等前进基地；在河南占有函谷关等重要关塞。

凭借黄河和函谷关天险，秦国进可攻、退可守，形成了并吞天下之势。此时的齐、楚、燕、韩、赵、魏等国感到严重不安，不断策划"合纵"联合抗秦。

公元前318年至公元前241年，接连发生了5次著

犬戎　即猃狁，也称西戎，是我国古代的一个民族，活动于陕、甘一带，猃、岐之间，在甘肃省静宁县威戎立都。犬戎族为游牧民族，当时的犬并不像后来那样完全脱离狼的状态，那时的白犬如狼一般凶猛，族人的图腾为狼，但家中的犬又是家中的一分子，非常尊敬它，故取名为"犬戎"。

■ 新安县汉代函谷关

新安县函谷关遗址

名的"合纵攻秦"战役，而函谷关就是这合纵攻秦战役的主战场。

公元前318年，在魏相公孙衍的推动下，魏、赵、韩、燕、楚5国共推楚怀王为纵长，组织联军进攻秦国，发起历史上的第一次合纵攻秦之战。此次战争也被称为"修鱼之战"或者"函谷关之战"。

当时秦国的扩张和张仪的连横策略，严重威胁到东方各国。在齐、楚、燕、赵、韩等国支持下，魏王驱逐张仪，改用公孙衍为相，行"合纵"之策。

次年，在公孙衍的推动下，组织联军进攻秦国。

公孙衍还联络义渠国，由侧背进攻秦国，配合联军。当时，秦国送"文绣千匹，好女百人"给义渠国，以缓其威胁，然后发兵于函谷关迎战。

联军因各有所图，步调不一。楚、燕两国暂时受秦国威胁不大，态度消极。只有魏、赵、韩三国军队与秦军交战。在战争中，秦国开关迎击，获得大胜。联军败退后，向东退至修鱼，就是后来的河南省原阳西南。

同年，义渠国君认为秦国送厚礼实是暂时策略，秦国强大对己不利，便趁五国攻秦之机，出兵袭击秦国李帛。一支秦军仓促迎战，结果大败于此。

然而，这一战并未影响全局。公元前317年，秦遣庶长樗里疾率军出函谷关反击韩、赵、魏三国联军，于修鱼大败联军。联军再败退观泽，也就是后来的河南省清丰南。秦军追至观泽再败韩军，俘虏韩将鲮申差。

修鱼之战影响巨大，它使关东诸国大为惊恐，这为秦国以后实现统一霸业奠定了重要的基础。回顾这场战役，秦兵的英勇是一方面，函谷关的险要，也给秦国帮了大忙。

此后，秦国进一步"富国""广地""强兵"，不断向魏、韩、楚、赵等国进攻，将领域逐步扩展至中原。公元前298年，秦攻楚，战于析，大败楚军并占城邑10余座。

当时，齐、韩、魏恐秦继续扩张，对已更为不利，乘秦军久战疲惫，于当年联合攻秦。

经过3年的苦战，联军终于击败秦军，攻入函谷关，迫使秦归还韩之武遂及魏之封陵等地。第二次合纵攻秦之战取得胜利。

公元前287年，齐、赵、魏、韩、燕国联军攻秦。由于五国目的不

函谷关遗址碑刻

浩大工程的长城要塞

■ 函谷关"紫气东来"匾额

远交近攻 古代兵法中的三十六计之一，最初是作为外交和军事的策略，是和远方的国家结盟，而与相邻的国家为敌。这样做既可以防止邻国肘腋之变，又使敌国两面受敌，无法与我方抗衡。

蒲阪 即后来的山西省永济市，古称"蒲坂"，史称"舜都"，其地处山西省西南端，它是晋、秦、豫"黄河金三角"的区域中心。

同，各有打算，进至荥阳、成皋，即互相观望，不肯首攻。

秦为破坏五国联盟，主动将之前占领的一些地方分别归还给了魏国和赵国。联军遂撤走。第三次合纵攻秦，未交战即告瓦解。

公元前269年，范雎入秦国，建议秦昭王实行"远交近攻"的战略，以利于巩固占领的土地。秦国遂将打击重点指向最近的韩、魏、赵。秦国大将白起在鄢郢之战中，歼楚军数十万。

在华阳之战中歼魏、赵联军15万；在长平之战中，歼赵军45万；还攻灭西周、东周及义渠，蚕食了大片土地。这促使各国再度联合。

公元前247年，魏、赵、韩、楚、燕国组成联军，由信陵君指挥西向攻秦。秦将蒙骜因腹背受敌，被迫西退。信陵君亲冒矢石，率先冲锋，联军士气大振，紧随追赶，追至河外，也就是函谷关东黄河以南的地区，包围了秦军，双方展开激烈战斗。

后来，秦军败退进入函谷关，紧闭关门，坚守不出。相持月余，联军撤回。第四次合纵攻秦之战获得了胜利。

联军的胜利，并未削弱秦军实力，也未能遏止秦之扩张势头。秦始皇继位后的5年间，占领了魏、韩、赵许多军事要地。切断了燕、赵与魏、韩间的联系，并在战略上造成对赵、魏、韩三国侧翼包围态势。

公元前241年，魏国在秦国连续进攻之下，丧失大片土地。此时，魏景湣王感到单凭魏国的力量，难以抵挡秦军。于是，他接受大臣建议，遣人出使赵国，与其结盟，并提出再次合纵，以抗击秦国。

通过外交活动，魏国的提议得到了各国响应。当时，除齐国依附秦国外，赵、韩、魏、楚、燕国组成联军，共推赵将庞煖为帅。

庞煖认为，攻秦之师屡次向西进攻，均在函谷关被阻。函谷关雄关非常难攻，不如绕道蒲阪，南渡河水，迂回至函谷关后，可出其不意。其"河水"指的是黄河。

五国联军分路出蒲阪，进展顺利，一度深入至函谷关内，距秦都

灵宝函谷关殿堂

灵宝函谷关关楼

城咸阳仅三四十千米。但等到了蕞这个地方时，联军与吕不韦所率的秦军相遇了。联军没有集中兵力进行反击秦军，迅即大败而退。第五次合纵攻秦之战失败。

庞煖征秦，也称"蕞之战"，这是战国时期最后一次合纵攻秦行动。尽管庞煖富智谋，善纵横，但联军同床异梦，协同不力，终于无功而返。此次战役，秦国又取得了胜利。

在这场战役中，从庞煖绕开函谷关之举，可以清楚地看出函谷关在当时的坚固险要。

不久，秦王嬴政亲政，用李斯"灭诸侯，成帝业""数年之中尽兼天下"的建议，加快了各个击破的步伐，不给各国再次联合行动的机会，各国的合纵战略至此破灭。从此，六国更无法抵御秦国的兼并战略，这对秦国的进一步统一来说，无疑是一件大好事。

合纵历时时间长，战役次数多，伤亡人数也多，而且这些战役又大都发生在函谷关附近。这些战役虽然随着历史的车轮已经远去，但它们却在古老的函谷关留下了深深的历史痕迹。

公元前207年，刘邦按照楚王的提议，率部前去攻打大秦。刘邦深知函谷关是天险，一时难以突破。因此，在洛阳东作战不利的情况下，刘邦果断决定，避开函谷关，出轩辕关，绕道商洛，由武关攻入关中。

就这样，刘邦绕关后，进展非常顺利，很快就灭掉了曾经非常强大的秦军。按照当时楚王项羽的约定，先入关中者可以称王，因此，刘邦的入关使项羽大为恼怒。

公元前206年，项羽率军40万，西进函谷关。得知刘邦已定关中并派兵扼守函谷关，项羽大怒，命黥布强行攻关。黥布攻不下来，一把火烧毁了关城，千古雄关就这样淹没在历史风云当中。

阅读链接

在历史上，函谷关曾经遭到毁坏，汉景帝于公元前153年复置函谷关，下令用"襦"作为出入关卡的凭证。

公元前140年，汉武帝刘彻诏举贤士。当时济南有一名叫终军的人才华横溢，18岁时就被选为博士弟子，与少年才子贾谊齐名，并称为"终贾"。

一天，终军从济南步行赶往长安，行至函谷关，取出襦作为凭证。关吏验过符后，交还给他，他却弃之而行。关吏看到终军的行为后笑终军无知，对他说："你要是扔掉它，以后要怎么回来呢？"

终军却说："大丈夫过关是为了做大事，怎么会一直用这凡夫俗子用的襦呢？"

后来，终军果然得到了重用，出任南越大使。重过函谷关时，关吏认出了他，说这就是当年弃襦过关的孩子，随从大呼："这是出使南越的大使，不许胡说。"

关吏大惊，忙跪拜送出关门。从此以后，函谷关一带的人教育孩子都说"要长进，学终军""有才能，当终童"。因此，"终军弃襦"的典故也就流传了下来。

老子在此留下的传说和建筑

　　函谷关在古代是进入秦国的必经之地,当时,驻守函谷关的关令名叫尹喜。

　　尹喜,字公文,原是周康王朝中的一位贤大夫。他少时好观天文,习占星之术,能知前古而见未来。后来,尹喜辞去了大夫之职,请任了函谷关令。

■ 灵宝函谷关老子园

■ 函谷关老子园牌坊

　　尹喜上任后，在关旁结草为楼，称之为"楼观"，每天在这里观察天象。

　　有一天夜里，尹喜在楼观上凝视，忽见东方紫云聚集，长达万里，形状犹如飞龙，由东向西滚滚而来，十分惊喜，自言自语说："紫气东来，想必是有圣人将来到此地啊！"

　　说完，尹喜立刻召见守关兵卒孙景说："传令下去，这几天内将有大圣人路经此关，你们要时刻留意，如果有容貌奇特、服饰不同寻常的人从东面而来要求度关，先不要放行，马上来禀报我。"

　　同时，尹喜又派人清扫道路，夹道焚香，准备着迎接圣人。尹喜自己也天天沐浴，净身等待。

　　几天以后的一个下午，日已偏西，光华东射，关卒孙景不敢懈怠，仍在关上守望，忽见往来函谷关关塞的行人中有一辆由青牛拉着的车，这辆牛车牛大而

关令　又称"关都尉"，是古代边关职官的名称之一。负责掌守边关，稽查过往行人，是边关的军政主官，兼掌边关军民，以关丞为其副。因关分上、中、下三等，关令品阶也分从八品下、正九品上、从九品下三等。

■ 灵宝函谷关老子雕塑

车小，车板薄而载人重。

牛车上坐着一位白发老翁，脸色红润，精神矍铄，双眉垂鬓，胡须拂膝，身穿一件白袍，道骨仙貌，一看就不是一般人。孙景马上飞奔下关向尹喜禀报。

尹喜听说后非常高兴，迎接在牛车数丈前，跪拜道："关令尹喜叩见圣人！"

这位老翁回答说："我只是个平凡的人，您为什么要这么做呢？"

尹喜说："我早就得到上天的指示，要我迎接圣人，因此几天以来，我一直扫路焚香、沐浴净身，已经在此恭候多日，就是在等待着您啊！"

老翁笑道："您怎么知道老夫是圣人呢？"

尹喜回答说："我自幼就好观天文，略知变化。我在一个高台上观望的时候，看见有浩荡的紫气从东面而来，这是有圣人将从东面来到此地的预兆啊！那团紫气滚滚如龙，长达万里，因此这位圣人绝非是一般的圣贤。而紫气之首有白云缭绕，因此这位圣人必定是白发，是老翁之状。紫气之前有青牛之星相牵，圣人必定是乘青牛拉的车而来的。"

这位老翁对尹喜的回答很满意，就告诉尹喜说："本人姓李，字伯阳，号老聃。"

尹喜听后十分惊喜，这位老翁正是道家学派创始人老子。

老子在函谷关住下后，见尹喜心慈人善，气质纯清，于是融静修、服药、画符之效为一体，取其精华而为尹喜著书，名为《道德经》。

《道德经》写成后，老子对尹喜说："我将要传授给你《道德经》，这本《道德经》分上下两篇，上篇是《道经》，讲的是宇宙万物的根本，含天地变化之机，蕴神鬼应验之秘；下篇是《德经》，讲的是为人处世的方法，包含着人事进退之术，蕴长生久视之道。如果你辛勤钻研的话，肯定会学有所成的！"

说完，老子就离开了。后来，人们为了纪念这件事，就把尹喜眺望的高台称为"望气台"，又叫"瞻紫楼"。这也是成语"紫气东来"的来历。

道家 古代主要思想流派之一，是后世道教理论的重要基础之一。道家的代表人物有老子、庄子、慎到、杨朱等。道家主要以道、无、自然、天性为核心理念，认为天道无为、道法自然，据此提出无为而治、以雌守雄、以柔克刚的政治、军事策略。

■ 灵宝函谷关古道

唐代大诗人杜甫《秋兴》诗中写道：

西望瑶池降王母，
东来紫气满函关。

在后来的函谷关内，还有当年亲耳聆听过老子教诲的函谷关关令尹喜的寓所，这座寓所位于望气台偏西，遗址面积有1万多平方米。内有春秋战国时代各种建筑瓦、砖，地表下有庭院遗址。

浩大工程的长城要塞

■ 灵宝函谷关关楼

灵符 在道教中被认为具有神力的一种除魔降妖、祈愿祝福的工具。灵符的类别繁多，大致可分为祈福开运符、镇宅符、护身平安符、催财符、情缘符、姻缘符、人缘符、化煞符、解降符、斩鬼符、安胎符、止痛符等，使用方法有烧、贴、藏、带、洗、食等

据说，到731年，唐代的陈王府参军田同秀进言唐玄宗说，天降的灵符到了函谷尹喜故宅。唐玄宗马上派人前去挖掘，果然掘得了一个灵符。

唐玄宗非常高兴，认为这是老子对他的恩赐，就将年号"开元"改为"天宝"，函谷关所在的桃林县也被改为灵宝县。后来，尹喜曾经住过的这座寓所也就被人们称为"灵符遗址"。

在函谷关右侧，就是被称作道家之源的太初宫。所谓太初，在道教中指天地最初形成的元气或最初形成的状态。据说，太初宫是为了纪念老子当年在函谷关著作《道德经》而修建的。

这座太初宫一直保存到后来，整座建筑为殿宇式古典建筑。殿脊和山墙檐边上塑有麒麟、狮、虎、鸡、狗等珍禽异兽，神形兼备。殿顶飞梁纵横，椽檩参差，虽然层架复杂，但却成规矩，殿宇宽阔，中无撑柱。

太初宫主殿供奉的是老子。老子的塑像皓首长髯，神采奕奕，正在聚精会神地著书。老子两侧分立着书童徐甲和函谷关关令尹喜。

太初宫里有两通石碑，一通立于1300年，另一通立于1643年至1661年期间。这两通石碑上都记载着老子骑着青牛过函谷关的故事。

太初宫的西厢房北侧有一块灵石，传说老子曾在石上著过经。灵石上下平滑，由8条白石英条平行线切割为9层。

太初宫主殿左侧是鸡鸣台。这个台的称呼来源于一个叫"鸡鸣狗盗"的典故。

那是春秋战国时期，有4个人被称作"战国四君子"，他们分别是齐国的孟尝君、魏国的信陵君、赵

■ 灵宝函谷关太初宫

■ 灵宝函谷关老子
园石雕

国的平原君和楚国的春申君。

在这"四君子"中，尤其以孟尝君的名气最大。据说投在他门下的食客有3000多人。由于孟尝君好客喜贤的名声传遍了列国，于是，秦昭王就请孟尝君到秦国来。

孟尝君带着他的食客们到秦国后，献给了秦昭王一件天下无双的狐白裘。狐白裘是用狐腋白毛的部分制成的皮衣，非常珍贵，因此秦昭王十分高兴，要求孟尝君必须留下，为自己当丞相。

孟尝君不敢得罪秦昭王，只好留了下来。不久，秦国的大臣们劝秦昭王说："留下孟尝君对秦国是不利的，他出身王族，在齐国有封地，有家人，怎么会真心为秦国效力呢？"

秦昭王觉得有理，便改变了主意，把孟尝君和他的手下人软禁起来了。

孟尝君知道自己有危险之后，他打听到秦王有个最宠爱的妃子叫燕姬，于是就派人去向她求助。

丞相 也叫"宰相"，是古代皇帝之下的最高行政长官，负责典领百官，辅佐皇帝治理国政。丞相有权任用官吏，或是向皇帝荐举人才。除此之外，丞相主管律、令及有关刑狱事务，还要负责国家军事或边防方面。全国的计籍和各种图籍等档案也都归丞相府保存。

燕姬答应帮助孟尝君求情，但条件是用狐白裘作为报酬。可是狐白裘是世间独一无二的，且已经献给了秦昭王，这让孟尝君非常为难。

正在大家焦急之时，孟尝君的一个门客表示，能够将白狐裘从王宫里弄出来。

这天夜里，那个门客装扮成狗，从狗洞里爬进王宫，找到库房大门，学狗叫欺骗看守，盗出了狐白裘，献给了燕姬。燕姬非常高兴，乘着夜宴之际，劝说秦王放了孟尝君。

孟尝君得到过关文书后，立即带领门客起程。赶到函谷关时，正是夜半时分。按照秦国当时的法律，日落闭关，鸡鸣开关。

孟尝君怕秦王反悔派追兵赶来，急得如热锅上的蚂蚁。这时，一位擅长口技的门客跑到函谷关附近的山丘上，学起了鸡叫，由于声音真切响亮，引得关内

门客 我国古代贵族的私人军师和谋士，也是贵族地位和财富的象征，起源为春秋时期。门客按其作用不同可以分为若干级，最低级只到温饱的程度，最高级别的门客则食有鱼，出有车。门客主要作为主人的谋士保镖而发挥其作用，必要的时候也以成为雇主的私人武装。

■ 灵宝函谷关石雕

浩大工程的长城要塞

■ 灵宝函谷关古道

外雄鸡都叫了起来。

关吏听到鸡叫，以为天亮了，糊里糊涂开了关门，验了文书，放孟尝君一行出了函谷关。后来，秦昭王果然后悔了，但等到追兵到函谷关的时候，孟尝君他们早就走远了。

后来，鸡鸣台这里就成了后人流传孟尝君鸡鸣过关之地。这个故事也是成语"鸡鸣狗盗"的来历。

由于孟尝君名叫田文，因此鸡鸣台又叫"田文台"。很多人认为鸡鸣台预兆着命运能像孟尝君一样化险为夷，吉祥如意。

当然，在函谷关，除了和老子有关的种种建筑之外，还有函谷碑林、函谷关古道和一座兵器仓库等，这些也是函谷关的经典建筑。

其中，函谷碑林占地面积4000平方来，有石碑62通，其中有3通较珍贵的碑刻，一通为明代吏部尚书许天官夫人的墓志；一通为杨仲嗣的墓志；一通为灵

吏部尚书 古代官名，又称"天官""冢宰""太宰"。六部中吏部的最高级长官，负责掌管全国官吏的任免、考课、升降、调动、封勋等事务，也是中央六部尚书之首。唐宋时官职是正三品，明代时是正二品，清代时是从一品。

宝金矿石地震碑。此外还有从灵宝各地收集来的古碑等。

函谷关古道东起弘农河西岸的函谷东门，横穿关城向西至西桑田，全长7.5千米。谷深数十米，谷底有蜿蜒的函谷关古道。

函谷关东门位于函谷关古道东端，东城墙的中部，依弘农河而筑，南北长60米，东西宽50米，坐西向东，控制着入关的要道。东门楼为双门楼悬山式三层建筑，楼顶各饰丹凤一只，寓意着丹凤朝阳，所以又叫"丹凤楼"。

在函谷关东城门右侧城墙内，有一个直径0.9米的竖井窑穴式兵器仓库，是战国时守关官吏储藏兵器的箭库。兵器仓库内有铜质箭头，铁质箭杆，有箭约两立方米。

阅读链接

据说当年老子骑着青牛出了函谷关，和他的书童徐甲一同往西而去。

这一天，老子和书童走到亚武山下时，决定休息一会儿再出发，徐甲就把牛赶到一边吃草去了。

当时的亚武山有位一心想修仙养道的玄武，当他听说老子要西行讲学时，就每天在亚武山耐心等候，希望老子为他讲讲道学。

因此，当玄武在山上望见休息的老子时，心中十分高兴，他悄悄把青牛藏在了树丛里，然后邀请老子一起上亚武山修行去了。

玄武藏起来的青牛被亚武山下一个年轻人发现了。他见这头牛闲着，就让这牛耕起地来。但这青牛力大无比，行走如飞，不久就把函谷关附近黄河、渭河一带的地全耕完了。

当它正向亚武山回耕的时候，犁尖一下子被华山挂住了，青牛奋力一拉，犁绳被拉断了，牛卧下再也爬不起来了。

后来就化作了一座大岭，在函谷关附近万回村的玉溪涧西边，人称"牛头岭"。

文人政客留下的诗词歌赋

函谷关自从修成后，吸引了众多的文人政客前来观赏，并为此关隘留下了众多的诗词歌赋。这些描写函谷关的诗词，可以划分为写函谷关、写鸡鸣台、写老子等几个部分。

总的来说，这些诗词歌赋或歌颂函谷关的雄伟，或缅怀函谷关的

灵宝函谷关碑刻

■ 灵宝函谷关香炉

历史，或通过发生在函谷关的战役来感叹人生。提起函谷关的诗词，首先要讲一位擅长写塞外诗的岑参。

在唐朝时，由于当时的社会正是人们安居乐业、一派兴盛的好时代，岑参看到空荡寂寞的函谷关，认为国家既然已多年没有战火之忧，就不再需要这个军事要塞了。

在一首名为《函谷关歌送刘评事使关西》的诗中，岑参这样写道：

　　　君不见函谷关，崩城毁壁至今在。
　　　树根草蔓遮古道，空谷千年长不改。
　　　寂寞无人空旧山，圣朝无外不须关。
　　　白马公孙何处去，青牛老人更不还。

身处太平盛世，像岑参那样认为函谷关已经荒废无用的诗人还有很多。

赋　古代以"铺采摛文，体物写志"为手段，以"颂美"和"讽喻"为目的的一种有韵文体，起于战国，盛于两汉。赋是由楚辞衍化出来的，多用铺陈叙事的手法，而且必须要押韵，这是赋区别于其他文体的一个主要特征。此外，赋是用来描绘客观事物的，所以风格要爽朗而通畅。

唐代的张九龄也在《经函谷关》中写道：

函谷虽云险，黄河已复清。

圣心无所隔，空此置关城。

从张九龄的这首诗里能够看出，在盛唐时期，因为国力强盛，作为军事要塞的函谷关，实际上是不需要发挥其作用的。因此诗人在最后发出"空此置关城"的感叹。

在武则天执政年间，曾经做过洛阳县尉的杨齐哲流传下来一首诗，名叫《过函谷关》。诗中写道：

地险崤函北，途经分陕东。

逶迤众山尽，荒凉古塞空。

河光流晓日，树影散朝风。

圣德今无外，何处是关中。

■灵宝函谷关藏经阁

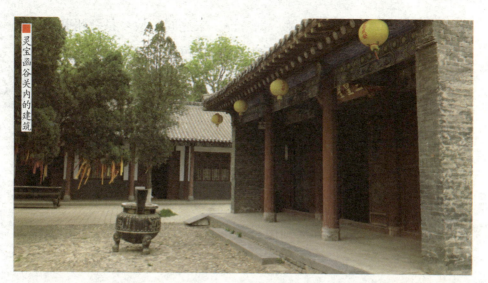

灵宝函谷关内的建筑

　　唐代的另一位大诗人宋之问，也不吝惜自己的笔墨，对函谷关进行了描写。在《全唐诗》中就收录了3首有关函谷关的诗，其中《过函谷关》写道：

二百四十载，海内何纷纷。

六国兵同合，七雄势未分。

纵成拒秦帝，策决问苏君。

鸡鸣将狗盗，论德不论勋。

《送永昌萧赞府》写道：

柳变曲江头，送君函谷游。

弄琴宽别意，酌醴醉春愁。

恋本亦何极，赠言微所求。

莫令金谷水，不入故园流。

　　宋之问之所以写出多首描写函谷关的诗，和他的

《全唐诗》 清朝初年编修的汇集唐代诗歌的总集，全书共900卷。《全唐诗》共收录唐代诗人2529人的诗作42863首，是我国规模最大的一部诗歌总集。

张九龄 (678—740年)，唐开元尚书丞相。长安年间进士。官至中书侍郎同中书门下平章事。他是一位有胆识的政治家、文学家、诗人、名相。他的五言古诗，以素练质朴的语言，寄托深远的人生慨望，对扫除唐初所沿习的六朝绮靡诗风，贡献尤大。被誉为"岭南第一人"。

组诗 组诗是古代文体的一种，指由表现同一主题的若干首诗所组成的一组诗。并且每首诗相对完整和独立，但是每首诗与其他诗之间又有内在的感情联系，每首诗和组诗内的其他诗都成排比列式，格式相同或相近。

出生地有关。据考证，宋之问的故乡是虢州弘农，也就是后来的河南灵宝，这里也正是函谷关的所在地。水是家园甜，月是故乡明，世人皆爱家乡，此乃人间常情。

盛唐时期，在文人墨客笔下，函谷关是美好的。然而，诗人的这种想法很快就被一场战争打破了。

安禄山造反，在这场战争过后，诗仙李白曾经写过两首提到函谷关的诗，分别是组诗《奔亡道中五首》和《秦王扫六合》。

《奔亡道中五首》其三写道：

谈笑三军却，交游七贵疏。
仍留一支箭，未射鲁连书。

浩大工程的长城要塞

■ 灵宝函谷关关楼

漫山梅花

《奔亡道中五首》其四写道：

> 函谷如玉关，几时可生还？
> 洛阳为易水，嵩岳是燕山。
> 俗变羌胡语，人多沙塞颜。
> 申包惟恸哭，七日鬓毛斑。

　　当时，李白像当年被困匈奴的苏武和被困海岛的田横一样，也被困在沦陷区内。他与妻子不得不换上胡人的衣装，趁着茫茫的月色，冒着生命危险奔赴长安。

　　李白奔走的方向与众多逃亡人的方向恰恰相反，这是因为，虽然他自己所面临的情势万分危急，但李白依然希望自己能够尽快到达长安，觐见唐玄宗，献上自己的灭敌大计。

　　组诗的第三首中的"仍留一支箭，未射鲁连书"，指的是战国时期的一个典故。

■ 灵宝函谷关关楼

公元前284年，燕将乐毅率五国联军横扫齐国，半年内攻下70多座城池，除了莒和即墨两城外，齐国广大地区惨遭沦陷。

五年后，即墨城的守将田单率军民众志成城，顽强抵抗，以火牛阵大败燕军，并乘势以摧枯拉朽之势进行了战略大反攻，"所过城邑皆畔燕而归田单"。

就在齐国的复国形势一片大好的时候，距离齐国名士鲁仲连居住地不远的狄邑成了田单的难题。

因为在攻打狄邑之前，鲁仲连就曾经断言过，田单短期内绝对攻不下狄邑。结果，正如鲁仲连所言，田单攻打狄邑城长达3个月都没有打下来。

田单既苦恼又奇怪，就去向鲁仲连请教。

鲁仲连直言相告田单，过去在即墨时的田单是"将军有死之心，而士卒无生之气"，军队上下一心，同仇敌忾，而后来的田单因为作战有功，随着地位、境遇的变化而养尊处优，"有生之乐，无死之心"，不再身先士卒，不再不怕牺牲了，所以小小狄邑就成了久攻不下的大难题。

田单听了鲁仲连切中要害的分析后，恍然大悟，回去后亲临战阵，挥旗擂鼓，一举攻克了狄城。过了不久，田单势如破竹，一直打到了鲁仲连的故乡聊城城下。但是由于燕国大将负隅顽抗，垂死挣扎，田单攻城很不顺利。

正在田单再次一筹莫展的时候，鲁仲连又来了。足智多谋、善于体察人心的鲁仲连精通势数，对当时齐燕两国的局势和燕将的性格、心理分析透彻，把握准确，所以鲁仲连提笔给燕国大将写了一封信，用箭射到城里，以"攻心为上""擒贼先擒王"的战术向燕国将士发起进攻。

在这封信中，鲁仲连先是结合齐燕两国的局势，谆谆告诫燕将死守孤城并非忠勇之举，又站在燕将的角度上，分析了归燕、降齐的不同好处，最后又用曹沫和管仲的例子指出"行小节，死小耻"是不明智的做法，劝诱燕将以"小节"而成"终身之名"，以"小耻"而立"累世之功"，放弃聊城。

结果，鲁仲连说到心坎里的一番话令燕将心服口服，羞愧地罢兵而去。就这样，鲁仲连用语言攻下了聊城，一箭书退敌百万兵，创造了古代军事史和论辩史上的奇迹。

李白将自己比作鲁仲连，认为自己尚有救国良策，希望能够为唐玄宗所用。但遗憾的是，还没等李白到达长安，当时的战争形势已经发生了急剧的转变。

灵宝函谷关关楼

浩大工程的长城要塞

徐芾 即徐福，秦朝的著名方士，博学多才，通晓医学、天文、航海等知识，而且同情百姓，乐于助人，故在沿海一带民众中名望颇高。徐福是鬼谷子先生的关门弟子，学辟谷，兼通武术。他出山的时候，是秦始皇登基前后，李斯时代。后来被秦始皇派遣，出海采仙药，一去不返。

从第四首组诗来看，李白的立足点在函谷关内，诗的意思是，函谷关以东的地区都被安史乱军占领，所以洛阳之水、嵩山如同边疆的易水、燕山。自己本想效法申包胥痛哭秦庭，劝说唐玄宗抗击叛军，可是此时函谷关以东尽为敌军所得，形势万分危急。

因此，李白不得不从华山经商洛大道转道江南，又经溧阳、杭州、金陵，隐居庐山屏风迭，静观形势的变化。从诗中可以看出李白之所以跟从永王，是因为想效法申包胥恸哭乞师，以救国家之难。

李白在《秦王扫六合》中写道：

秦王扫六合，虎视何雄哉！
挥剑决浮云，诸侯尽西来。

■ 灵宝函谷关建筑

明断自天启，大略驾群才。

收兵铸金人，函谷正东开。

铭功会稽岭，骋望琅琊台。

刑徒七十万，起土骊山隈。

尚采不死药，茫然使心哀。

连弩射海鱼，长鲸正崔嵬。

额鼻像五岳，扬波喷云雷。

鬐鬣蔽青天，何由睹蓬莱？

徐市载秦女，楼船几时回？

但见三泉下，金棺葬寒灰。

■ 李白塑像

秦王嬴政以虎视龙卷之威势，扫荡、统一了战乱的中原六国。天子之剑一挥舞，漫天浮云消逝，各国的富贵诸侯尽数迁徙到咸阳。真是所谓大命天与，宏图大略驾驭群雄啊！

天下兵器被铸为12金人，函谷关的大门向东面大开，国内太平。会稽岭刻石记下丰功伟绩，驰骋琅琊台，瞭望大海，仙岛蓬莱又在何处呢？

用了70万刑徒在骊山下修建陵墓，盼望着神仙赐长生不老之药来，派大海船入海，用连发的弓箭射杀山一样大的鲸鱼，是为了清除妖怪。

哦，那鲸鱼多么大啊，额头就有山丘大，呼吸时扬起的波浪势如云声如雷。鱼刺一张开，青天看不见，有他们在海里，怎能到蓬莱？

徐市用楼船载3000童男童女去寻仙药，从此没有

仙岛蓬莱 蓬莱山，又称"蓬莱""蓬山""蓬丘"或"蓬壶"，是传说中渤海的三座神山之一，自古便是秦始皇、汉武帝求仙访药之处。相传蓬莱岛是神仙居住的地方，岛上的东西都是白色的，宫阙由黄金白银建成，树上结满珍珠，树上的果实食用后能令人长生不老。

回来！看看骊山脚下的深土里，金棺盛的只是秦始皇冰冷的骨灰。

与李白的沉痛和豪壮比起来，唐代诗人韦应物笔下的函谷关更多地是对它的歌颂和感叹。韦应物在《经函谷关》中写道：

洪河绝山根，单轨出其侧。

万古为要枢，往来何时息。

秦皇既恃险，海内被吞食。

及嗣同覆颠，咽喉莫能塞。

炎灵讵西驾，娄子非经国。

徒欲扼诸侯，不知恢至德。

圣朝及天宝，豺虎起东北。

下沉战死魂，上结穷冤色。

浩大工程的长城要塞

■ 灵宝函谷关建筑

古今虽共守，成败良可识。
藩屏无俊贤，金汤独何力。
驰车一登眺，感慨中自恻。

■ 灵宝函谷关老子园

在这首诗的前几句，韦应物写到，函谷关是千百年以来的主要枢纽之地，又是固若金汤的军事要塞，秦国凭借它，实现了一统天下的伟业。在以后的历史中，函谷关也是作为要塞，受到格外的重视。

但是，无论多么坚固的军事要塞终究也是会被攻破的，诗人韦应物也深深地认识到了这一点。在这首诗的后面几句，韦应物发出了"藩屏无俊贤，金汤独何力"的感叹。

而诗的最后一句"驰车一登眺，感慨中自恻"，更是把自从安史之乱后，诗人对雄关依旧、盛唐不再的沧桑心情抒发了出来。

白居易所处的时代，大唐已经雄风不再，在白居

白居易（772—846），字乐天，晚年又号香山居士，河南新郑人，唐代伟大的现实主义诗人。他的诗歌题材广泛，形式多样，语言平易通俗，有"诗魔"和"诗王"之称。官至翰林学士、左赞善大夫。有《白氏长庆集》传世，代表诗作有《长恨歌》《卖炭翁》《琵琶行》等。

易眼里，此时的函谷关显得更加苍凉。

他在《出关路》中写道：

山川函谷路，尘土游子颜。
萧条去国意，秋风生故函。

唐朝后期的另一著名诗人于邺，也曾经经过函谷关。他在一首名为《春过函谷关》的诗中写道：

几度作游客，客行长苦辛。
愁看函谷路，老尽布衣人。
岁远关犹固，时移草亦春。
何当名利息，遣此绝征轮。

也许是诗人的性格和人生经历所致，也许是诗人所处的社会环境变坏，人们更多地是考虑个人生活。因此，在于邺的诗中，诗人不再

■灵宝函谷关关楼

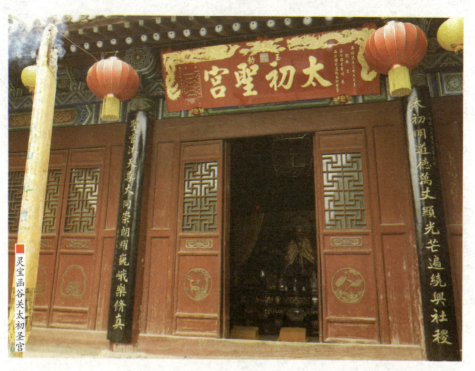

灵宝函谷关太初圣宫

像张九龄、宋之问、李白那样思考雄关与国家的命运，考虑得更多的是个人的人生问题，感叹时光流逝，人生易老。

函谷关久久伫立，早已历经千年，但每个人的生命却只有匆匆几十年。在这首诗里，诗人抒发了对时间、对人生的思索，一句"愁看函谷路，老尽布衣人"更是表达了这一主题。

关于函谷关的诗作还有很多，在这些诗中，不管是歌颂它的雄伟，还是借用函谷关感叹时事艰难，通过这些诗都能感受到函谷关在我国古代历史上的重要影响。

函谷关因为曾经发生过孟尝君借用"鸡鸣狗盗"的门客出关的故事，千百年来，围绕这个典故，历代文人墨客和政治家都留下了很多诗篇。

对于孟尝君靠鸡鸣狗盗之士过函谷关一事，自古以来就有许多争议。有人认为孟尝君胸怀宽广，能够包容天下各种能人异士，并也因此取得成功。

也有人认为，孟尝君不能刷新吏治，变法图强，而却只以旁门左道取胜，只能算是耍耍小聪明，根本不值得为人称颂。

比如作为北宋政治家和文学家的王安石，他在我国历史上的第一篇驳论文《读孟尝君传》中写道：

世皆称孟尝君能得士，士以故归之，而卒赖其力以脱于虎豹之秦。

嗟乎！孟尝君特鸡鸣狗盗之雄耳，岂足以言得士？不然，擅齐之强，得一士焉，宜可以南面而制秦，尚何取鸡鸣狗盗之力哉？夫鸡鸣狗盗之出其门，此士之所以不至也。

在这篇驳论文里，同样作为政治家的王安石指出，孟尝君并非是可以治国安邦的将士之人，只不过是鸡鸣狗盗之雄而已。

而正是因为孟尝君门下尽是只会雕虫小技的人，所以贤明之士是不会去投靠他的。这是古代政治家们对于评判人才的标准的争议。

在王安石的笔下，显然是对孟尝君十足的不屑。但是，和王安石不

灵宝函谷关老子园

■ 道教的"道家之源"匾额

同，历代文人墨客，甚至是君主，大多数都对孟尝君的行为十分赞赏。

以《咏史诗》著称的唐代诗人胡曾，也曾经写过一首七绝《函谷关》，诗中写道：

> 寂寂函关锁未开，田文车马出秦来。
> 朱门不养三千客，谁为鸡鸣得放回？

在胡曾的这首《函谷关》里，能够看到，诗人对孟尝君是赞赏的。一句"朱门不养三千客，谁为鸡鸣得放回？"清楚地表达了诗人的这一观点。

明代贺贲在《函谷关》里，描写"鸡鸣狗盗"的故事，他写道：

> 函谷关前一径通，行人多少自西东。
> 当年秦法严如火，夜半狐裘入禁宫。

王安石（1021—1086），字介甫，号半山。北宋著名政治家、思想家、文学家、改革家，唐宋八大家之一。传世文集有《王临川集》《临川集拾遗》等。其诗文各体兼擅，词虽不多，但亦擅长，且有名作《桂枝香》等。

不管文人如何评价孟尝君的"鸡鸣狗盗"逃关之事，但函谷关因这个典故名声更大了，并留下了鸡鸣台这一古迹名胜，同时也留下了许多有关典故的优秀诗篇。

道家之源是函谷关文化一个非常重要的组成部分，关于老子的诗词也有很多。此外，当年驻守在函谷关的关令尹喜看到紫气而发现老子到来的"紫气东来"典故，更是千百年来文人墨客感兴趣的话题。

作为千古雄关，函谷关的诗词实在是太多了。不管这些诗词是关注函谷关的哪一个特征，不管它的观点如何，但有一点是可以肯定的，那就是这些诗词已经成为函谷关文化的一部分，它们将和函谷关一起，永远流传下去。

浩大工程的长城要塞

阅读链接

在函谷关一带有一个独特的民俗，叫作百佛顶灯。关于这个习俗的由来，民间还有一个传说。

据说在公元67年，有一位高僧奉旨到京都洛阳讲经，途经函谷关附近的陕州时，各庙住持、方丈闻讯后跪道迎留。高僧见盛情难却，便小住一日，设台讲经。因其学问渊博，道行精深，而且广引宏论，使听者如痴如醉，一连三日皆不食不睡。

当时，京都复旨催促，众人才知误了大事，连夜送高僧入京。时值正月，各庙僧众百余人，手持灯笼送别高僧。

佛庙有一规矩，即见俗人便双手合十，口称"阿弥陀佛"。可众僧手提灯笼，无法还礼。

正在为难的时候，有个和尚灵机一动，从灯笼中取出灯碗来，放在头上顶着，这样既能照明又能腾出手来，高僧便口颂"善哉、善哉"，于是众人都效仿他。

后来，每逢正月，陕州城的众僧便头顶灯碗在城内讲经，光大佛门。久而久之，顶灯便在函谷关一带流传下来。

重庆瞿塘关

　　瞿塘关两岸高山凌江夹峙，断崖壁立，高达数百米，宽不及百米，形同门户，因水势波涛汹涌，呼啸奔腾，令人心悸，素有"夔门天下雄"之称。

　　瞿塘关位于三峡奉节瞿塘峡夔门山麓，是古代入蜀道的重要关隘，自秦汉以来都是兵家必争之地。

　　瞿塘关汉时置江关都尉。214年，刘备攻打广汉未克，诸葛亮与张飞、赵云等率军自荆江逆江而上，占领此关。后被蜀汉视为重镇。历代要取巴蜀，必先取得此关。

古代江关几经演变为瞿塘关

瞿塘关在奉节东的瞿塘峡附近，古称江关。据纪传体断代史《汉书》记载说："鱼复，江关都尉治。"

都尉是郡一级仅次于太守的军事长官，由此来看，当时的瞿塘关就已经在军事上占有极大的重要性了。

■ 瞿塘峡风景

唐代章怀太子李贤注解的《后汉书·公孙述传》中说：

石刻"夔门天下雄，舰机轻轻过"

> 江关旧在赤甲城，后移在江南岸，对白帝城。

这一段是说，江关所在的赤甲城就在奉节东江北岸赤甲山上，后来又被移到瞿塘峡口江南岸，但不知是何时所移的。

江关在汉晋时也称扞关。郦道元所著的以记载河道水系为主的综合性地理著作《水经注》中写道：

> 张仪说谓下水而浮，不十日而拒扞关，即指此。

《舆地广记》有记载说："鱼复县有古扞关。"晋朝史学家王隐也在《晋书·地道记》里记载道：

《汉书》 又称《前汉书》，由东汉时期的历史学家班固所编撰，是我国第一部纪传体断代史，"二十四史"之一。《汉书》是继《史记》之后我国古代又一部重要史书，与《史记》《后汉书》《三国志》并称为"前四史"。《汉书》全书主要记述了公元前206年至公元23年共230年的史事。

浩大工程的长城要塞

■ 瞿塘峡景观

白帝城 原名子阳城，为西汉末年割据蜀地的公孙述所建，公孙述自号白帝，所以把自己的城池起名为"白帝城"。白帝城位于重庆奉节瞿塘峡口的长江北岸，奉节东白帝山上。白帝城是观"夔门天下雄"的最佳地点，历代著名诗人留下大量诗篇，因此白帝城又有"诗城"的美誉。

"梁州——东限扞关。"《后汉书·公孙述传》里也写道："东拒扞关，于是尽有益州之地。"

到了后来，江关的称谓又起了变化。1264年，徐宗武在白帝城下的岩穴设了七条拦江锁，后人称为"铁锁关"。到南宋时，铁锁关就被称为"瞿塘关"了。

陆游在《入蜀记》里写道：

瞿塘关，唐故夔州也，与白帝城相连。

元代的地理总志《一统志》记载说：

瞿塘关去城八里，管锁水铁锁二条。

至南宋以后都称瞿塘关。在瞿塘设关具体开始于什么时候，已经没有确切的资料可以考证了。但关于瞿塘设关主要有两种说法，一个是战国说，再就是春秋说。

《资治通鉴·胡三省注》里的记载是：

据《史记》，蜀伐楚，取兹方，楚为扞关以拒之。则兹方之地在扞关之西。刘昭《志》巴郡鱼复县有扞关。

宋元之际的史学家胡三省，在《资治通鉴》里提出疑问：蜀国攻取兹方时，所记述的"楚为扞关以拒之"和"则兹方之地在扞关之西"出现了错误。因为按照地理位置来看，设关防范的楚肃王是不可能在瞿塘峡口设扞关的，而应该在兹方的东面。因此，瞿塘关建于战国的说法并不可靠。

《一统志》 指古代王朝官方的地理总志。按朝代来说，有《大元一统志》《大明一统志》《大清一统志》等。一统志，是指古代朝廷组织编纂、审定认可并发行的地理类志书。它是这一个时期内官方记载的地理文献，也是后世学者用以研究历史地理沿革的重要工具书。

■ 三峡风光

《括地志》 唐朝时期的一部大型地理著作，由唐初魏王李泰主编，全书正文550卷、序略5卷。《括地志》吸收了《汉书·地理志》和顾野王《舆地志》两书编纂上的特点，并创立了一种新的地理书体裁，为后来的《元和郡县志》《太平寰宇记》开了先河。

在《华国志》注中记载：

　　《玉海》卷十引《括地志》"扞关，今峡州巴山县界故扞关是。"《后汉书》李贤注、《通典》等说均同。

这样扞关的位置就比较清楚了，它不是在瞿塘峡口，而是在长阳的西边。那么在瞿塘设关究竟始于何时呢？

在《后汉书》中，李贤注引《华阳国志》时写道："巴楚相攻，故置江关。"《水经注》里也写道：

　　扞关，廪君浮夷水所置也。昔巴楚数相攻伐，藉险置关的以相防扞。

《华阳国志·巴志》里写道："鲁庄公十八年，蜀伐楚。……哀公十八年，蜀人伐楚……"

■ 巫山小三峡

这些史实，都于《左传》可查，是有历史依据的。因此可以断定，瞿塘设关最早应是巴人立国时，最迟也不晚于春秋。

但是历史上为什么会把江关、扞关相混淆呢？可能是秦灭蜀、巴的时候，江关仍在，秦汉大一统，江关仍然存在，而楚扞关则废弃了。据此，瞿塘关的设关时间基本可以断定不晚于春秋。

综上所述，瞿塘关即古代的江关。汉晋时又别称扞关，五代北宋时别称铁锁关，从南宋以后称为瞿塘关。

阅读链接

瞿塘关石刻文化博大精深，地方特色鲜明。

长江巫峡北岸集仙峰下的孔明碑，上刻"重岩叠峰巫峡"六个遒劲有力的大字，相传为诸葛亮所写。它的下边还有两行大字，一行是"名峰耸秀"，另一行是"巫山十二峰"。中间还有许多模糊难辨的小字，但从其中可以辨认的"嘉靖年"等小字可以看出，碑文很可能是明代时所刻的。

然而多年以来，人们却说那些小字是诸葛亮规劝东吴大将陆逊的文章。据说当年夷陵之战，陆逊追击蜀军到达这里，读到这个碑文，很受感动，就退兵回去了。所以，人们便称它为孔明碑。

以雄中有秀闻名的关隘风光

欲过瞿塘峡，先闯瞿塘关。在瞿塘峡口，北岸的赤甲山拔地而起，江南的白盐山从天而落，对峙的两岸为千丈峭壁，相距仅100多米。"两山夹抱如门阙，一穴大风从中出。""白盐赤甲天下雄，拔

■ 夔门遗址

■ 夔门雾景

地突兀摩苍穹。"

这就是著名的三峡门户夔门，也称瞿塘关，是出入四川盆地的必由之路。说起瞿塘关天下雄，不可不说夹江而峙、犹如天设的两扇大门，这就是屏障夔州的赤甲、白盐两山。

瞿塘关口的北岸，白帝城的东侧，鬼斧神工地造就了一座石灰岩质、高1.4千米的赤甲山。山石赭口红，不生树木，如人袒胸披甲屹立，山名由此得来。山形似一只桃子，因此，又有桃子山的称号。

还有人把这座山叫作火焰山。每当晴空日丽、艳阳映照，山峰就如红妆艳抹一般。正如古诗所赞叹的"晴辉相辉映，解甲挂山陬"。"赤甲晴辉"向来是瞿塘关的一大胜景。

白盐山"仿佛盐堆万仞岗"，与赤甲山交相辉映，红白分明，更添异彩。这就是有名的"白盐曙色"，又为瞿塘峡增添了一层瑰丽的色彩。

夔州 即后来的奉节。从汉代起至20世纪初，奉节为巴东郡、巴州、信州、夔州、夔州府和江关都尉、三巴校尉等治地，也一直是蜀东政治、经济、文化和军事中心。奉节的永安镇历代曾为路、府、州、郡治地，是一座历史悠久的名城。

浩大工程的长城要塞

■ 夔州古城

郦道元（约470—527），字善长，北朝时期的北魏地理学家、散文家。郦道元博览奇书，幼时曾随父亲到山东访求水道，后又游历秦岭、淮河以北和长城以南广大地区，考察河道沟渠，搜集有关的风土民情、历史故事、神话传说，并撰《水经注》40卷。

赤甲与白盐两座峰峦，隔江相望，近在百米，一个红装，一个素裹，不但给雄壮的夔门增添了英武的风采，而且还形成了不少自然和人文的景观，如粉壁墙、圣姥泉、余公洞等，让人们可以大饱眼福。

古人把瞿塘关的山雄水险尽诉笔端。如郦道元在《水经注》中说：

两岸连山，略无阙处，重岩叠嶂，隐天蔽日，自非亭午夜分，不见曦月。

这正是瞿塘关两岸包括赤甲、白盐两山在内的如实写照。陆游在《入蜀记》中也说：

入瞿塘峡，两壁对耸，上入霄汉，其平如削成。仰视天，如匹练。

从水情上看，"瞿塘嘈嘈急如弦，洄流溯逆将复船""高江急峡雷霆斗，翠木苍藤日月昏"，狮吼雷鸣，震耳眩目。正是这雄山险水，才造化出"瞿塘险过百牢关"的现象。

进入瞿塘关中，看山踏水，满眼都是山，那山势上悬下削，壁立着，对峙着。昂首仰望，只见一线长天，两旁的群峦，游云缭绕，只剩下一个个利刃似的山尖。

在峡壁的威逼和夹峙下，船儿仿佛在一尺一尺地向下坠落，而怒吼的狂涛，使劲地将船儿往上抬起，恨不得举过峡尖，送上九天银河。此情此景，好像一扬手就可以摸着天，跺一下脚又会陷进地窟里。

清代诗人何明礼这样描写他的感受：

夔门通一线，怪石插流横。
峰与天关接，舟从地窟行。

据宋代的祝穆撰写的地理著作《方舆胜览》记载道：

瞿塘峡，乃三峡之门，两岸对峙，中贯一江，望之如门焉。

由于长江水的年平均流量

《方舆胜览》

古代地理著作，主要记载了南宋时期的浙江、杭州及其辖下的浙西路、浙东路、江东路、江西路等17路所属府州等地的郡名、风俗、形胜、土产、山川、学馆、堂院、亭台、楼阁、轩榭、馆驿、桥梁、寺观、祠墓、古迹、名官、人物、题咏等，内容十分丰富全面。

445

迤逦关塞

重庆瞿塘关

■ 三峡夔门

高达每小时14000多立方米，相当于10条黄河，洪水期的瞿塘关处甚至会每小时通过4000至5000立方米，一夜之间的涨落达到一二十米，其势简直排山倒海，变化莫测，惊心动魄。

杜甫描绘瞿塘关的水势，用了"众水会涪万，瞿塘争一门"，形象生动地勾勒出瞿塘关的伟岸雄姿。

瞿塘关雄中有秀，于粗犷雄伟的景色中蕴含典雅之美。每当初秋的月夜，碧空如洗，一轮皎洁的明月从峡口冉冉升起，像是赤甲、白盐两峰合捧而出。

雄伟的瞿塘关仿佛被它的银辉推开，顿时银辉洒遍峡江，峰峦朦胧，水波粼粼，山水一色，皎月青山倒映江中，如同仙境一般，使人进入了"夔门秋月"的诗情画意之中。这时，雄伟险峻的瞿塘峡就变得恬静幽美了，别有一番妙趣横生的景象。

瞿塘关以雄伟壮丽著称，但其"雄""险"却最为人们所称道。在这段最短最狭的峡谷中，有"险由天设古今留"的说法，可见其险要是天造地设的。也有"瞿塘险过百牢关"的说法，可见其险要的程度。

瞿塘关关口

■ 夔州古城城门楼

唐代大诗人白居易曾为瞿塘关写道：

> 见说瞿塘峡，斜横滟滪根，
>
> 难于上鸟道，险过上龙门。

诗中说的"滟滪"是一块巨礁，长约40米，宽约50米，横卧江心，牢牢地锁住了长江航道，这就是瞿塘关险不可不提的地方，也就是滟滪堆。

唐代诗人杜甫在《滟滪堆》中写道：

> 巨石水中央，江寒出水长，
>
> 沉牛答云雨，如马戒舟航。

这可以说是对滟滪堆的实际描绘。的确，每当冬春枯水季节，滟滪石犹如一只出水猛兽，露出水面达

杜甫（712—770），字子美，号少陵野老，世称杜工部、杜老、杜陵或杜少陵，被后人尊为"诗圣"，其诗被称为"诗史"，是流传得最多最广泛的，诗风沉郁顿挫，耐人寻味。杜甫是我国唐代最杰出的诗人之一。

瞿塘峡景观

20余米，横陈江心，紧锁瞿塘关。

在夏秋洪汛时期，滟滪石潜隐江底，宛似水中石牛，激起排空巨浪，漩涡千转，回水西流，涛声咆哮，声震峡谷，组成了一幅"滟回澜"的磅礴壮景。

清人王怀曾在《滟滪石》中写道：

> 不到瞿塘峡，焉知滟滪尊。
> 群龙翻地轴，一象塞天门。

如此巨大的滟滪石，是怎样形成的呢？曾有种种说法。有的说是大禹治水时，有意留下的锁龙柱。

清代王知人在《滟回澜》诗中就有这样的诗句："神禹推承造化功，故留突兀大江中。"

有的人还说滟滪石是由三根粗壮的石柱支起的，下有巨大的龙宫；也有人说是长江上游冲来的大滚石，受阻于夔门，堆积而成，或者是赤甲山、白盐山的岩崩造成的。总之，众说纷纭。

后来经过人们的考察，滟滪石既不是崩石，也不是大滚石堆积，而是长江急剧下切，在河床中残留的三叠系石灰岩组成的暗礁。它的下部有三足如鼎状，直插江心，其深莫测。由于滟滪石周身有许多溶蚀凹穴，所以又叫燕窝石。这样一座巨石横亘江心，也是旧时行船的一大险关，因此杜甫在《滟滪堆》中说这是"天意存倾覆"。

因此，东去船只，顺流而下，如箭离弦，船家须看准礁石，及时转舵绕礁而过。否则，如果偏差了分毫，就有触礁沉船的危险。

早在东汉时期，太尉李膺就在《益州记》中说，船民经过这里，不知该顺着哪股水漂过去，总是心中

太尉 古代掌控军事的最高官员，是丞相、太尉、御史大夫的"三公"之一，负责治军领兵，是辅佐皇帝的最高武官，但不能直接指挥军队。太尉要负责评定全国武官的功绩高下，后来成为赏授功臣的赠官。

449

迤逦关塞

重庆瞿塘关

■ 瞿塘峡险峰

浩大工程的长城要塞

■ 三峡沿岸风光

犹豫不决，所以才命名为滟滪堆。

自小生在峡区、晚年居奉节的清代监察御史傅作
楫在《滟滪堆》诗中也叹道：

> 莽莽长江水，谁敢冲其波。
>
> 奇哉滟滪堆，乃欲吞江河。

当地还传颂有一首《滟滪歌》：

> 滟滪大如象，瞿塘不可上。
>
> 滟滪大如牛，瞿塘不可留。
>
> 滟滪大如马，瞿塘不可下。
>
> 滟滪大如袱，瞿塘不可触。
>
> 滟滪大如龟，瞿塘不可窥。
>
> 滟滪大如鳖，瞿塘行舟绝。

监察御史 古代
的官名，主要负
责监察百官、巡
视郡县、纠正刑
狱、肃整朝仪、
祭祀营作、太府
出纳等事务。因
为掌管的事物十
分重要，监察御
史的选授和督察
是极为严格的，
连书写失误也会
被认为不称职而
治罪。

这首《滟滪歌》，不仅形象地说明了滟滪堆在长江不同水位时的形态，而且成为古代船家舟子的航行守则。

如果把滟滪堆比作瞿塘关难过的门槛，那么，在历史上，瞿塘关还曾被人加上过门锁，这就是铁锁关，铁锁关"锁"的就是瞿塘关。

瞿塘关口过白帝城的北边，草堂河与长江汇合处，白帝山东侧的岩石延伸至江边，这是一倾斜岩层组成的岩，险峻的礁石上，巍然屹立着两根铁柱。这就是古时铁锁雄关的遗迹。

瞿塘关是古时进出四川的水上交通孔道，也是江防要塞。据北宋史学家司马光在编年体史书《资治通鉴》卷二百六十五记载，904年的时候，蜀国守将张武：

作铁链，绝江中流，立栅于两端，谓之"锁峡"。

司马光（1019—1086），字君实，号迂叟，世称涑水先生，北宋时期的政治家、文学家、史学家。他主持编纂了我国历史上第一部编年体通史《资治通鉴》，其生平著作较多，主要有史学巨著《资治通鉴》《温国文正司马公文集》《稽古录》《涑水记闻》等。

451

迤逦关塞

重庆瞿塘关

■ 三峡景区内的白帝城

■ 瞿塘峡峭壁

宋太宗 （939—997），赵匡义，后因避其兄太祖讳改名赵光义，宋朝的第二位皇帝。38岁时登基为帝，979年亲征太原，灭北汉，结束了五代十国的分裂割据局面。在位期间，赵光义改变了自唐末以来朝廷重武轻文的陋习。

10年后，割据荆南的南平王高季昌欲攻取施州，夔州守将徐宗武就在南岸凿石穿孔，在北岸立了两根铁柱，柱高2.3米，横拦江上的铁链有7条，链长共计997.2米，用来锁江，阻挡元兵。也就是后来的江边铁柱。而铁柱所在的草堂河，又被人们称作铁柱溪。徐宗武设置锁江铁柱后，丞相贾似道还专门为铁锁瞿塘关颁布告示，刻于铁柱溪的岩壁上。

又据史籍记载，早在619年以前，古人就建有瞿塘浮桥，这应当是长江三峡上最早的"长江大桥"了。据宋太宗赵炅时的地理总志《太平寰宇记》记载：

三钩镇在夔州东三里。铁锁断江山，横江互张两岸，造舟为梁，施战床于上，以御寇焉。镇居数溪之会，故曰三钩，唐武德二年废。

如果这段记述属实的话，则说明在唐代以前就有人在这"峡东风常急，江流气不平"的瞿塘关口三钩镇铺设了铁索，而且还大胆地修建了一座浮桥。因此，正史所明确记载的唐末张武在瞿塘关设置铁索以锁峡，已是约300年后的事了。

因此，在这天下至险处，因为有了断江铁索和浮桥，要想从水上飞渡这道"锁峡"，真比登天还难啊！

北宋初年，赵匡胤在统一全国的战争中，指着地图对率军平蜀的大将刘光义、曹彬说："我军逆流行进到此，切不可以舰道进攻。"

刘光义、曹彬谨记赵匡胤的指示，在离铁索、浮桥还有约20千米处，便舍舟登陆强攻，直到夺取了浮桥，才重新拦船而上。赵匡胤指挥将领成功攻占瞿塘关这一兵家必争之地，也为后来他统一全国的胜利揭开了序幕。

到了元朝末年，割据川东的夏王明玉珍，为了确保瞿塘关不失，除了有拦江铁索外，还在瞿塘关口，北倚羊角口，南靠南城寨，凿壁牵绳，建筑了一座永久性的悬空飞桥。并且还在桥上铺设了木板，桥头又安放了大炮。

这一悬空飞桥比从前的浮桥更加进步，不管江中洪流如何汹涌，飞桥丝毫不受影响。所以，有的学者认为，白盐山

巫山小三峡

■ 巫山小三峡

崖壁上的所谓"孟良梯"的石孔，很可能就是这座飞桥的遗迹。

历史上瞿塘关曾有过多次"断江""锁江"的记载，所以这里又称为"江关"。一索横江，万舟断航，真可谓"瞿塘峡锁全川水"。

瞿塘关是横锁三峡中的第一峡。古代三峡的交通，几乎全靠水路。船行峡中，过草堂河口，就可望见北岸的一段古栈道遗迹。

古代栈道在战国时代已有修筑记录。据《战国策·秦策》记载："栈道千里，通于蜀汉。"

《汉书·张良传》记载了张良替刘邦出谋划策，入蜀时烧绝栈道来迷惑和麻痹项羽，以致项羽误认为自己可以高枕无忧。后来韩信却"明修栈道，暗度陈仓"，出奇制胜，利用栈道做了一篇绝妙的文章。

古代的栈道遍布川、陕、甘、滇等省，三峡栈道主要在瞿塘关段。这段三峡栈道从白帝城沿岩脚纤夫道东行至大溪口，再转入南岸悬崖峭壁上，便可见到有一条断断续续的人工凿成的古栈道遗迹。这就是古时船夫拉纤以及陆上军事运输、客商行贾的唯一道路。

三峡的栈道包括道路、石桥、铁链、石栏，宽

《战国策·秦策》是一部国别体史书。其主要记述了战国时期，秦国的纵横家的政治主张和策略，不仅展示了战国时代秦国的历史特点和社会风貌，而且是研究秦国历史的重要典籍。

二三米，高出江面数十米。据志书记载，在当年的栈道上，纤夫与轿工可以并行，就是夔州府官的八人大轿也能通过。

后来，古栈道上已经没有了铁链，石栏也残缺不全，走在栈道上，头顶是悬崖欲坠，脚下是汹涌的江涛，奇险可畏，令人触目惊心。

三峡栈道与川、陕、甘、滇的栈道不同，它大部分是在绝壁上开凿的，路途中间用石桥跨过沟壑，坦坡极少，工程之艰巨非常人所能想象。

据古籍《夔州志》记载：

施工之始，工匠无从凭藉，乃对壁凿孔，旋炸旋凿，使千仞岩壁之腰嵌起五、六尺宽平坦路，纤、轿可并行其中。

为纪念这项巨大的工程及其修建者，当年施工时，人们就在瞿塘关中江北岸的风箱峡岩壁上镂刻了"天梯津隶""开辟奇功"八个醒目

三峡风光

三峡风光

浩大工程的长城要塞

大字。

　　这并不是当时人的自吹，因为这些栈道真正称得上是"天梯津隶"，而它的建设者则的确开辟了绝壁上的奇功。

　　瞿塘关的古迹名胜还有它附近的天坑地缝。天坑地缝北靠瞿塘关，南接湖北恩施土家族、苗族自治州，东连巫山龙骨坡古人类文化遗址。

　　天坑地缝东西长37.5千米，南北宽19.5千米，面积340平方千米，辖天坑地缝、龙桥河、迷宫河、九盘河、茅草坝五大风景。

　　天坑是在西南部连绵的群山之中的一个巨大的坑洞，名叫"小寨天坑"。这个坑周围的悬崖峭壁十分陡直，好像斧砍刀削一般，绝壁中间围成的坑洞则犹如一张大嘴对着苍天，横亘在山间。这种奇异的自然景观，是大自然留给人们的神奇造化之谜。

　　瞿塘关附近的这个天坑位于重庆的奉节，其坑口地面标高约1.3千米，深666.2米，坑口直径达622米，坑底直径达522米，是已知的最大的"漏斗"。

小寨天坑被地质学学者评为"天下第一坑"，以它的惊险奇绝闻名于世。

小寨天坑在280平方千米的流域面积内存在着一个天坑群，共有硝坑天坑、冲天天坑、猴子石天坑等6个天坑。

这些天坑不仅巨大，其色彩也极其丰富。绝壁上的岩纹颜色奇特，红、黄、黑相间犹如一幅国画。飞禽在岩缝中飞进飞出、鸣叫、觅食，给这幅巨大的国画平添了几分生机。

站在瞿塘关附近的荆竹乡九盘河右岸山顶上俯瞰，可以看见几座山峰之间有一个深不见底的大坑，四面坑壁异常陡峭，在东北方向峭壁上，有一条羊肠小道，在竖直的石壁上盘旋环绕直至地心深处。

瞿塘关地缝中已开发的天井峡大桥至回头石段约5千米，有栈道自罗家坪下到地缝，形成环线。其间

国画 我国传统绘画形式。是用毛笔蘸水、墨、彩作画于绢或纸上，这种画种被称为"中国画"，简称"国画"，也称之为丹青。国画主要是画在绢、宣纸、帛上并加以装裱的卷轴画，题材可分人物、山水、花鸟等，技法可分工笔和写意。

■ 瞿塘关的天坑

地缝景区

景点星罗棋布，溶洞竖井多而怪异，萦绕着无数的传说故事。

两岸夹道的岩石千姿百态，岩壁上丛林遮天蔽日，森然欲合。

天坑地缝，是一幅绚丽多彩的丹青长卷，石林、溶洞、洼地、竖井……包容万象，应有尽有。

地缝天井峡一段，上部宽10米至30米，悬崖最深处达300米，是一条世界罕见的"一线天"景观。

同时，崇山峻岭中清澈碧透的涓涓溪流，原始草场和繁茂的森林，又组成了一个世外桃源般的人间仙境。

阅读链接

传说，在爱国诗人屈原投湖南汨罗江而去世之后，汨罗江里的一条神鱼十分钦佩和同情他，便张开大嘴吞入屈原的尸体，准备游过瞿塘峡，将屈原的遗体送往他的故乡秭归。

当神鱼游到秭归时，百姓们拥到江边，失声痛哭。神鱼也被感动，淌下泪来。泪水模糊了神鱼的视线，一不留神，就游过了秭归，直接撞到了瞿塘峡的滟滪堆，才猛然醒悟。

此时的神鱼已是精疲力竭，当地百姓纷纷拥到江边，向它投粽子，神鱼吃饱后，恢复体力，急忙掉头往回游，将屈原的遗体送到了秭归。

人们为了纪念屈原，就将神鱼从滟滪堆往回游的地方，叫作"鱼复县"。

雄关内外风景的古老传说

相传在五六千年前，神州大地上发生了一次特大的水灾。滔天的洪水包围了群山，淹没了平原，大地一片汪洋，人们只好栖身在山洞里，或者在树上筑巢居住。

巫山风光

■ 巫峡风光

尧 姓伊祁，名放勋，史称唐尧，原始社会末期的部落联盟长和上古帝王之一。唐尧在位70年，90岁时禅让帝位给舜，相传尧在118岁时去世。

舜 名重华，字都君，传说中的父系氏族社会后期部落联盟领袖和圣王。由于他非常孝顺又有处理政事的才能，经过很多年观察和考验后，被尧选定做他的帝位继承人。

当时，正处在原始部落联盟时代，部落联盟的首领尧，派鲧去治理这次洪水。鲧治水治了9年，他采取水来土挡、堵塞水路的办法，结果水位越堵越高，堤破决口，洪水再次泛滥，鲧的治水以失败告终。

尧去世后，舜继承了帝位。帝舜又派鲧的儿子禹继承他父亲未竟的事业，继续治理洪水，还派了商族的祖先契、周族的祖先后稷、皋陶等人去协助他。

禹总结了父亲鲧治水失败的教训，带领大家疏通江河，兴修沟渠，发展农业，最后成功治理了水患。

根据后人记载，禹治理水害是从岷江开始的。他首先在汶山县的铁豹岭一带疏导岷江，然后凿开金堂峡口，也就是分流岷江水进入沱江，让它在泸县流入长江，从而减少进入成都平原的洪水。

整治好岷江后，禹又顺江东下到江州，娶了涂山氏做妻子，后来生了一个儿子，取名启。然后，禹从江州东下来到了三峡，便开始疏浚三峡的工程。

根据我国西汉时期的论文集《淮南子》的记述，禹先是"决巫山，令江水得东过"，也就是凿开了堵塞江水的巫山，让长江的水能够顺畅东流。

然后，禹又凿开瞿塘关"以通江"，凿开西陵峡内的"断江峡口"，终于让长江顺利地通过三峡，向东流注入大海，解除了水患对长江中下游的威胁。后人尊敬他的功绩，就叫他"大禹"。

在瞿塘关附近有一山峰，一根巨石突兀于青峰云霞之中，仿佛一个亭亭玉立、美丽动人的少女，因此叫神女峰。据说，这座神女峰就是帮助了大禹疏浚三峡的神女瑶姬变化而成的。

传说，瑶池宫里住着王母娘娘的第二十三个女儿，名叫瑶姬。瑶姬聪慧美丽，心地善良，活泼开朗，耐不住天宫中的寂寞生活。有一天，瑶姬邀了她身边的11个姐妹，腾云驾雾，遨游四方。

《淮南子》 又名《淮南鸿烈》《刘安子》，是西汉时期创作的一部论文集，因西汉皇族淮南王刘安主持撰写而得名。《淮南子》在继承了先秦道家思想的基础上，综合了诸子百家学说中的精华部分，对后世研究秦汉时期文化，起到了不可替代的作用。

■ 巫峡风光

■ 巫峡口风光

浩大工程的长城要塞

当她们来到瞿塘关一带时，正好看见有12条恶龙兴风作浪，搅得巫峡上空天昏地暗，百姓们被大风卷上了天空，房屋树木被飞沙走石打得稀烂，人畜死伤无数。

瑶姬看到12条恶龙为非作歹，十分生气。她用手一指，天上响起了惊天动地的炸雷，把12条恶龙炸成了千万段碎尸，纷纷落下地来。

可是，恶龙的碎骨堆成了一座座崇山峻岭，利刃般的山峰直插云霄，填满了河谷，堵塞了水道。江水急剧上涨，淹没了村庄、田野和城镇，眼看就要把四川变成一片汪洋大海了。

瑶姬情急之中想起了治水英雄大禹，连忙驾云去找大禹来帮忙。大禹听说后，一口气赶到巫山。他挥舞神斧，驱赶神牛，不停地开山疏流。

谁知恶龙化成的山石坚硬无比，怎么也劈不开。

瑶姬被大禹治水的精神感动了，又邀请她的姐姐们下凡来帮助大禹开凿河道。她还回到天宫，向王母娘娘搬兵求救。

王母娘娘十分疼爱她的小女儿，就趁玉皇大帝午睡的时候，到他的宝库中找到了一本名叫《上清宝文理水》的天书，送给了大禹。

大禹得到宝书后，呼风唤雨，用雷炸，用电击，用水浇，很快劈开了三峡，疏通了积水。从此，四川变成了物产丰富的"天府之国"。

大功告成之后，瑶姬本来是要回天宫去的，但是，她看到还有很多恶龙尸骨化成的顽石隐藏在江水里，形成了无数暗礁险滩，来往的船只经常被阻或触礁沉没。

瑶姬放心不下，决定和她的11个姐姐一起留下来，为船工们导航。天长日久，12位仙女化作了12座山峰，耸立在幽深秀美的巫峡两岸。

由于瑶姬是12个仙女中的杰出代表，因此她立的山峰位置最高，每天第一个迎来朝霞，于是，便赢得了"望霞峰"和"神女峰"的美名。

对于大禹疏浚三峡的传说，不仅从各种文献记载上可以得到证明，而且诗人们也多以赞颂的诗句予以讴歌。

■ 瞿塘峡美景

杜甫在《瞿塘怀古》的诗中写道：

疏凿功虽美，陶钧力大哉。

在瞿塘关所在的瞿塘峡绝壁上，有一个人工凿的方形石孔，一个接着一个，自上而下呈"之"字形排列，如同阶梯，这是孟良梯。关于孟良梯的由来，还有一个传说。

孟良，是北宋年间跟随杨家将一同抗辽的名将。当他听说北宋名将杨继业的尸骨就被埋在白盐山腰的望乡台上之后，就决心将杨继业的遗骨带走，回乡安葬。

于是，每到晚上，孟良就悄悄地架着小舟进入瞿塘峡，在绝壁上凿石穿孔，插入铁钎，架木为梯，攀缘而上，直到天色麻亮方才停止。

后来，人们就把瞿塘关旁边的这一之字形石孔称为孟良梯。

阅读链接

瞿塘峡的黄陵庙碑刻名闻千古。相传黄陵庙是春秋时为纪念神牛助禹开江所建。黄陵庙的六棱石碑上有一篇《黄牛庙记》，相传是三国时诸葛亮由水路入蜀，路过黄陵庙时亲自撰写的。

黄陵庙保存的各种历代碑刻近百通。从时代看，它上自汉代，下至清朝；从碑形看，有六棱石幢、穿孔圭碑与二龙戏珠帽碑，还有附础七寸碑。

从碑的性质与内容看，更是丰富多彩，有歌功颂德的功德碑，有刻乡规民约的诫碑，有写景状物的诗碑，更有修缮庙宇的记事碑，还有记录长江洪水与治理情况的水文碑。

碑文体裁，诗、词应有尽有，书法则兼具隶楷行草。

文人墨客吟咏诗篇称赞古关

战国时的辞赋家宋玉为瞿塘关的神女峰，写下了一篇耐人寻味的《神女赋》：

> 茂矣美矣，诸好备矣。盛矣丽矣，难测究矣。上古既无，
> 世所未见，瑰姿玮态，不可胜赞。其始来也，耀乎若白日初出

■长江三峡神女峰

■ 巫山风光

照屋梁；其少进也，皎若明月舒其光。

须臾之间，美貌横生：晔兮如华，温乎如莹。五色并驰，不可殚形。详而视之，夺人目精。其盛饰也，则罗纨绮绩盛文章，极服妙采照万方。

振绣衣，被袿裳，秋不短，纤不长，步裔裔兮曜殿堂，忽兮改容，宛若游龙乘云翔。嫷披服，侻薄装，沐兰泽，含若芳。性合适，宜侍旁，顺序卑，调心肠。

初唐四杰 唐代初期四位文学家王勃、杨炯、卢照邻、骆宾王的合称，简称"王杨卢骆"。初唐四杰是初唐文坛上新旧过渡时期的人物。四杰齐名，指其诗文而主要指骈文和赋而言。初唐四杰的诗文扭转了当时的文学风气，题材广泛，风格清俊。

这篇诗文用细腻的笔触描绘出了化身为神女峰的瑶姬，这位隐身云烟、姗姗来临的美丽女神。《神女赋》侧重在写神女初临时，给宋玉带来的印象，妙在从虚处落笔。

赋辞部分侧重在对神女的容貌、情态作精工细雕的刻画，读来更加令人荡气回肠和思致绵远。

后来，到了唐代，"初唐四杰"中的杨炯作为第一个全面咏诵三峡的诗人，就是从咏瞿塘关开始的。他在《广溪峡》的诗中写道：

广溪三峡首，旷里兼川陆。
山路绕羊肠，江城镇鱼腹。
乔林百丈偃，飞水千寻瀑。
惊浪回高天，盘涡转深谷。
汉民昔云季，中原争逐鹿。

广溪峡就是瞿塘关所在的瞿塘峡。目睹瞿塘关的雄伟气势之后，杨炯很自然地联想起刘备、诸葛亮等人的功业，不由得感叹山河之险不是国家安全的保障，朝廷政治的清明与否才是最重要的因素。

诗中描写的贾生，指的是西汉文学家贾谊。当年，贾谊曾在给皇帝的奏疏中，就写到了"可为痛哭者一，可为流涕者二，可为叹息者六"的话。诗人借贾生之哭，表明自己对蜀汉过往的叹息。

725年，李白通过巴渝进入长江三峡。这次出蜀远游，是李白与三

瞿塘峡沿岸风光

浩大工程的长城要塞

■ 瞿塘峡沿岸风光

峡第一次结缘。一路上，三峡壮丽的风光与青年诗人壮志凌云、意气风发的心绪，可以说是情景交融。

于是李白写下了《自巴东舟行经瞿塘峡，登巫山最高峰，晚还题壁》的诗，其中有这样的诗句：

豪放派 宋词风格
流派之一，与婉约派并为宋词两大词派，代表是苏轼、辛弃疾。豪放派的特点大体是创作视野较为广阔，气象恢宏雄放，喜用诗文的手法、句法写词，语词宏博，用事较多，不拘守音律，然而有时失之平直，甚至涉于狂怪叫嚣。

> 江行几千里，海月十五圆。
> 始经瞿塘峡，遂步巫山巅。
> 巫山高不穷，巴国尽所历。
> 日边攀垂萝，霞外倚穹石。

这首诗淋漓尽致地刻画了瞿塘关一带高峻壮丽的面貌，完全可以和他后来创作的《蜀道难》相媲美。

李白也曾瞻仰过当年宋玉吟咏过的神女峰，并留下了一篇名为《宿巫山下》的诗文：

昨夜巫山下，猿声梦里长。

桃花飞绿水，三月下瞿塘。

雨色风吹去，南行拂楚王。

高丘怀宋玉，访古一沾裳。

　　昨夜在巫山下过夜，满山猿猴，连梦里都仿佛听到它们的哀啼。桃花漂浮在三月的绿水上，我竟然敢在这时候下瞿塘。

　　疾风将雨吹至南方，淋湿楚王的衣裳。我在高高的山冈，怀念那宋玉，为什么给楚王写出那么美丽的文章，看到这古迹，我热泪满眶。

　　著名的北宋豪放派词人苏轼也为秀丽的巫山留下了一篇辞趣翩翩的诗赋《巫山》，其中有这样的诗句：

瞿塘迤逦尽，巫峡峥嵘起。

连峰稍可怪，石色变苍翠。

天工运神巧，渐欲作奇伟。

块轧势方深，结构意未遂。

巫侠风光

旁观不暇瞬，步步造幽邃。

苍崖忽相逼，绝壁凛可悸。

巫山之美也被苏轼之后的诗人传颂。1627年，清初诗人王士禛受命主持四川乡试后，乘船回京城，途经巫山。他游了高唐观，拜谒神女祠，写下了《登高唐观》和《神女庙》。《登高唐观》诗中写道：

西上高唐观，阳云对阳台。

瑶姬何处所，望远独徘徊。

恍惚荆王梦，芳华宋玉才。

细腰宫畔柳，并作楚人哀。

浩大工程的长城要塞

阅读链接

瞿塘关所在的瞿塘峡是长江三峡之一，也是当地石刻历史最悠久、名人名作最集中的一处。

据《旧唐书·白居易》记载，著名诗人白居易曾与其弟白居简同行，在夷陵遇上友人元稹。三人同游后，在一个洞内饮酒赋诗题壁，并由白居易作《三游洞序》写在洞壁上，从此那个石洞就叫作三游洞。

又据《宋史·文苑传》记载，著名文学家苏洵、苏轼、苏辙父子自眉州到汴京，途经夷陵时欣然登陆游洞，赋诗唱和。因此，有"前三游"和"后三游"的说法。他们的赋诗、题刻后来还在。

此后，欧阳修、黄庭坚、陆游等名家，明清两代的文人墨客都曾相继来寻胜游洞，赋诗题字都镌刻在洞壁上。